はじめての TEAP 対策問題集

デイビッド・セイン
David A. Thayne

斎藤裕紀恵
Yukie Saito

研究社

Copyright © 2016 by David A. Thayne and Yukie Saito

はじめての TEAP　対策問題集
A STRATEGIC GUIDE TO THE TEAP TEST

▼「リスニング問題」音声ダウンロード方法

リスニング問題の音声は、研究社のホームページ（www.kenkyusha.co.jp）から、以下の手順で無料ダウンロードできます（MP3 データ）。

(1) 研究社ホームページのトップページで「音声ダウンロード」をクリックして「音声データダウンロード書籍一覧」のページに移動してください。
(2) 移動したページの「はじめての TEAP　対策問題集」の紹介欄に「ダウンロード」ボタンがありますので、それをクリックしてください。
(3) クリック後、ファイルのダウンロードが始まります。ダウンロード完了後、解凍してご利用ください。
音声ファイルの内容は、以下のとおりです。

- TEST 1 LISTENING
- TEST 2 LISTENING
- TEST 1 SPEAKING
- TEST 2 SPEAKING
- ADDITIONAL SPEAKING TEST

- TEST 1 LISTENING PART 1A_1B_1C_2A_2B
- TEST 2 LISTENING PART 1A_1B_1C_2A_2B
- TEST 1 SPEAKING PART 1_2_3_4
- TEST 2 SPEAKING PART 1_2_3_4
- ADDITIONAL SPEAKING TEST PART 1_2_3_4

- TEST 1 LISTENING REVIEW ▶ 001_050
- TEST 2 LISTENING REVIEW ▶ 001_050
- TEST 1 SPEAKING REVIEW ▶ 001_005
- TEST 2 SPEAKING REVIEW ▶ 001_005
- ADDITIONAL SPEAKING TEST REVIEW ▶ 001_005

はじめに

　近年、英語教育の見直しが叫ばれ、英語の4技能（Reading, Listening, Writing, Speaking）をバランスよく伸ばすことが求められています。この流れを受けて、4技能判定を備えた試験を受験し、基準以上のスコアを報告すれば、英語の試験は免除するという大学が増えつつあります。

　上智大学と日本英語検定協会が共同で開発したTEAP（Test of English for Academic Purposes）もその1つです。TEAPは大学教育レベルにふさわしい英語力を判定する試験として2014年に導入されましたが、採用大学も受験者も毎年確実に増えています。

　本書『はじめてのTEAP 対策問題集』は、この4技能型アカデミック英語能力判定試験をあらゆる角度から分析し、著者と編集者で実際に試験も受けた上で、その特徴と傾向を割り出し、効果的な対策をアドバイスするとともに、本番さながらの模擬テストを2セット用意いたしました。

　TEAPはとてもよくできた試験で、リーディング・テストとリスニング・テストには、ほかの科目（理科や数学や社会など）の授業で見るような資料や図表や文献や、外国の大学で経験すると思われること（講義や各種手続きなど）が題材に盛り込まれています。ライティング・テストでは、英文をしっかり読んだ上で決められた語数で内容を要約し、違う表現を使って書く能力が求められます。そして4技能試験の象徴とも言えるスピーキング・テストでは、日常会話（尋ねられたことに的確に答える、相手に質問する）に加えて、あるテーマに対して自分の考えをまとめて話す能力が問われます。

　こうした実によく練られた問題を作成するのは非常にむずかしいことでしたが、受験生のみなさんに本番前に繰り返し使っていただけるものをお届けしたく、著者と編集者で1年以上時間をかけて、何度もやり取りを重ねた末、ここに収録した2セットの模擬テストを作り上げることができました。

　またライティングとスピーキング対策は特に重要と考えて、追加問題をもう1セットずつ用意いたしました。そして2016年から導入されたTEAP CBTについても分析・研究し、その傾向を詳しく紹介しました。

　読者のみなさんがTEAPに向けて本書で効果的に学習し、志望校合格を手にされますことを、関係者一同、心より願っております。

2016年10月

デイビッド・セイン（David A. Thayne）
斎藤 裕紀恵（Yukie Saito）

本書の使い方

① 本番さながらの問題を 2 セット

　TEAP をあらゆる角度から分析し、著者と編集者で実際に試験も受けた上で、その特徴と傾向を割り出し、本番さながらの問題を 2 セット用意しました。問題は別冊に収録してあります。

　ライティングとスピーキングの追加テストの問題と、模範解答・解説・訳も、別冊の巻末（103 ページ）に収録しました。

② TEAP の傾向と効果的な対策をアドバイス

　リーディング、リスニング、ライティング、スピーキング、それぞれのセクションの対策と学習法を詳しくアドバイスしました。特にスピーキング対策にはページを多く割いています。

　また、TEAP CBT に関しては、37 ページでその傾向を分析・研究し、対策を練っています。

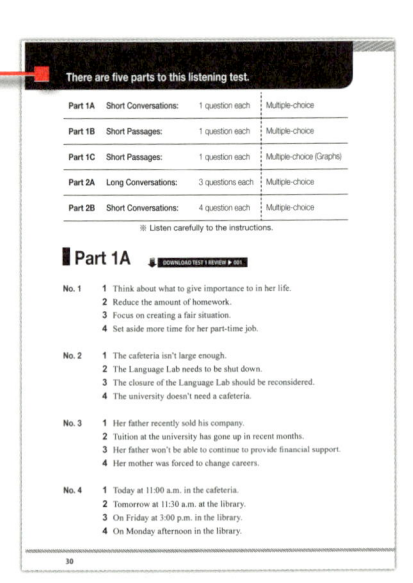

③ 高得点を取るために必要なポイントを解説

　TEAP は実によくできた試験で、理科や数学や社会などの授業で見るような資料や図表や文献や、海外の大学の講義や事務所の手続きなどで経験すると思われることが題材に盛り込まれています。各問題にどんな点に注目して答えればいいか、信頼できる著者がわかりやすく解説します。

④ ライティングとスピーキングは追加問題も収録

　TEAP では、リーディング、リスニング、ライティング、スピーキング、すべて 100 点満点です。ライティングとスピーキング対策に悩む学生も少なくないと思い、本書ではこの 2 技能の試験をもう 1 セットずつ用意しました（別冊の巻末［103 ページ］に収録）。

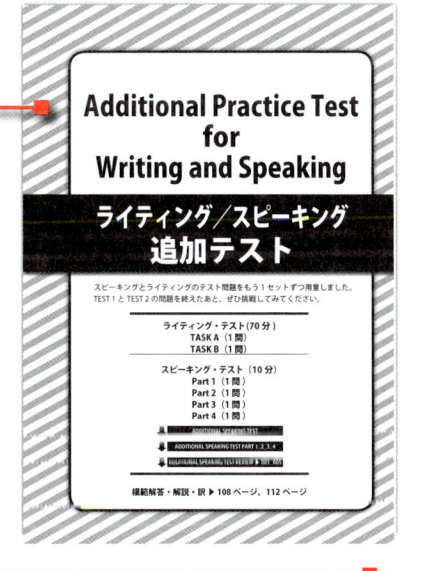

⑤ リスニングとスピーキングの音声は 3 種類

　リスニングとスピーキングの音声は、TEST 1, 2, そしてスピーキングの追加問題とも、①「本番対策用として、解答時間を含めて、試験を最初から最後まで通したもの」、②「Part ごとにまとめたもの」、③「復習用として問題ごとにトラック分けしたもの」の 3 種類を用意しました。すべて研究社のホームページから無料ダウンロードできます（詳しくは 2 ページをご覧ください）。

Contents　目次

はじめに　3
本書の使い方　4

TEAP リーディング／リスニング／ライティング／スピーキング
傾向と対策　7

TEAP CBT について　37

TEST 1 リーディング・テスト／リスニング・テスト正解一覧　42
TEST 1 解答・解説・訳／模範解答・解説・訳　43
　リーディング　44
　リスニング　90
　ライティング　146
　スピーキング　154

TEST 2 リーディング・テスト／リスニング・テスト正解一覧　162
TEST 2 解答・解説・訳／模範解答・解説・訳　163
　リーディング　164
　リスニング　212
　ライティング　265
　スピーキング　273

あとがき　281

TEAP

リーディング／リスニング／ライティング／スピーキング

傾向と対策

　TEAP（Test of English for Academic Purposes）は、大学で学習や研究をする際に必要とされる英語の運用力を測定するテストとして、上智大学と日本英語検定協会によって開発されました。

　総合的な英語力を正確に判定するために、受験生は「読む」「聞く」「書く」「話す」の4技能の試験を受けます。この試験で出題される問題は、大学のアカデミックな場面（英語の講義を聞く、英語の資料や文献を読む、英語で発表する、英語でレポートを書くなど）を想定したものとなっています。

　ここでは、リーディング、リスニング、ライティング、スピーキングの各セクションの傾向と対策を考えてみましょう。

Reading リーディング

　TEAPはリーディング・テストで始まります。語彙・語法問題をはじめとして、図表や掲示・Eメール、そして文系・理系の資料や文献など、幅広い題材が出題されます。
　Part 1 は語彙・語法問題で、Part 2 では 70 ～ 90 語ぐらいの短い英文を、Part 3 では 300 ～ 600 語ぐらいの長文を読んで各設問に答えます。センター試験や英検の準 1 級のリーディング問題よりも歯ごたえがあります。
　高得点を取るには、各パートの傾向を把握して、対策を立てる必要があります。

---

100 点満点
試験時間：70 分
問題数：　 60 問
解答方式：マークシートによる択一選択方式

Part 1

問題数：　20 問
問題形式：20 ～ 30 語の英文の穴埋め問題。
出題内容：大学での授業や資料・文献などを理解する上で必要とされる語彙・語法が問われる。

Part 1 の対策

　各問題の 4 つの選択肢はどれも同じ品詞（名詞、形容詞、副詞、動詞、句動詞、接続詞など）です。文意や空所の前後の語句を手掛かりに、適切な語や表現を選択肢から選びます。最後の 2 ～ 4 問は、通常、句動詞を選ぶ問題が出題されます。
　英文の内容としては大学生活に関するものが圧倒的に多いですが、社会や化学、技術などに関するものも出題されます。
　語彙レベルはそれほど高くありませんので、英検 2 級や準 1 級の単語集などを使って勉強するといいでしょう。

傾向と対策 ▶▶▶

Part 2A

問題数： 5問
問題形式： 図表の読み取り問題。各問題で図表が1つ提示される。
出題内容： 大学での授業や資料・文献などにおける視覚情報の理解力と、それに基づく類推力が問われる。

Part 2A の対策

図表は折れ線グラフや棒グラフがほとんどですが、表も出題されることがあります。図表を読む際にはまずタイトルを見て、そのあと図表がどのような内容を示しているのかを確認します。棒グラフ、折れ線グラフでは縦軸、横軸がそれぞれ何を表わすか、円グラフではパイの構成要素をすばやく認識しましょう。

Part 2B

問題数： 5問
問題形式： 掲示・Eメール（約70語）などの読解問題。
出題内容： 大学キャンパス内の掲示や、大学生活の中で交わされるEメールの理解力が問われる。

Part 2B の対策

まずは各設問を読んで、質問の内容を頭に入れます。そのあとで、英文に目を通し、解答に必要な情報を探しましょう。

内容としては学生への各種の連絡（イベント開催の案内、授業の登録・履修方法、図書館の利用方法、ボランティアやアルバイトの募集など）がほとんどですので、大学生活に関わる語彙も増やしておきましょう。以下にほんの一例ですが、紹介します。

名詞：□ major　専攻　　academic advisor　アカデミック・アドバイザー（勉強面でアドバイスをしてくれる先生）　　□ department　学部　　□ registrar's office　教務課　　□ survey　調査　　□ academic writing　アカデミック・ライティング　　□ tutor　講師、個別指導教官　　□ assignment　宿題、課題　　□ application form　申込用紙、願書　　□ semester　学期　　□ undergraduate student　学部学生　　□ postgraduate student　大学院生
動詞：□ register　〜を登録する　　□ enroll　〜を名簿に登録する、会員にする、入学させる　　□ edit　〜を編集する　　□ proofread　〜を校正する　　□ apply for　〜に申し込む、出願する

掲示にタイトルがある場合はその内容を、Eメールであれば件名や差出人、宛先を確認した上で、英文を読み進めましょう。

Part 2C

問題数：　　10問
問題形式：　短い英文（約70〜90語）の読解問題。
出題内容：　教材や資料・文献などの内容の理解力が問われる。

Part 2C の対策

　文系（文学、文化、社会学、歴史など）、理系（化学、物理、生物学、天文学、地学など）を問わず、大学の一般教養で使われるような教材を短くまとめたものや、大学の紹介文なども出題されます。
　問題は、パラグラフの要旨を問う問題と、パラグラフの内容の詳細を問う問題の、大きく2つに分けられます。まずは各設問の質問文を読んで、どちらのタイプか理解しましょう。前者の問題であれば、パラグラフの要旨はふつう第1文の topic sentence（要旨文）および最後の文の concluding sentence（結文）に書かれていますので、特にこの2つの文をよく読みましょう（Skim Reading）。また後者の問題であれば、質問文のキーワードを見つけてそれに関して書かれている箇所を探しましょう（Scan Reading）。

リーディング・ストラテジー1
Skim Reading：要旨を把握するために文章全体にすばや目を通す読み方

リーディング・ストラテジー2
Scan Reading：文章中の特定の情報を探し出すための読み方

　Part 2C ではこの Skim Reading と Scan Reading の両方のストラテジーが必要です。また英文のリーディング速度を上げるために、やさしい英文を多く読んで読解力を養う Extensive Reading や、一度読んだ英文を繰り返し読む Repeated Reading を普段から心がけるといいでしょう。教科書の英文や、英語学習者向けの Graded Readers（GR）を利用することをお勧めします。

傾向と対策 ▶▶▶

Part 3A

問題数：　8問（英文2セット×4問）
問題形式：長い英文（約270〜300語）の読解問題。
出題内容：長文の速読力と、教材や資料・文献の内容と論旨の流れの理解力が問われる。

Part 3A の対策

　Part 3Aでは英文が2セット出題されます。1つは文系の、もう1つが理系の題材であることが多く、内容は比較的新しいものとなっています。どちらも大体4つのパラグラフで構成されていて、各パラグラフに問題が1題出題されます。ここでは空所の前後の内容にすばやく目を通し、適切なディスコース・マーカー（Discourse Marker）や、適切な表現を選択肢の中から選ばなければなりません。英検の2級や準1級レベルの問題ですので、この試験の対策問題集を使って練習してもいいでしょう。

> **リーディング・ストラテジー 3**
> ディスコース・マーカーは文と文との論理的な関係を示す表現（副詞［句］、接続詞、前置詞句）です。ディスコース・マーカーが理解できれば前後の文の関係がわかりますし、逆に前後の文の関係によって適切なディスコース・マーカーが選択できます。

　以下に、ディスコース・マーカーの例を挙げます。

論点の列挙		first(ly), second(ly), third(ly), next, then, finally, last(ly), in the first[second] place, for one thing, for another thing, to begin with, subsequently, eventually, finally, in the end
追加	前述の強化	again, also, moreover, furthermore, in addition, additionally, above all, what is more
	類似	equally, likewise, similarly, in the same way
移行		now, well, by the way

論理的順序	総括	so, so far, altogether, overall, then, thus, therefore, in short, in conclusion, in summary, to sum up, to conclude, to summarize
	結果	so, as a result, consequently, hence, now, therefore, thus, as a consequence, in consequence
言い換え		namely, in other words, that is to say, rather
例示		for example, for instance
対照	代替	alternatively, again, rather, then, on the other hand
	反対	conversely, instead, then, on the contrary, by contrast, on the other hand
	譲歩	anyway, anyhow, however, nevertheless, nonetheless, still, though, yet, in spite of, for all that, at the same time, all the same

Part 3B

問題数：　12問（英文2セット×6問）
問題形式：長い英文（約600語）の読解問題。
出題内容：長文の速読力と、教材や資料・文献の理解力が問われる。

Part 3B の対策

　Part 3B でも英文が2セット出題されますが、どちらも5〜7のパラグラフで構成されています。Part 3A と同様に、1つは文系の、もう1つが理系の題材であることが多く、内容は比較的新しいものとなっています。

　パラグラフの要旨を問う問題と、パラグラフの内容の詳細を問う問題がありますので、Part 2C の解説に示したように Skim Reading と Scan Reading で対応しましょう。

　各パラグラフの要旨は第1文と最後の文に書かれていることが多いので、この2つの文の内容をしっかり理解しましょう。特に第1段落の要旨と最後の段落の結論が重要です。要旨と結論を理解するには英文に付けられたタイトルもヒントになりますので、まずそれを見て、一体何の文書であるか予想してから読み進めるといいでしょう。

　また、特に詳細を問う問題には distracter と呼ばれる紛らわしい選択肢が含まれていることが多いので、注意が必要です。

2番目の長文には図表が含まれていることが多く、それに関連した問題が出題されます。図表のタイトルを問う問題もありますので、Part 2A にある図表のタイトルも参考になるでしょう。

Listening リスニング

　リーディング・テストが終わるとすぐにリスニング・テストが始まります。各問題につき1回しか聞けませんので、集中力を維持したまま、リスニング・テストに臨みましょう。
　問題は短い会話やアナウンスなどの聞き取りを行なうPart 1と、長い会話や英文の聞き取りを行なうPart 2に分かれています。
　大学のキャンパス内での会話や、大学の授業に関するものが多く出題されますので、大学生活に関わる語彙を普段から増やすことを心がけましょう。
　また、問題に関する指示文および指示音声は、すべて英語です。ただし、指示文はすべて同じですので、問題形式と英語の指示文にあらかじめ慣れておきましょう。
　実際に試験を受けてみて、リスニングはリーディングよりもむずかしいと感じます。TOEICのリスニングよりも難易度が高いかもしれません。本書の問題を何度も解いて、テスト本番に備えましょう。

100点満点
試験時間：50分
問題数：　50問
解答方式：マークシートによる択一選択方式

Part 1A

問題数：　10問
解答時間：各設問10秒
出題内容：大学生活に関連する短い会話を聞き、質問文（問題冊子には印刷されていない）が流されたあと、4つの選択肢（こちらは印刷されている）の中から適切なものを選ぶ。

Part 1Aの対策

　Part 1Aは2人の会話を聞いて答える問題です。誰と誰が、何について話して

いるのか注意して聞きましょう。会話のトピックは講義、テスト、成績、レポートやプロジェクトなどの課題、授業についてのアドバイス、専攻、インターンシップ、アルバイト、就職などの大学生活に関わるものです。そのようなトピックで使われる単語や表現に慣れておきましょう。また会話の始まりでトピックに関して言及されていることが多いですので、第 1 話者の最初の発言は特に注意して聞きましょう。

　会話を聞いたあとに質問文が流れますが、what で始まる質問が圧倒的に多いですので、何について話しているのか、特に注意して聞きましょう。また who, why, how などで始まる疑問文も出題されることがありますので、質問文をしっかり聞き取ることが重要です。TEAP のリスニングでは問題冊子への書き込みが許されていますので、重要と思われる単語はメモを取りましょう。

Part 1B

問題数：　　10 問
解答時間：　各設問 10 秒
出題内容：　大学の講義（ミニ・レクチャー）や報道情報などの短い英文を聞き、質問文（問題冊子には印刷されていない）が流されたあと、4 つの選択肢（こちらは印刷されている）の中から適切なものを選ぶ。

Part 1B の対策

　Part 1B では、1 人の話者による大学の講義（歴史、科学、化学、文学、技術、経済など）、大学内のアナウンス、講座に関する説明などを聞いて、質問に答えます。アカデミックな内容が多く、Part 1A よりも語彙レベルが高くなっていますので、関連分野の単語や背景知識を日ごろから増やすように心がけましょう。音声を聞きながら問題冊子に書き込んだり、メモを取ることが可能ですので、重要と思われる語句や表現は書き留めておくといいでしょう。

　what で始まる質問文が多いですが、who, why, how などの場合もありますので、注意して聞きましょう。また、よくある質問文として What does speaker imply about ~? があります。imply（示唆する）という単語が示すように、話の中では明示されていないことを聞かれていますので、注意が必要です。

　Part 1 と同様に、英文も質問文も 1 度しか聞けませんので、集中して聞き取りましょう。

Part 1C

問題数：　　5問
解答時間：　各設問10秒
出題内容：　大学の講義などを聞き、設問文（問題冊子には印刷されていない）が流されたあと、4つの図表（こちらは印刷されている）の中から適当なものを選ぶ。

Part 1C の対策

　まずは棒グラフ、円グラフ、線グラフ、ダイアグラム、表などの図表の種類を把握しましょう。図表にタイトルがあればまず確認して、それが何を示しているのか理解します。つづいてグラフであれば横軸と縦軸を、円グラフであればその円グラフの構成要素を確認します。ここまでは音声が流れる前にしておきましょう。さらに時間があれば、4つの図表の異なる点も確認しておきましょう。
　Part 1C では年や月、数字の聞き取りが大切です。グラフ中の数字が、話の中では half, quarter, one third（3分の1）や two thirds（3分の2）などの表現を使って説明されていることもありますので、注意が必要です。答えを解くために重要と思われる数字は必ずメモを取りましょう。

Part 2A

問題数：　　9問（3題×3問）
解答時間：　各設問10秒
出題内容：　学生と教授、アカデミック・アドバイザーと留学生（2人だけでなく、3人の場合もある）の長い会話を聞き、3つの質問に答える。

Part 2A の対策

　まずは Situation の1文を読んで、話者が何人かも含めて誰が誰に、いつ、どこで話しているかを把握して、状況を想像しましょう。Part 1 の問題とは違い、問題冊子にはこの Situation のほか、質問文と選択肢の両方が印刷されています。よって、音声が流れる前に質問文にすばやく目を通し、答えを解くために重要と思われる単語には下線を引いておくといいでしょう。さらに時間があれば、選択肢にも目を通しておきましょう。音声を聞く前に質問文と選択肢に目を通す「先読み」ができれば、解答もかなり楽になります。日ごろから質問文と選択肢にす

ばやく目を通して、瞬時に理解できるようにトレーニングすることが大切です。これは TOEIC のリスニング・テスト対策にも効果的です。質問は what で始まる質問文が大半ですが、why, who, how などで問われる可能性もあります。

会話文に聞きなれて、内容を把握することが大切ですので、ラジオやテレビの語学教材、また英検の準 1 級と 1 級のリスニングの Part1 の問題なども対策に使えます。

Part 2B

問題数：　16 問（4 題×4 問）
解答時間：各設問 10 秒
出題内容：大学の講義などを聞いて（図表も含む）、4 つの質問に答える。

Part 2B の対策

Part2B も、問題冊子に Situation のほか、質問文と選択肢の両方が印刷されています。それに加えて、G の問題には図表が含まれています。Part 2A 同様、音声が流れる前に Situation の 1 文と質問文にすばやく目を通し、答えを解くために重要と思われる単語には下線を引いておきましょう。時間があれば、選択肢にも目を通しておきましょう。音声を聞く前に質問文と選択肢に目を通す「先読み」ができれば、解答もかなり楽になります。

ここでは、大学の講義（文学、化学、科学、情報技術、歴史など）の一部のほか、授業の初日に教授が学生に語りかけている内容などが出題されます。Situation には、You will listen to a professor ~ing ... のような質問が多いですので、教授が何について話しているのか、音声を聞く前に状況をつかんでおきましょう。

what で始まる質問文が多いですが、who, when, where, why, how などで問われる可能性もあります。

図表を含む問題は、音声が流れる前に、図表のタイトルと図表の中の構成要素と数字を把握しておきましょう。図表の中の一部が X となっていて、Please look at the graph, which of the following is represented by the letter X. のような質問文がほとんどです。letter X が何を表わしているか、関連する箇所を注意して聞きましょう。

Part 2B に関しては TOEFL iBT や、英検の準 1 級と 1 級のリスニング問題が参考になります。多分野の語彙を増やしながら、背景知識も広げるように心がけましょう。

Writing ライティング

　ライティング・テストは Task A（要約問題）と Task B（エッセイ問題：グラフ（図表）や記事を説明し、意見を述べる）の 2 問が出題されます。
　ライティング・テストは、リーディング・テストとリスニング・テストを終えたあと、約 1 時間半の休みを挟んで、13:30 から始まります（各テストの開始時間は、会場の状況により変更される場合もありますので、ご注意ください）。
　リーディング、リスニングのようにマークシートによる客観テストではなく、完全記述式の試験ですので、入念な準備が必要です。
　以下、実際に試験を受けてみて感じたことを交えつつ、ライティング・テストの傾向を確認し、その対策を考えましょう。

Task A

【問題の内容】問題文の要約
【字数】70 字程度、1 段落（＝改行なしで続けて書く）
【トピック】賛否両論があるような事柄。現代に生まれた新たなテクノロジーや慣習であることが多い。たとえば「電子書籍」や「在宅勤務」など。

攻　略

▶ 解答の方針
「各段落の要点を抽出し、それをつなげ合わせる」のが要約の鉄則。

▶ 時間配分
20 分程度　┌ 問題文を読む（3 〜 4 分）
　　　　　├ メモ・下書きを作る（7 〜 9 分）
　　　　　└ 解答を書く（6 〜 7 分）

傾向と対策 ▶▶▶

STEP 1　問題文を読む

・**問題文の構成**
　問題文は、第 1 段落が「**トピック（話題）の導入**」、第 2 段落が「**トピックについての賛成意見**」、第 3 段落が「**トピックについての反対意見**」という構成になっていることが多いので、それを意識して読み進めます（第 2・3 段落は逆の構成の場合もあります）。

1. トピックの導入

> Happiness is believed to be one of life's main goals. To some people, happiness is marriage and family, and to others it's a cup of coffee after a meal. Recently, some companies have created a role for dealing with happiness. The role of the Chief Happiness Officer, or CHO, is to raise the employees' happiness, and the idea is spreading, particularly among IT companies.

2. トピックについての賛成意見

> Edward Wright was one of the first to introduce a CHO to his company. He says that profits have risen by approximately 30% because of it. Employees who feel happy can work with passion. If you create more enthusiastic employees, profits will also rise. Charles Young, a worker in the IT industry, was able to recover after a difficult time thanks to advice from the CHO. He stated that if the CHO hadn't been there, that period would probably have negatively affected his work. CHOs are useful for preventing employees from becoming depressed or developing mental illnesses.

↕ 逆の場合もある

3. トピックについての反対意見

> Of course, there are people who don't support the introduction of CHOs. CHOs send out regular surveys and ask people questions, so that they can know every employee's situation. Some people feel the CHO's activities are a privacy violation. There are also people who don't want to talk about their personal life at work, or think that happiness varies from person to person and that companies shouldn't try to manage it in a standardized way. People have different preferences, so some may be forced into things they dislike after the introduction of a CHO.
>
> There are pros and cons to the new role of CHO. Every company should listen to its employees' opinions when it considers introducing the new role.

・**各段落の重要ポイントには線を引いておく**
　各段落の要点と思われる文には、線を引いてチェックしておきましょう。たとえば、「トピックについての賛成意見」の段落では、賛成の根拠を述べている箇所に線を引きます。

STEP 2　解答の作成

・**文の数**
　英文は 1 文あたり 15 〜 20 語となることが多いと思われます。よって、70 語程度の英作文では、**4 〜 5 文くらいを目安**にするとよいでしょう。

・**文の構成**
　基本的に、各段落の要点をつなげることを意識して構成します。

解答	書く内容	問題文で参照するべき箇所
1文目 （15～20語）	トピックの導入	第1段落
2～3文目 （25～30語）	トピックについての 賛成（反対）意見	第2段落
4～5文目 （25～30語）	トピックについての 反対（賛成）意見	第3段落

（問題文は4段落目まであるが、第4段落は中立的な内容であることが多く、その場合は要約に盛り込む必要はない。）

Task B

【問題の内容】状況の説明 ＋ 解決策の要約 ＋ 自分の意見
【字数】200字程度、適度に改行する。
【トピック】「学校が抱えている課題」であることが多い。

攻略

▶ **解答の方針**
- 状況の説明　　→　トピックを導入し、グラフの内容を描写する。
- 解決策の要約　→　要点を抽出し、それをつなげ合わせる（Task Aと同様）。
- 自分の意見　　→　「主張→根拠」の順で書く。

▶ **時間配分**
45分程度　┌ 問題文を読む（図表→問題文の順で）（7～10分）
　　　　　├ メモ・下書きを作る（15～20分）
　　　　　└ 解答を書く（10～15分）

STEP 1　問題文を読む

・**グラフ（2つ）**
　グラフから読み取らなければならないのは、「問題文全体のトピック」と「現在の具体的な状況」です。Task Bでは「解決されるべき問題」がトピックとなっ

ているので、「何が問題なのか？」という視点でグラフを見るとよいでしょう。

・問題文（2つ）
　トピックに関しての「解決策」が、2人の人物から2つずつ提案されています。Task A と同じく、要点に線を引きながら読んでいきましょう。

STEP 2　解答の作成

・段落の数
　Task B では、内容の切れ目で改行しながら書くことが求められます。「状況の説明」は1段落、「解決策の要約」は2段落、「自分の意見」は1段落、合計で全4段落を想定しながら解答を作ります。

・段落の構成
　基本的に、以下のような構成で解答を作るのが理想的です。

解答	書く内容	問題文で参照するべき箇所
1段落目 （15〜20語）	状況の説明	グラフ（2つ）
2〜3段落目 （25〜30語）	解決策の要約	問題文（2つ）
4〜5段落目 （25〜30語）	自分の意見	問題文（2つ）

・「状況の説明」はどう書けばよいのか
　「トピックの導入→グラフの描写」という順で説明するのとわかりやすいでしょう。何が問題として起こっているのかを第1文で提示し、そのあとにグラフの数字を出して具体的に説明します。

・「自分の意見」はどう書けばよいのか
　意見を書くときには、「主張→根拠」という順序がルール。なので、まず "In my opinion, ~ would be the best solution." といった定型フレーズを使って最適な解決策がどれか述べたあと、その理由を1〜2文で書くのがよいです。「自分の意見」といっても、問題文で提案されている解決策の1つを選べばよく、オリジ

ナルの意見を考え出す必要はありません。

> ライティング全体のポイント

・解答の第 1 文目＝「全体のトピック（話題）」の提示
　Task A と共通することは、トピックを解答の第 1 文目に書き、「この文章は何について語っているか」を読み手（採点者）に対して宣言する必要があるということです。よって、問題文を読む時には「トピックは何か？」を意識することが何よりも大事です。

・接続詞で前後関係を明確に
　接続詞は文章の前後関係を明確にする役割を備えています。論理性を高めるだけでなく、読み手（採点者）にとっても読みやすい文となるので、要所で使うと効果的です。

・見直しの時に注意すること
　【英語のチェック】
　→ 主語と動詞の一致（3 単現の s など）が守れているか
　　冠詞（a/an, the）が必要なところにあるか
　　時制は正しいか
　　スペルは正しく書けているか
　　句読点は正しく使われているか
　【形式のチェック】
　→ Task A は 1 段落で 70 語程度、Task B は複数段落で 200 語程度

・英作文で使える定型フレーズ
　TEAP のライティング問題では、単語の知識はそこまで重要ではありません（問題文中の単語を使えばよい）。それよりも、「どのような順番で文章を書くのか」や「どの構文を使って文章を書くのか」といった知識が大切です。以下の定型フレーズは必ず頭に入れておきましょう。

ライティングの基本フレーズ

Meanwhile, ~ / On the other hand, ~	一方で、～
Therefore, ~	ゆえに、～
In addition, ~ / Furthermore, ~	さらに、～
This is because ~	なぜかというと、～
A makes it possible[difficult] for B to ~	A は B が～するのを可能に［難しく］させる

状況の説明（グラフの描写）

nowadays / these days / recently	近年
over the past ~ years	過去～年に渡って
more and more ~	ますます多くの～
cause ~ / lead to ~	～を引き起こす
account for ~	～を占める
the number[proportion] of ~	～の数［割合］
increase[decrease] by ~	～だけ増える／減る
sharply / dramatically / rapidly	急激に
reach ~	～に達する
double / triple	2倍になる／3倍になる
A is equal to B	A は B と等しい

解決策の要約

A proposes two solutions[suggestions]	A は 2 つの解決策［提案］を示している
A thinks[suggests] that B should ~	A は B が～すべきだと考えている［提案している］

自分の意見

In my opinion, ~ / I think that ~	私の意見では、～
~ would be the best solutuion.	～が最良の解決策です。

Speaking スピーキング

　TEAPのスピーキング・テストの受験者は、リーディング、リスニング、そしてライティングの各テストを終了後、15:00から順次開始となります。受験番号により、ブロックAとブロックBに分かれます。

　試験官（面接官）1人による面接形式であり、試験時間は10分程度なのですが、待ち時間はどうしても長くなり、「ブロックBの最終終了予定時刻は17:05前後」になるとTEAPの公式ホームページには記されています。この問題集を作るにあたって、本書の著者も編集者もTEAP試験のスピーキング・テストを受けてみましたが、編集者が受けた時はまさしく終了時間は17時近くになっていました。

　スピーキング・テストの試験時間はほかの3つに比べると極端に短いですが、配点は同じ100点満点ですので、このテストをいかに攻略するかで全体のスコアが大きく変わります。「リーディングとリスニング、あるいはライティングは得意だが、スピーキングは……」という受験生の声をよく聞きます。ですが、このスピーキング・テストこそが4技能試験を象徴するものです。このテストで高得点を取り、TEAPの全体のスコアを上げるとともに、志望校合格を確実なものにしましょう。

　このスピーキング対策には特にページを多く割きました。評価基準や面接の流れ、サンプル問題と解答、そして実際に受験してみてわかったことも書いていますので、受験生のみなさんにはしっかり読んでいただき、十分に対策を練っていただきたいと思います。

・TEAPスピーキング・テストについて

問題	問題形式	ねらい
Part 1	受験者の生活に関する複数の質問	受験者自身のことについて質問に答える
Part 2	受験者から試験官にインタビュー	対話における効果的なやりとり(対話のリード)
Part 3	1つのテーマに沿ったスピーチ	与えられたテーマに関して、まとまりのあるスピーチをする
Part 4	複数の話題に関してQ&A	与えられた話題に関する質問に答える

傾向と対策

　下記の評価項目を確認して、スピーキング・テスト練習の際には常にこうした評価項目を意識して練習しましょう。各項目右側のチェック欄にチェックしながら自己評価、分析して次のレベルにいけるように努力しましょう。

評価項目	CEFR レベル	評価基準	☑ マーク
発音	B2	・発話がわかりやすい ・ストレスとイントネーションが正確である ・個々の発音に第1言語（日本語など）の影響が若干ある。	
	B1	・発話が理解可能である ・ストレス、イントネーション、個々の発音に第1言語（日本語など）の影響を顕著に受けている	
	A2	・発話はほぼ理解可能である ・ストレス、イントネーション、個々の発音に第1言語（日本語など）の影響を強く受けている ・発音の間違いがコミュニケーションを妨げる時がある。	
文法の使用範囲と正確さ	B2	・テストで求められる言語機能の範囲に対応する十分な文法構造を使うことができる ・文法の間違いはごくわずかである	
	B1	・基本的な文法構造をほぼ正確に使うことができる ・複雑な文法形式を使用しようとする際に間違いがある	
	A2	・ある程度の基本的な文法構造や暗記した表現は正確に使うことができる ・体系的な間違いがある	
語彙の使用範囲と正確さ	B2	・テストで扱われる幅広い話題に対処できる十分な範囲の語彙を使える ・コミュニケーションを妨げない範囲で語彙の選択が不適切な時がある	
	B1	・日常的な話題に関して十分な語彙を使える ・不適切な単語の選択によってコミュニケーションが妨げられる時がある	
	A2	・語彙が日常のやり取りに使われるものに限られる ・語彙の不適切な選択や語彙不足によりコミュニケーションが頻繁に妨げられる	

流暢さ	B2	・自然なスピードで話すことができる ・時々ためらう場面がある
	B1	・言い直しながらゆっくりと話す ・ためらいが顕著であり、聞き手が待たないといけない場面が時々ある
	A2	・頻繁に言い直しながらゆっくりと話す ・ためらいが顕著であり、聞き手が待たないといけない場面が頻繁にある
効果的なやり取り	B2	・能動的かつ受動的にコミュニケーションを効果的にできる ・コミュニケーションで問題があった場合は自然に効果的に伝えることができる （※聞き取れない場合は Pardon? Can you repeat that? などと聞き返してみましょう。） ・効果的にあいづち表現を使うことができる。 ・Part 2 では試験官が言ったことを次の質問に組み入れ、関連したコメントを伝えることができる
	B1	・時折、やり取りをする際に試験官に頼る ・コミュニケーションで問題があった場合は効果的だがぎこちなく伝える ・Part 2 においてあいづち表現を使っているのが若干見受けられる
	A2	・やり取りにおいてほとんど試験官に頼っている ・コミュニケーションが頻繁に行き詰まる ・コミュニケーションで問題があった場合に効果的に示すことができない ・Part 2 で試験官に積極的にインタビューしようとしない

・コミュニケーションで問題があった場合は自然に効果的に伝えることができるかどうかも評価項目の1つとなっています。⇒聞き取れない場合は Pardon? Can you repeat that? などと聞き返してみましょう。
・効果的にあいづち表現を使い、Part 2 では特に試験官が言ったことを次の質問に組み入れ、関連したコメントを伝えることができることも評価項目の1つです。⇒ I see. OK. That is great (interesting, good, wonderful など). を効果的に使い、試験官と積極的にやり取りすることを心がけましょう。

傾向と対策 ▶▶▶

・面接試験の流れ

試験官	受験者
	（まずは入る前にドアをノックします。）
Come in. Good afternoon. （入室許可と挨拶から始まります。） ※挨拶は笑顔で明るく答えましょう。	Good afternoon.
Please have a seat. (着席の許可が続きます。)	
May I have your examinee form, please? （受験票を渡す指示があります。）	
	Yes, here you are.
※黙って渡すのではなく、一言加えて渡しましょう。	
My name is ~. May I have your name, please? （試験官が自分の名前を言ったあとに、名前を聞きます。） ※自分の名前を大きな声で、わかりやすく伝えましょう。	My name is ~.
Nice to meet you.	Nice to meet you, too.
Just a moment, please. （試験官はタブレット PC で試験番号入力作業をします。）	

27

Part 1

1 出題内容
　試験官はネイティブ・スピーカーの時もあれば、日本人の時もあります。
　受験者が馴染みのある勉強、中学での経験、高校生活、日常生活、将来のことなどのトピックに関しての質問に答えます。試験官からの質問は 3 問です。この Part 1 では、時制など文法に気をつけながら自分のことについて伝えられる力が求められます。発音に注意して大きな声で伝えましょう。

2 高得点を取るためのトレーニング法
　Part 1 の質問は Yes/No 質問文、what, when, where, how などの Wh 質問文です。自分のことに関する様々なトピックについて、すばやく応答できるようにしましょう。また Yes/No 質問文の場合は Yes/No だけで答えを終わらせるのでなく、積極的に関連する説明や情報を付け加えましょう。本テキストに用意したテスト問題を使って、クイックレスパンスができるように訓練していきましょう。話す際には発音やイントネーションに注意を払い、流暢に話せるように心掛けましょう。また文法力や語彙力も試されます。答える際には時制に注意しましょう。各質問は単発的に聞かれるのではなく、会話の流れの中で聞かれます。積極的に試験官とコミュニケーションを取りながら受け答えできるように心掛けましょう。どの Part でも使える攻略法ですが、自分の発話を録音して聞いてみて、評価基準を参考にして自己評価してみましょう。

・Part 1 問題例

試験官	受験者
OK. Let's begin. First, I'd like to learn a little bit about you.	
What do you like to do in your free time?	★ I like to play sports.
Can you tell me more about that?	★ I like playing tennis with my family.
I see. I'm sure there have been many events at your high school. Which event did you enjoy the most?	☆ I enjoyed the school trip.

What did you enjoy about the school trip?	☆ I was able to visit many places in Kyoto with my classmates.
I see. What kind of job would you like to have in the future?	I want to be a tour guide because I like traveling very much.
I see. Thank you.	

　試験官の質問を理解して、自分のことについて積極的に伝える力が求められます。ですから、上記の文でも Can you tell me more about that? や What did you enjoy about the school trip? と聞かれる前に、自分から積極的に情報を加えてもかまいません。以下のように、2つの文を1文にまとめて発言しても OK です。

★ I like to play sports.
★ I like playing tennis with my family.
➡ I like to play sports and often play tennis with my family.

☆ I enjoyed the school trip.
☆ I was able to visit many places in Kyoto with my classmates.
➡ I enjoyed the school trip because I was able to visit many places in Kyoto with my classmates.

Part 2

1 出題内容
　受験者が試験官にインタビューする形式で行われます。受験者はあらかじめ試験官から誰に対するインタビューなのかを口頭で説明されます。その後、質問すべき内容に関してのトピックが書かれたカードを渡されます。そのカードを見て30秒間で準備をして2分間でインタビューをします。この Part では会話を始める力、情報・意見・コメントを求める力がテストされます。

2 高得点を取るためのトレーニング法
　この Part では会話を自ら始め、質問する力が問われます。普段の英会話の練習の際にも、受け身で答えるだけでなく、自ら積極的に質問をするようにしていきましょう。質問をする際には相手は高校生より年上の社会人という設定ですので、

より高得点を目指すならば、Do you ～? などの直接的な聞き方でなく、Would you~? Could you ~? Please tell me~. などの丁寧表現を使いましょう。また話す際は Part 1 同様、発音やイントネーションに注意しましょう。試験官と積極的にやりとりができるかどうかもテストされます。試験官の答えに対しても、I see. That's great. などを使って理解していることを伝えましょう。もし可能であれば、試験官役を務めてくれる先生や友達と一緒に練習してみるのがいいでしょう。その際にも iphone などを使って録音し、それを聞いて評価基準を参考に自己評価してみましょう。また自分が英語で話したことが文字化される録音機器もありますので、それを使って自分が正しい発音ができているか確認してみましょう。発音が正しくないと、自分が思っていたのとは違う文や単語が表示されますので、自分の発音確認をする上ではとても有効的です。

　またいろいろな職業をリストアップして、それぞれの職業に対して聞きたい質問を考えてみることも大切です。

・Part 2 問題例

Interviewer	Examinee
Let's go on to Part 2. Now I'd like you to interview me. Here are the instruction. For a class report, you will interview a high school teacher. I'm the high school teacher. Okay?	※ **Yes, okay.** と答えましょう。
You should ask me questions about the topics on this card. You have 30 seconds to read the card and think about what to say. Here is the card.	※ **Thank you.** と言ってカードを受け取りましょう。
Begin your interview with this sentence : "Hello, may I ask you some questions?" Ask questions about ・ The grade he/she teaches ・ The subject(s) he/she teaches ・ Problems in class ・ Advice for future high school teachers ・ (if you have time, you may ask more questions.)	

傾向と対策 ▶▶▶

―after 30 seconds ―

（Beep のあとに）Okay, please begin the interview.	※ Hello. May I ask you some questions? と言ってから質問を始めましょう。
Yes, please.	Which grade do you teach?
I'm teaching third-year students.	※ Third year students. 理解していることを示すために答えの大切な部分を繰り返してみましょう。
	What subject do you teach?
I teach English Expression.	※ English Expression. 上記同様に理解していることを示すために答えの大切な部分を繰り返してみましょう。
	Do you have any problems in class?
Yes. Students look very tired after P.E. class.	※ I see. とあいづち表現を使いましょう。
	Do you have any advice for future high school teachers?
Yes. Teachers should continue to learn new ways.	※ I see. That's good advice. 一言付け加えてみましょう。
	※ Can I ask you one more question? 時間に余裕があり、質問できそうなら積極的に質問してみましょう。
Sure. Go ahead.	Why did you become an English teacher?
I enjoy learning English as an English learner and wanted to share the joy with my students.	※ I see. Thank you very much. 最後に質問が終わったら Thank you very much. と言って Part 2 を終えましょう。

Part 3

1 出題内容
1つの与えられたテーマに関してまとまりのあるスピーチをします。試験官から問題シートを渡されてから30秒の準備時間で準備をして、1分間のスピーチをします。トピックは教育や社会問題など多岐に渡ります。

2 高得点を取るためのトレーニング法
　このPartでは意見を述べる英語スピーキング力が求められています。まずは様々な問題に関して賛成か反対の意見を持ち、その理由や具体例を挙げる訓練を常日頃のスピーキングにも取り入れていきましょう。

　構成としては以下の流れでスピーチをするように心掛けましょう。
(1)　まずは、トピックカードに書かれた内容について、賛成か反対かを述べます。（※必ずどちらかの意見を選びましょう。賛成でもあり、反対でもあるという曖昧な意見は避けるべきです）
(2)　まずは賛成する理由が2つあると言ってみましょう。
(3)　その選んだ意見を正当化する理由を1つ挙げましょう。➡理由を詳しく述べましょう。
(4)　その選んだ意見を正当化する理由をもう1つ挙げましょう。➡理由を詳しく述べましょう。
(5)　結論を述べましょう。

※ TEAPのSpeakingテスト中は制限時間を超えたという理由で話を止められることはありませんので、上記構成に従って、伝えたいことに漏れがないように、理論的にかつ説得力ある答え方をしましょう。

　たとえば1つの例を使ってPart 3で意見を述べるためのフォーマットを見てみましょう。
　試験官から以下の内容が書かれたトピックカードを受け取ります。

> **TOPIC**
> "It is good to teach English in Japanese elementary schools."
> Do you agree with this statement? Why or why not?

傾向と対策 ▶▶▶

1.

(1)	≪賛成≫ I think it's good (to teach English at elementary schools.) ≪反対≫ I don't think it's good (to teach English at elementary schools.)
(2)	There are two reasons to support this.
(3)	First, (1番目の理由). ⇒ (1番目の理由を詳しく述べる)
(4)	Second, (2番目の理由). ⇒ (2番目の理由を詳しく述べる)
(5)	That's why it's good (to…) In conclusion, So,

　まずは自分の意見が賛成であればその理由と具体例を述べてみましょう。理由を述べる際には First, Second などのディスコースマーカーを使って論理的にわかりやすく伝えるようにしましょう。実際に練習する際には 30 秒計り、その後1分のスピーチができるようにタイマーを設定して本番を意識しながら練習しましょう。これができるようになったら、今度は自分の意見とは反対の意見でも理由が言えるように訓練してみましょう。さまざまな問題に関して自分なりに意見を持ち、その意見を説明する力をつけることができるように、常日頃から新聞やインターネットやテレビでニュースをチェックし、自分の意見を述べる訓練をしましょう。

Part 3 問題例

試験官	受験者
Now, I'd like you to talk for about one minute about the topic on this card. You have 30 seconds to read the card and think about what to say. Here is the card. Please begin preparing now.	※ Thank you. と言ってカードを受け取りましょう。
TOPIC "It is good to teach English in Japanese elementary schools." Do you agree with this statement? Why or why not?	

Okay. Please begin preparing now.	※この30秒間を有効に使いましょう。まずは自分の意見を固め、それに対する理由と理由を具体的にサポートする例を考えましょう。
－ After 30 seconds －	
Please begin speaking.	(1) **I think it's good to** teach English in Japanese elementary schools. (2) **There are two reasons to support this.** (3) **First,** if children can speak English, they can make many friends from all over the world. For example, they can communicate in English with many people in the world on SKYPE. (4) **Second,** it is often said that children can learn correct English pronunciation more easily than adults because they have good ears. Children can get used to English pronunciation through singing songs and mimicking teachers' pronunciation. (5) **So,** I think it's a good idea to teach English in elementary schools. ※話している間、カードをずっと見ているのではなく、試験官とアイコンタクトを取りながら意見を伝えましょう。 ※また単調に話すのではなく、イントネーションを意識してメリハリをつけながら話しましょう。 ※上記スピーチは以下で解説します。
I see. Are you finished?	Yes.
Could I have the card back, please?	Here you are.
Thank you.	

(1) I think it's good to ~ で自分の意見を言いましょう。反対意見の場合は I don't think it's good to ~ と言ってみましょう。そのほかに賛成の場合は I

agree with the statement: It's good to teach English in Japanese elementary schools. と言うことも可能です。反対の場合は I disagree with the statement: It isn't good to teach English in Japanese elementary schools. と言うこともできます。

(2) There are two reasons to support this.（上記意見をサポートする2つの理由があります）と述べることによって、論理的なスピーチを展開することができます。

(3) First, if children can speak English, they can make many friends from all over the world.（まず、子供たちが英語を話すことができると世界中の子供たちと友だちになることができます）まずここでは1つ目の理由を述べています。
For example, they can communicate in English with many people in the world on SKYPE.（たとえば、世界中の多くの人びとと SKYPE で英語を使ってコミュニケーションを取ることができます）次に1つ目の理由を説明する例を付け加えています。

(4) Second, it is often said that children can learn correct English pronunciation more easily than adults because they have good ears.（2番目に子供たちは耳がいいので、英語の発音を簡単に身につけることができるとよく言われています）次に2つ目の理由を述べています。Children can get used to English pronunciation through singing songs and mimicking teachers' pronunciation.（子供は歌を歌ったり、先生の発音をまねながら、英語の発音に慣れることができます）ここでは2つ目の理由に関する例をさらに述べています。

(5) So, I think it's a good idea to teach English in elementary schools.（ですから、小学校で英語を教えることはよい考えだと思います）最後に So から始めて、もう一度自分の意見をまとめています。

Part 4

1 出題内容

4(~5) の与えられたテーマに関して意見を言うことを求められます。Part 4 では問題シートは渡されずに、口頭でのみ質問があります。質疑応答で約4分間となります。Part 4 では社会、教育、技術、情報関連など様々なトピックに関して意見を述べる力が求められています。Part 3 とは違い準備をする時間がありませんので、即答する力も求められます。質問は Should~? Are~? Is it~? Do you think~? で始まる Yes/ No 質問文がほとんどです。

2 高得点を取るためのトレーニング法

　Part 4 では Part 3 で学んだストラテジーが応用できます。
　構成としては以下の流れでスピーチをするように心掛けましょう。

(1) まずは賛成か反対か、また肯定か否定か、意見を述べましょう。たとえば親がインターネットの利用を制限すべきかどうかという質問に対しては Yes, I think they should. もしくは No, I don't think they should. のように賛成か反対をまず伝えます。(※ Part 3 同様に必ずどちらかの意見を選びましょう。)
(2) 次に 1 で述べた意見を正当化する理由を述べましょう。たとえば、賛成であれば、Children tend to be absorbed in the Internet.(子供がインターネットに夢中になり過ぎてしまう傾向がある。)のように正当化する理由を伝えましょう。
(3) 2 で述べた理由に対して追加説明をしたり、他と比較をしたりすることにより、より説得力を持たせましょう。たとえば上記 2 の後に、Because of time spent on the internet, they can't take time to study.(結果としてインターネットに費やす時間のために、勉強する時間が取ることができなくなる。)とつづけます。
(4) 最後に結論を述べましょう。So, I think parents should limit children's use of the Internet.

　Part 3 とは異なって、Part 4 では準備する時間がありません。様々なトピックに関して即答できるように心がけましょう。答える際にはまずは自分の意見を述べ、それを支持する理由を示し、理由に対して追加説明したり、他と比較するなどしてみましょう。話す際にはすべての Part に共通ですが、発音、イントネーション、文法、単語の選択に注意して話しましょう。Part 4 では試験官とのやりとりが積極的にできているかもテストされます。この Part では問題シートが渡されずに試験が進む形式となっていますので、アイコンタクトを取りながら積極的に応答しましょう。

TEAP CBT について

　2016 年より、TEAP のコンピュータ版試験 TEAP CBT が導入され、10 月 16 日に第 1 回の試験が実施されました。

　従来の TEAP は 400 点満点ですが、TEAP CBT は 800 点満点です。上智大学に TEAP で出願する場合には総合得点および 4 技能それぞれ基準スコアを超えなければなりませんが、TEAP CBT では総合得点のみで出願できます。得意な技能を活かして総合得点の基準スコアをクリアすれば、出願可能になるわけです。

　以下、この TEAP CBT について、簡単にご紹介いたします。

■コンピュータで実施

　TOEFL iBT や TOEIC Speaking & Writing Tests のように、コンピュータで実施されます。各受験生は試験会場でコンピュータを指定されますので、そこでヘッドセットを装着し、画面上の指示にしたがってテストを受けます。リーディングとリスニングのテストはマウスをクリックして解答しますが、リーディングとリスニングには指示を解釈して別ページの情報を確認したり、マウスをドラッグ／ドロップして答える ICT 問題も含まれています。ライティングはキーボード入力による解答ですが、リーディングとリスニングをあわせた「統合型」問題も含まれています。スピーキングはオンラインの対話形式で、解答の音声が録音されます。こちらにもリーディングとリスニングをあわせた「統合型」問題が含まれています。

　以下、リーディング、リスニング、ライティング、スピーキング、それぞれのテスト構成を確認しましょう。

■リーディング

試験時間：約 80 分／問題数：50 問／200 点満点／コンピュータによる択一選択方式

▶ Part 1：20 問
・語彙問題。
　➡ 通常の TEAP の Part 1 とほぼ同じです。

▶ **Part 2：15 問**
- 11 問は短い英文が出題される。大学生活で目にする書類や E メールなどを読む。
  ➡ TEAP の Part 2B と 2C で出題される問題に近いです。
- 4 問は長い英文から出題される。長い英文を 2 セット、それぞれに設問が 2 問ずつ出題される。大学生活で目にする書類や E メールなどを読む。
  ➡ TEAP にこれと同じという問題はありませんが、Part 2B に出てくる英文を長くし、設問を 1 つずつ増やした感じです。

▶ **Part 3：15 問**
- 最初の 4 問は、図表の読み取り問題。
➡ TEAP の Part 2A と同じタイプの問題です。
- 次の 9 問は、大学の授業で読むような長いアカデミックな読み物の読解。長文を約 3 セット読み、それぞれに用意された設問を 3 問解く。
  ➡ TEAP にこれと同じという問題はありませんが、Part 2C に出てくる英文を長くし、設問を 2 つずつ増やした感じです。
- 1 問は ICT 問題。大学でのデータベースを想定した文献の検索と読解。コンピュータを操作し、複数の文献からの必要な情報を取り出さなければならない。
  ➡ 問題は 1 問ですが、画面上で複数の文献を検索、確認し、答えなければなりません。従来の TEAP にはないものです。
- 1 問は ICT 問題。英文とイラストが記される。英文を読み、そこに書かれている内容からイラストを分類する。その際にマウスのドラッグ／ドロップ操作が必要となる。
➡ 問題は 1 問ですが、TEAP にはないタイプのものです。

■ **リスニング**

試験時間：約 40 分／問題数：36 問／ 200 点満点／コンピュータによる択一選択方式／試験中はメモを取ることができる

▶ **Part 1**
- 12 問は短い英文の聞き取り問題。大学での事務手続きやアナウンスを聞く。英文 12 セットに対し、設問を 1 問ずつ解く。解答時間は 1 問 15 秒。
➡ TEAP の Part 1A と同じと考えればいいと思います。
- 6 問は長い英文セット英文を聞き、設問を各 3 問ずつ解く。解答時間は 1 問 15 秒。
  ➡ TEAP の Part 2A と同じと考えればいいと思います。しかし、会話文を聞い

た後に設問 3 問が画面に出てくるので、従来の TEAP のように設問や選択肢の「先読み」をすることはできません。

▶ Part 2
- 11 問は短い英文の聞き取り問題。大学での講義やディスカッションを聞く。11 セットの英文に対し、設問を 1 問ずつ解く。解答時間は 1 問 20 秒。
  ➡ TEAP の Part 1B と同じと考えればいいと思います。
- 6 問は長い英文の聞き取り問題。大学での講義やディスカッションを聞く。2 セット英文を聞き、各 3 問ずつ問題を解く。解答時間は 1 問 25 秒。
  ➡ TEAP の Part 2B と同じと考えればいいと思います。しかし、話を聞いた後に設問 3 問が画面に出てくるので、従来の TEAP のように設問や選択肢の「先読み」をすることはできません。
- 1 問は動画による授業の聞き取り。ICT 問題で、視覚情報をともなう講義の内容理解が問われる。解答時間は 20 秒。
  ➡ 問題は 1 問ですが、動画を見ながら音声をしっかり聞き取り、そのあとの設問に答えなければなりません。従来の TEAP にはない設問です。

■ライティング

試験時間：約 50 分／問題数：5 問／ 200 点満点／コンピュータの解答エリアへのタイピング

▶ Part 1
Task 1 と Task 2 の問題が出題される。どちらも 4 分で、25 語程度で書く。
- Task 1 は 短いメッセージを書く問題。設定された状況で適切と思われる文を書く。
  ➡ TEAP にはない問題です。
- Task 2 は 短いメッセージを読んで、その返信文を書く。
  ➡ TEAP にはない問題です。

▶ Part 2
事務的な文書を作成する問題。1 問出題。大学の掲示物・配布物・メールなどを読み、それに対して文書（メールなど）を書く。8 分で、約 50 語程度で書く。
  ➡ TEAP にはない問題です。

▶ Part 3
図表を見て、指示された内容をまとめる「統合型」問題。1問出題。14分で、60から80語程度で書く。
➡ TEAPにはない問題です。

▶ Part 4
学術的文書(意見文)を読み、講義を聞いて、2つを要約し、自分の意見を書く問題。1問出題。20分で100語程度で書く(要約を80語程度書いてから意見を書く)。
➡ TEAPにはない問題です。TOEFL iBTのQuestion 1と同じように、ライティングをしている際には、講義を聞く前に読んだ学術的文書や意見文が画面に表示されます。

■ スピーキング

> 試験時間:約30分/問題数:8問/200点満点/試験官(ファシリテーター)とのオンライン面接方針

▶ Part 1
質疑応答課題。自分に関する短い質問に応える。3問出題。各45秒で答える。準備時間はなし。
➡ TEAPのPart 1に似ていますが、試験官は最初に問題を尋ねるだけで、あとはすべて自分で答えなければなりません。具体例を交えながら、いくつかの英文を論理的に構成する技術が問われます。45分できる限り話したほうが点数は高くなります。TOEFL iBTのQuestion 1とほぼ同じです。

▶ Part 2
ロールプレイ課題。状況を設定されて、試験官と大学生活でよくある会話をする。2問出題。15秒で状況を示す文に目を通し、提示される情報を45秒で読んで準備し、3分間試験官と会話をつづける。
➡ TEAPにはない問題です。日常会話ではなく、受験者が学生、試験官が教授に設定されることがほとんどですので、リスニングに出てくるような学生と教授の会話に慣れておかないといけません。

▶ Part 3
矛盾点指摘課題。英文を読んで、それとは異なる内容を示すグラフ・表を見て、

文書との矛盾点を指摘する「統合型」問題。1問出題。15秒で状況を示す文に目を通し、英文を2分で読んで準備し、1分30秒で話す。
　➡ TEAPにはない問題です。図表も絡んでくるので、かなり高度な問題と言えます。

▶ Part 4
要約・意見課題。講義を聞き、要約し、それに関連する内容に関して自分の考えを述べる「統合型」問題。1問出題。15秒で状況を示す文に目を通し、30秒で提示される情報を理解する。そのあと講義を聞いて、30秒で要約をまとめてスピーキングの準備をし、1分で話す。
　➡ TEAPにはない問題です。かなり高度な問題で、TOEFL iBTのQuestion 4に近いです。

■注意事項
・試験中はメモを取ることができる。メモ用紙は会場で1枚のみ配布し、試験終了後に回収される。裏表を利用できるが、TOEFL iBTのように追加でメモをもらうことはできない。
・ライティングで画面に表示された文章を書き写した部分が多い解答は、評価が低くなる。
・ライティングでは、コンピュータ上でコピー、カット、ペーストボタンを使用して編集できる。解答スペースに入力すると、語数が表示される。

☆詳しくは、TEAP CBTの公式ホームページを
　TEAP CBTに詳しい情報が掲載されているほか、本番と同形式の問題を無料体験できます。
　ぜひご確認ください。
　https://www.eiken.or.jp/teap/cbt/

TEST 1
リーディング・テスト
リスニング・テスト
正解一覧

	Reading				Listening		
(1)	1	(31)	1	No. 1	1	No. 31	1
(2)	4	(32)	1	No. 2	3	No. 32	2
(3)	4	(33)	2	No. 3	3	No. 33	1
(4)	1	(34)	3	No. 4	3	No. 34	4
(5)	3	(35)	3	No. 5	2	No. 35	4
(6)	4	(36)	1	No. 6	1	No. 36	3
(7)	1	(37)	3	No. 7	4	No. 37	1
(8)	2	(38)	3	No. 8	4	No. 38	4
(9)	3	(39)	2	No. 9	4	No. 39	1
(10)	1	(40)	4	No. 10	4	No. 40	3
(11)	2	(41)	2	No. 11	2	No. 41	4
(12)	3	(42)	3	No. 12	1	No. 42	1
(13)	3	(43)	3	No. 13	1	No. 43	3
(14)	1	(44)	4	No. 14	4	No. 44	1
(15)	3	(45)	2	No. 15	3	No. 45	1
(16)	4	(46)	3	No. 16	3	No. 46	3
(17)	2	(47)	3	No. 17	2	No. 47	4
(18)	2	(48)	1	No. 18	2	No. 48	2
(19)	4	(49)	3	No. 19	2	No. 49	2
(20)	3	(50)	2	No. 20	2	No. 50	3
(21)	3	(51)	4	No. 21	4		
(22)	1	(52)	1	No. 22	2		
(23)	3	(53)	3	No. 23	1		
(24)	3	(54)	2	No. 24	4		
(25)	3	(55)	1	No. 25	1		
(26)	2	(56)	4	No. 26	3		
(27)	2	(57)	2	No. 27	1		
(28)	3	(58)	3	No. 28	2		
(29)	2	(59)	2	No. 29	2		
(30)	3	(60)	4	No. 30	3		

TEST 1

解答・解説・訳

Reading　　　44
Listening　　90

模範解答・解説・訳

Writing　　　146
Speaking　　 154

READING Part 1

(1) 正解　1

設問の訳と解説

生卵を含んだスムージーを飲んだあと、モーリン教授は重い食中毒になった。
1　～を含んだ　　2　～を提案した　　3　～を除外した　　4　～を混ぜた

解答のポイント！

適切な動詞を選択する問題です。空所直前の that は関係代名詞です。スムージーを飲んで食中毒になったことを考えれば、空所には contained（～を含んだ）が入ります。

注

☐ a bad case of ~　重症の～　　☐ food poisoning　食中毒

---

(2) 正解　4

設問の訳と解説

スクールバスが急停止すると、ひどい衝突は避けられ、多くの人命が救われた。
1　捕えられた　　2　作られた　　3　引き起こされた　　**4　避けられた**

解答のポイント！

適切な動詞の過去分詞形を選択する問題です。空所のあとは分詞構文で、「ひどい衝突は（　）、多くの人命が救われた」となりますから、avoided（避けられた）が正解です。

注

☐ come to a stop　止まる　　☐ abrupt　突然の　　☐ collision　衝突

Test 1

(3) 正解 4

設問の訳と解説

その新しい大学は都心から離れた場所にあるため建設費は安くすんだが、今はほとんどの生徒が通学に不便だと感じている。
1　都合のいい　　2　都会の　　3　およそ　　**4　遠方の**

解答のポイント！

文意から空所には「遠くの」とか「離れた」あるいは「不便な」といった意味の語が入ると推測されますので、remote を選ぶことができます。同じ「遠くの」でも、far は「距離」のほか、「時間、関係」などが非常に離れていることを表わすので注意しましょう。

注

□ construction　建設　　□ inconvenient　不便な

(4) 正解 1

設問の訳と解説

各企業は退職者に夏の音楽祭でのボランティア活動を許可しようと考えている。彼らがいれば悪質な行為がいくらか防げるだろう、というわけだ。
1　存在　　2　入場　　3　同意　　4　興奮

解答のポイント！

適切な名詞を選択する問題です。前文の retirees to do volunteer work at summer music festivals を受けて、「悪い行動を防ぐのを助ける」の主語になるのは presence（存在）です。

注

□ allow ~ to ...　～が…するのを可能にする［許可する］　　□ retiree　退職者

45

(5) 正解 3

設問の訳と解説

授業の始めの1時間、教授は国がどのように農業経済から工業経済に変わっていったのかを簡潔に話した。
1　直立した　　2　自律的な　　**3　簡約した**　　4　気の進まない

解答のポイント！

正解の選択肢がむずかしい語ですが、残りの選択肢はどれも文意に合わないので、消去法で対処できます。condense は動詞では She had to condense a manuscript to half its length.（彼女は原稿を半分に圧縮しなければならなかった）というように使われます。

注

□ agriculture　農業　　□ industrialized　工業化された

---

(6) 正解 4

設問の訳と解説

飛行機での移動はもっとも安全な交通手段であるにもかかわらず、人びとの大半は今でも空を飛ぶことに不安を感じる。
1　意見　　2　除外　　3　割れ目　　**4　部分**

解答のポイント！

適切な名詞を選択する問題です。空所前後を見ると、前に形容詞 large（大きい）が、うしろに population（人びと）があることから、空所には portion（部分）が入ると判断できます。

注

□ population　人口、人びと　　□ nervous　不安な　　□ despite　〜にもかかわらず
□ means　手段　　□ transportation　交通

Test 1

(7) 正解 1

設問の訳と解説

地元の大学の学生たちは、肉を食べることが環境に及ぼす影響を示す科学展を開く予定だ。
1 展覧会　2 発見　3 計画　4 結論

解答のポイント！

適切な名詞を選択する問題です。空所直後の that は関係代名詞で、that 以下が前の名詞を修飾しています。「科学（　）を開催する」という内容ですから、空所には exhibition（展覧会）が入ると判断できます。

注

☐ illustrate　～を説明する

---

(8) 正解 2

設問の訳と解説

すべての学生の成績を分析した結果、教育委員会は全体の成績平均値が前年より上がっていることを知った。
1 書き直された　**2 分析された**　3 立案された　4 提案された

解答のポイント！

適切な動詞の過去分詞形を選択する問題です。all of the student records（すべての学生の成績）が主語で、さらに文の後半の「教育委員会は全体的な成績平均点は前年度より高かったことに気づいた」という内容から、analyzed（分析された）が適切と考えられます。

注

☐ Board of Education　教育委員会　　☐ overall　全体の

(9) 正解 3

設問の訳と解説

休暇でフランスにいるあいだ、ベンは関係づくりのために志望大学を訪れることにした。
1 ～を超える　2 ～に反対する　**3 ～を確立する**　4 ～を飾る

解答のポイント！

適切な動詞を選択する問題です。目的語が a relationship（ある［新しい］関係）ですので、establish（～を確立する）が正解です。

---

(10) 正解 1

設問の訳と解説

多くの大富豪はお金を浪費すると言われるが、サンダース氏は教育団体に大金を寄付するような寛大な男だ。
1 評判　2 道具　3 秘密　4 過去

解答のポイント！

適切な名詞を選択する問題です。空所直後が for で、そのあとに「たくさんのお金を使う」がつづきます。have a reputation for ~（～という評判がある）を使って「たくさんのお金を使うという評判がある」という言い方ができ、自然な文になります。

注

☐ millionaire　億万長者　　☐ giving　寛大な

---

(11) 正解 2

設問の訳と解説

その大学が夏に開催する国際音楽祭は、都市に大きな利益をもたらしている。
1 ～を加工した　**2 ～をもたらした**　3 ～を完了した　4 ～を救った

解答のポイント！

has につづく動詞の過去分詞形を選択し、適切な現在完了形にする問題です。「そ

の大学が夏に開催する国際音楽祭は、町に大きな利益を（　）」となりますから、generated（〜をもたらした）を選ぶのが適当です。

> 注

☐ profit　利益

---

(12)　正解　3

> 設問の訳と解説

バスケットボールのトーナメント戦は高地で行なわれているので、アウェイチームにとっては不利だ。
1　犯罪　　2　緯度　　**3　高度**　　4　練習

> 解答のポイント！

適切な名詞を選択する問題です。「高い（　）にある場所」が「アウェイチームに不利」ということですから、altitude（高度）を選ぶのが適切です。2 の latitude（緯度）もあわせて覚えておきましょう。

> 注

☐ disadvantage　不利な状況

---

(13)　正解　3

> 設問の訳と解説

交換留学生は、指導教官の許可が下りれば冬休み中にキャンパスを離れることができる。
1　言い訳　　2　保証　　**3　許可**　　4　解放

> 解答のポイント！

適切な名詞を選択する問題です。交換留学生がキャンパスを離れるには、「指導者から（　）を得る」ということですから、permission（許可）が適切です。

> 注

☐ be allowed to 〜　〜することを許可される　　☐ as long as 〜　〜する限り

(14) 正解　1

設問の訳と解説

使い捨て用品にかかる費用の節約や環境保全のために、カップや皿、ボウル、食器類をいくつか大学に持参するのがよい。
1　使い捨ての　　2　再生可能な　　3　便利な　　4　自家製の

解答のポイント！

適切な形容詞を選択する問題です。空所の前の save money on ~ は「~に使うお金を節約する」という意味です。「カップや皿などを大学に持っていけば、お金を節約できる物」ということですから、空所には disposable（使い捨ての）が入ります。

注

□ silverware　銀食器

---

(15) 正解　3

設問の訳と解説

学生は授業料をすべて支払い、かつオンライン上で卒業の承認申請をしなければ、学位を取得することができない。
1　許可　　2　論文　　**3　単位**　　4　依頼

解答のポイント！

適切な名詞を選択する問題です。「授業料をすべて支払っていなければ取得できない」ものとして適切なのは、degree（学位）です。

注

□ fee　料金　　□ application　申込書

---

(16) 正解　4

設問の訳と解説

医師の専門性は長年の研究と経験から得られるものだということを学生は理解し、そこから学ぼうとすべきである。

Test 1

1　修正される　　2　報いられる　　3　拡大される　　**4　得られる**

> **解答のポイント！**
> is につづく動詞の過去分詞形を選択する問題です。「医師の専門知識は長年の研究と経験から（　）」という内容ですから、derived（得られる）が正解です。be derived from ~ は、「~から得られる、~に由来する」です。

注

□ expertise　専門性

---

(17)　正解　2

設問の訳と解説

学内の居住施設で生活する学生は、進んで寮の規則を守り、共用スペースや共有物を丁寧かつ大切に利用しなければならない。
1　~に訴える　　**2　~（規則など）に従う**　　3　~を作り上げる　　4　~に入居する

> **解答のポイント！**
> Part 1 の 17 ～ 20 は句動詞を選ぶ問題です。文意から空所には「~に従う」という意味の語が来ると思われますから、abide by を選ぶのが適当です。「~に従う、~を守る」の意味を表わす句動詞はほかに stick to ~ などがあり、動詞では follow や observe も状況によってその意味で使われます。

注

□ on-campus　キャンパス内の　　□ housing　住居　　□ be willing to ~　進んで~する

---

(18)　正解　2

設問の訳と解説

ティーチングアシスタントに助けを求める時は、教授に対する時と同じ敬意を持って話すことが重要だ。
1　遠慮なく話す　　**2　求める**　　3　言いまかす　　4　手伝う

51

> **解答のポイント！**
>
> 空所のあとの前置詞 to と for help がヒントになります。reach out to ~ for help で「~に助けを求める」という意味ですから、reaching out（求める）が正解となります。

注

□ respect　敬意

---

(19)　正解　4

設問の訳と解説

学生は、厳しい学習スケジュールのストレスによって増えた可能性のある体重を落とすために運動しようとするかもしれない。
1　貯蓄する　　2　より大きな声で話す　　3　注意する　　**4　努力して徐々に減らす**

> **解答のポイント！**
>
> 適切な句動詞を選択する問題です。空所のあとに the extra weight という目的語がありますので、work off（努力して徐々に減らす）を選ぶのが適当です。

注

□ extra　余分な　　□ gain　~を得る

---

(20)　正解　3

設問の訳と解説

出会いの機会を持つために学生が趣味を始めるのはいいことだ。
1　~を片づける　　2　~を暴露する　　**3　~を始める**　　4　~を値上げする

> **解答のポイント！**
>
> to 不定詞になるように適切な句動詞を選択する問題です。空所のあとが a hobby（趣味）で、「新しい人と出会う機会を持つため」ということですから、take up（~を始める）が正解です。

52

READING Part 2A

Test 1

(21)　正解　3

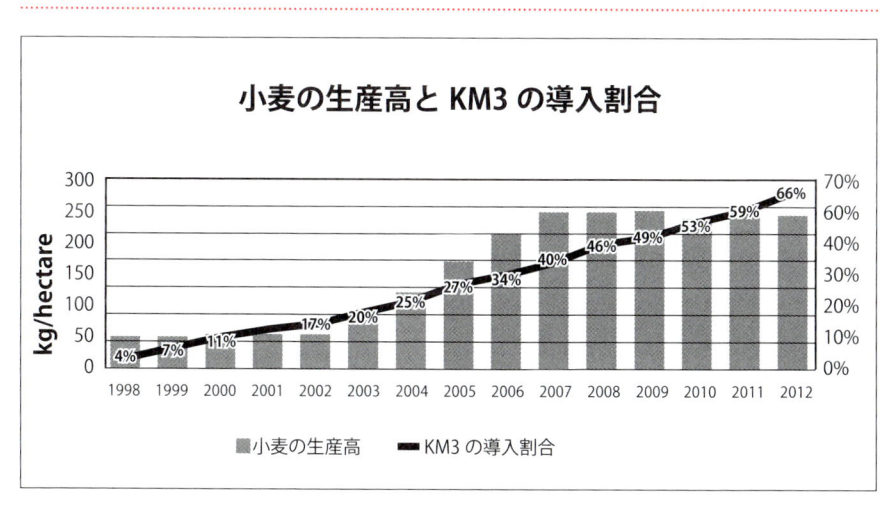

小麦の生産高と KM3 の導入割合

(グラフ: 1998年〜2012年の小麦の生産高(kg/hectare)とKM3の導入割合(%))
- 1998: 4%
- 1999: 7%
- 2000: 11%
- 2001: 17%
- 2002: 20%
- 2003: 25%
- 2004: 27%
- 2005: 34%
- 2006: 40%
- 2007: 46%
- 2008: 49%
- 2009: 53%
- 2010: 59%
- 2011: 66%

■ 小麦の生産高　— KM3 の導入割合

設問の訳と解説

あなたは、KM3 という 1990 年代末に開発された化学肥料が、小麦の生産高に与える影響について調査しています。次のうち、上のグラフでもっとも裏付けられる記述はどれですか?

1　KM3 の導入が 5％を超えると、小麦の生産量はずっと伸びている。
　➡グラフを見ると、1998 年の KM3 の導入割合が 4％だった頃から小麦の生産高はずっと増えていますが、2008 年に 40％を超えた時からそれが頭打ちになっています。

2　KM3 の導入が少なければ少ないほど、小麦の発育は促進される。
　➡グラフの情報に一致しません。

3　KM3 は導入が約 40％を超えると、小麦の生産高の増加には寄与しなくなる。
　➡ 2008 年に KM3 の導入が 40％を超えた時から小麦の生産高が頭打ちになっています。

4　KM3 が 50％以上導入されると、小麦には有害となり、生産量を著しく下げる。
　➡これに関する情報は見当たりません。

解答のポイント!

Part 2A の問題は 5 問ですが、図表を見ながら選択肢 4 つをしっかり吟味しなければなりません。このあと多くのリーディング問題をこなさなければなりませんので、こ

こにあまり時間をかけることはできません。5問を3分以内に解くようにしましょう。

注

[図] □ wheat　小麦　　□ yield　産出（高）、収穫（高）
[設問] □ conduct　（活動・仕事などを）行なう　　□ fertilizer　肥料、化学肥料　　□ cultivation　栽培、養殖　　□ exceed　〜を超える　　□ level off　横ばいになる　　□ impact　影響

---

(22)　正解　1

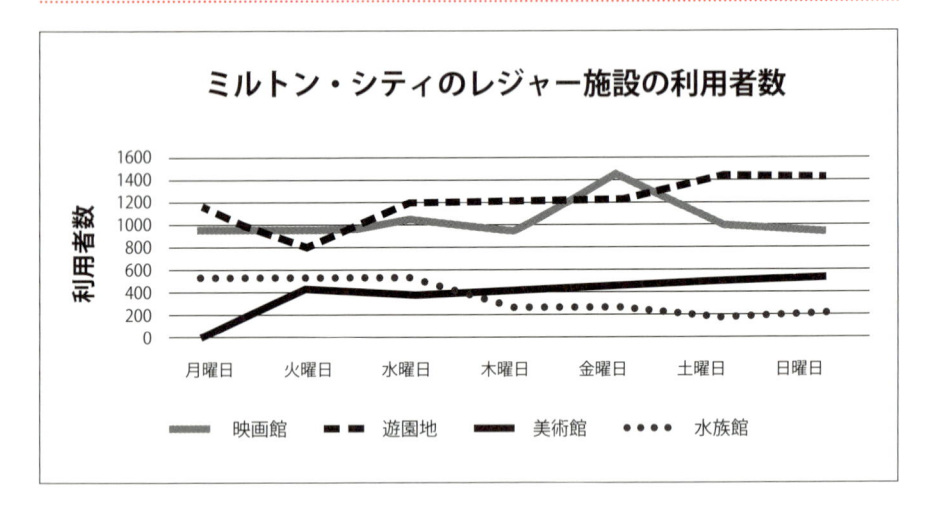

ミルトン・シティのレジャー施設の利用者数

（グラフ：月曜日〜日曜日の映画館、遊園地、美術館、水族館の利用者数）

設問の訳と解説

消費者動向調査の一環で、あなたはミルトン・シティの1週間のレジャー施設の利用者数を調査しました。次の文のうち、上のグラフでもっとも裏付けられるものはどれですか？

1　映画館は金曜日には、「ハッピーフライデー」と称して、通常よりもチケット代が3割引になる。
　➡ Happy Friday などの情報は見当たらず、その時点で不正解と片づけてしまいそうですが、慌ててはいけません。映画館は金曜日がずば抜けて利用者数が多いことに注目しましょう。これも正解になる可能性があると考えて、ほかの選択肢を確認した上で最終的に判断しましょう。2, 3, 4 は明らかに間違いです。したがって金曜日に映画館の利用者が著しく多かったのは Happy Friday だからと判断して、これを正解に選びます。
2　美術館は毎週水曜日が休館日である。

➡ もしそうであれば、水曜日の美術館の利用者はゼロになるはずですが、そうではありません。
3 遊園地は、土曜日に定期点検が実施され、半分以上の乗り物が利用できなくなる。
➡ もしそうであれば、土曜日の遊園地の利用者も減るはずですが、この日は最多になっています。
4 水族館では、週末に特別なショーが開催されている。
➡ もしそうであれば、週末の水族館の利用者は増えるはずですが、むしろ最低の数になっています。

解答のポイント！

Part 2A には、「状況から、またほかの選択肢も吟味した結果、正解はこれしか考えられない」という問題が 1 題出題されます。選択肢を 1 つひとつ確認していくことが大切です。

注

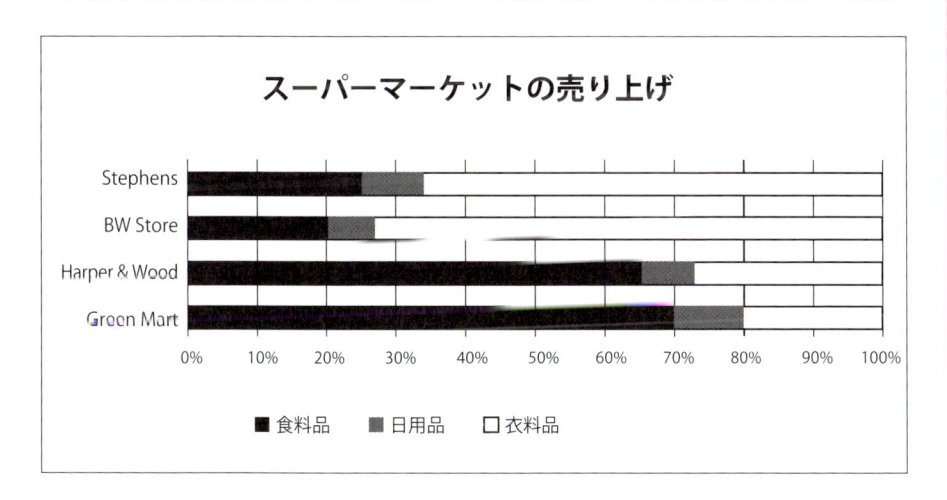

[図] □ aquarium　水族館
[設問] □ trend　傾向、動向　　□ survey　調査　　□ facility　施設　　□ periodic　定期的な
□ inspection　検査、点検　　□ carry out　〜を実施する　　□ ride　（遊園地などの）乗り物
□ unavailable　利用できない　　□ hold　〜を開催する

---

(23)　正解　3

スーパーマーケットの売り上げ

Stephens	食料品約25%、日用品約10%、衣料品約65%
BW Store	食料品約25%、日用品少し
Harper & Wood	食料品約65%、日用品約8%
Green Mart	食料品約70%、日用品約10%

0% 10% 20% 30% 40% 50% 60% 70% 80% 90% 100%

■ 食料品　　■ 日用品　　□ 衣料品

📖 設問の訳と解説

とある新聞記事の中で、上のグラフが使用される予定です。その記事のタイトルとして、もっともふさわしいと思われるのは、次のうちのどれですか？

1 「新たな潮流：日用品がスーパーの主要商品に」。
 ➡グラフを見るといずれのスーパーマーケットでも日用品の売り上げ率が低いことがわかります。
2 「スーパーで販売されている衣料品の価格の比較」。
 ➡衣料品の売り上げ率はわかりますが、値段は比較できません。
3 「スーパーの2つの戦略：食料品重視と衣料品重視」。
 ➡グラフからいずれのスーパーマーケットでも食料品と衣料品の売り上げ率が高いのがわかりますので、正解です。
4 「スーパーを経営する上で必要な経費の上昇」。
 ➡グラフから経費の情報は読み取ることができません。

💡 解答のポイント！

「図の情報から総合的に判断して、その特徴をどんなふうに言い表わしたらいいか」といった趣旨の問題も出題されます。

✏️ 注

[図]　☐ daily necessities　日用品
[設問]　☐ suitable　ふさわしい　☐ trend　傾向、動向　☐ comparison　比較
☐ groceries　食料品　☐ operation costs　経費　☐ on the rise　上昇して

(24) 正解 3

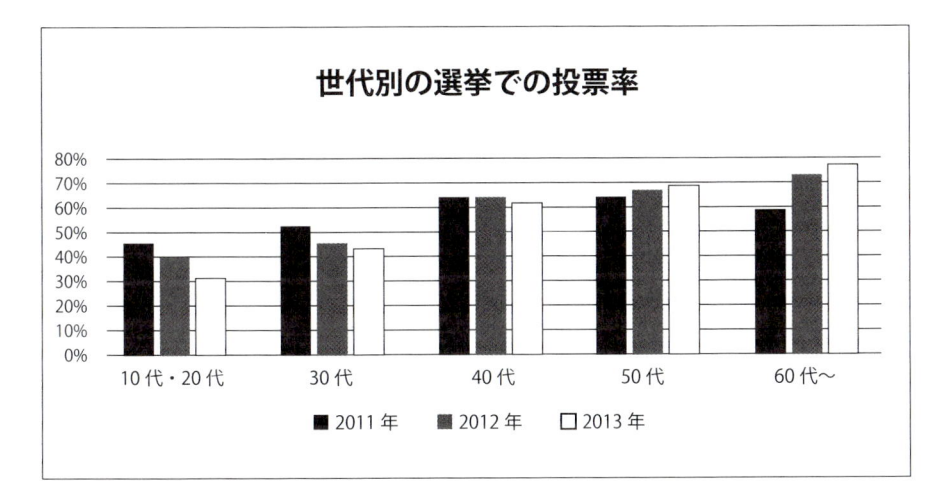

世代別の選挙での投票率

世代	2011年	2012年	2013年
10代・20代	45%	40%	30%
30代	52%	45%	43%
40代	64%	64%	62%
50代	64%	67%	69%
60代〜	60%	74%	78%

設問の訳と解説

図書館で手にした文献の中で、上のグラフについて次の4つのことが述べられていました。このうち、上のグラフの説明として適当ではないと思われるものはどれですか？

1 この3年で、40代の投票率が60%を下回ったことはない。
　➡グラフを見ると40代の投票率が60%を下回っていることはありませんので、適切です。
2 2012年にもっとも投票率が高かったのは、60歳以上の世代である。
　➡2012年にもっとも投票率が高かったのは60歳以上の世代とわかりますので、適切です。
3 政治への関心は、世代間で大きな差が見られる。
　➡たとえば40代、50代に関しては、政治の関心について顕著な違いがありませんで、この説明は適切ではなく、正解となります。
4 若年層は、年々、政治への関心を失っている。
　➡グラフから10代、20代の投票率が低いことがわかりますので、説明として適切です。

解答のポイント！

Part 2Aには、「…でない」ものを選べという「NOT問題」も1問出題されます。3つの適切な情報以外の1つの不適切な情報を選ぶので、注意しましょう。

注

［図］ □ voter　投票者　　□ turnout　投票率

(25) 正解 3

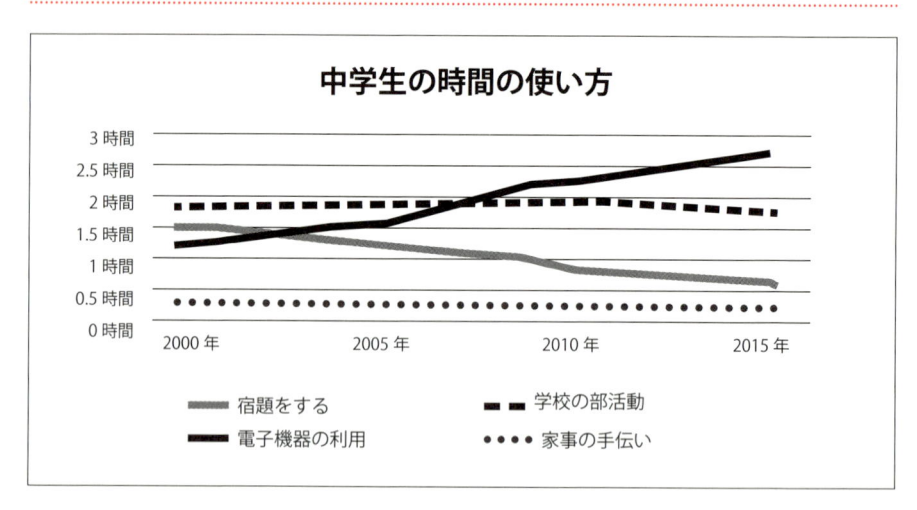

中学生の時間の使い方

グラフの凡例：
- 宿題をする
- 学校の部活動
- 電子機器の利用
- 家事の手伝い

📖 **設問の訳と解説**

ノースタウンの中学校では近年、学生が宿題をする時間が減っていることが問題となっています。上のグラフに基づけば、次のうちどれが最適な解決策と推測できるでしょうか？

1 学校の部活動の時間を制限する目的で、学生の帰宅時間を早める。
　➡学生が部活動に割く時間が増えているわけではありませんので、不適切です。
2 洗濯や掃除などを自ら進んで行なうように、学生に伝える。
　➡学生が宿題をする時間が減っていることに対する解決策とは考えられませんので、不適切です。
3 スマートフォンやコンピュータの使用は必要な時だけに留めるように学生を指導する。
　➡電子機器の利用時間が増えているのがわかりますから、最適な解決策と言えます。
4 定期テスト対策として、放課後に特別講習を開く。
　➡定期テスト対策に関してはグラフに情報がありません。

💡 **解答のポイント！**

Part 2A には、学生の日常生活に関する問題も１問出題されます。

✏️ **注**

[図] □ usage　使用法　　□ extracurricular activities　課外活動　　□ electronic device　電子機器
[設問] □ laundry　洗濯　　□ chores　(日常の家庭の)雑用　　□ instruct　～を指導する

READING Part 2B

Test 1 ▶▶▶

(26) 正解 2

英文の訳

シャトルバスの新しい運行時間

すべての教員・学生のみなさまに、来年の夏からシャトルバスの運行時刻が変更することをお知らせします。バスの最終便は午後7時から午後5時半に変更になります。①今回の変更の目的は、図書館や体育館などの施設に利用できる資金の確保です。新しい運行スケジュールは2016年5月まで開始されませんので、それまでは引きつづき午前6時から午後7時までバスをご利用ください。

設問の訳と解説

シャトルバスの運行時間変更の理由は
1 学校内のすべての施設にバスのサービスを広げるため。
　➡そのような記述はありません。
2 ほかの施設に使用する資金を確保するため。
　➡①の「図書館や体育館などの施設に利用できる資金の確保」に一致します。
3 夜間の授業数を減らすため。
　➡授業数についての記述はありません。
4 キャンパスの夜の閉館時刻を早めるため。
　➡キャンパスの閉館時刻についての記述はありません。

解答のポイント！

本文中の purpose という単語が、質問文では reason で言い換えられています。このように、同じような意味の単語の「言い換え」が、問題を解く鍵になっていることは少なくありません。「言い換え」に注意しながら本文を読みましょう。

注

[パッセージ] □ inform ～に知らせる　□ instead of ～ ～の代わりに　□ purpose 目的
□ facility 施設　□ gymnasium 体育館
[設問] □ cut down on ～ ～を減らす

(27) 正解 2

英文の訳

宛先：全学生
送信者：ショーン・クランシー <sclancy@phs.edu>
日付：5月30日 火曜日
件名：卒業生の回顧録

みなさま
①当校の宣伝に役立てるため、優秀な卒業生の1人に、在学時代のよい思い出について エッセイを書いてもらうよう依頼しました。そのエッセイは学校のウェブサイトに掲載される予定で、②みなさんのような現役生だけでなく、将来の入学生やその保護者など、多くの人びとに読んでもらえることを期待しています。卒業生のエッセイは1月31日に受け取る予定ですので、みなさんにもご覧いただくことをとても楽しみにしています。

よろしくお願いします。
ショーン・クランシー

設問の訳と解説

なぜエッセイは学校のウェブサイトに掲載されるのですか？
1 在学生を楽しませるため。
　➡エッセイは②にあるように「将来の入学生やその保護者」が対象となります。
2 将来の入学生とその保護者に学校を宣伝するため。
　➡①の「当校の宣伝に役立てる」、②の「将来の入学生やその保護者など、多くの人びとに読んでもらえることを期待」に一致します。
3 地元紙の関心を得るため。
　➡地元紙についての記述はありません。
4 学校の優秀な卒業生たちにふさわしい名誉を与えるため。
　➡そのような記述はありません。

解答のポイント！

すべての問題に共通することですが、まず質問文に目を通し、それから本文を読むと効率的です。この質問文の場合、essay, posted, website という単語に注目し、そのキーワードを念頭に置いて本文を読めば、最短で正解に辿りつくことができます。

Test 1

注

[パッセージ] □ graduate 卒業生　□ memoir 回顧録　□ promote 〜を宣伝する
□ fond 好きな　□ current 現在の
[設問] □ deserved 受けて当然の　□ recognition 正しく評価されること

(28)　正解　3

英文の訳

クリフブリッジ大学は、2月20日のオープンキャンパスでボランティアをしてくれる高校生を探しています。参加者全員に100ドルが支払われます。午前8時から午後10時と、午後1時から午後3時の2つのシフトがあります。①ボランティア参加希望の学生は、シフトを選択の上、2月15日までに本学までご連絡ください。2番目のシフトに人気が集中すると予想されるため、できるだけお早めのご連絡を。②詳細は大学のウェブサイト（http://www.cliffbridge.edu/volunteers）をご覧ください。

設問の訳と解説

大学でのボランティアを希望する学生がしなくてはならないことは何ですか？
1　一日中大学にいなければならない。
　➡①に「シフトを選択」とあるので、一日中大学にいる必要はありません。
2　大学のウェブサイトをチェックしなければならない。
　➡②に「詳細は大学のウェブサイトをご覧ください」とありますが、これは必ずしなければならないことではありません。
3　**2月15日までに大学に連絡しなければならない。**
　➡①の「2月15日までに大学までご連絡ください」と一致します。
4　大学にメールで連絡しなければならない。
　➡連絡手段はメールに限定されてはいません。

解答のポイント！

設問でよく尋ねられるのは、「しなければならない」ことです。したがって、本文では、「しなければならない」ことと「してもいい」ことを区別して読み進める必要があります。前者には have to, must, need to, be required to といった表現がよく用いられますので、そうした語に注意しましょう。上の問題文では、①の「シフトを選択の上、2月15日までに大学まで連絡する」のが「しなければならない」ことで、②の「大学のウェブサイトを見る」のが「してもいい」ことです。

注

[パッセージ] □ contact　～に連絡する　□ be sure to ~　必ず～する　□ ASAP (= as soon as possible)　できるだけ早く　□ further　さらなる、追加の

---

(29)　正解　2

> **英文の訳**
>
> 宛先：イシイタカユキ
> 送信者：大学図書館
> 日付：6月29日 水曜日
> 件名：延滞図書について
>
> タカユキ様
> 大学図書館のジェフと申します。あなたが6月10日に借りた図書『グレート・ギャツビー』の返却期限が過ぎましたので、メールをいたしました。返却期限は6月24日ですが、まだこちらには戻っていないようです。返却をしていない場合には、今週の金曜日の7月1日までにご返却をお願いします。①その日までに返却いただけない場合、半年間この図書館で本を借りることができなくなります。②もし何か問題などがございましたら、ご返信ください。
>
> よろしくお願いいたします。
> ジェフ・アンダーソン

> **設問の訳と解説**

この学生が図書館に本を返却しなければどうなりますか？
1　学生はその本を購入しなければならなくなる。
　➡そのような記述はありません。
2　学生は6か月間図書館を利用できなくなる。
　➡①の「半年間この図書館で本を借りることができなくなる」と一致します。
3　学生はジェフにメールを送らなければならなくなる。
　➡メールを送る必要があるのは、②にあるように「もし何か問題などがあった場合」のみです。
4　学生は貸出期間を延長しなければならなくなる。
　➡そのような記述はありません。

Test 1

> **解答のポイント！**
>
> メールの英文には、To（送り先），From（送信者），Date（日時），Subject（件名）などが記されていますが、**まず注目すべきは Subject です。件名はメールの本文に何が書かれているかを知る重要な情報**ですので、見落とさないように注意しましょう。

注

［パッセージ］ □ overdue （本の返却など）期限の過ぎた　　□ check out （本などを）借りる
□ due （返却）期日が来て　　□ turn ~ in　～を提出する、返却する　　□ Sincerely　敬具（手紙やメールで使われる結びの言葉）
［設問］ □ extend　～を延長する

---

(30)　正解　3

> **英文の訳**
>
> 教授に推薦状を依頼したい学生は、研究室まで来てください。そこで教授に、①どの大学院に行きたいのか、どの学科を学ぼうと思っているのかを伝えてから推薦状を依頼してください。②あまりに多くの依頼を受けている場合、教授には断る権利があることをご理解ください。教授が推薦状の執筆を承諾した場合、③学生は完成まで少なくとも2週間待ってください。

設問の訳と解説

教師の推薦状が欲しい学生は何をする必要がありますか？
1　決められた時間に教師と話をする。
　➡そのような記述はありません。
2　教師が忙しくて会えない場合もあることを理解する。
　➡教授が断るのは②の「あまりに多くの依頼を受けている場合」です。
3　大学院についての計画を教師に伝える。
　➡①の「どの大学院に行きたいのか、どの学科を学ぼうと思っているのかを伝える」と一致します。
4　2週間以内に推薦状をもらえるよう依頼する。
　➡③に「学生は完成まで少なくとも2週間待つ」とあるので不適切です。

> **解答のポイント！**
>
> TEAP では「大学生の学業・生活」をテーマにした英文が多いですので、**大学に関連した語は頭に入れておきましょう**。たとえば、psychology（心理学）や literature（文学）

といった学問名や、semester（学期）, assignment（課題）, apply for（申請する）などは頻出です。上の問題文でいうと、graduate school（大学院）, subject（学科、科目）などは覚えておくと便利です。

注

[パッセージ] □ a letter of recommendation　推薦状　　□ subject　学科、科目　　□ ask for ~　~を要求する　　□ right　権利　　□ agree to ~　~することに同意する
[設問] □ certain　ある一定の

READING Part 2C

Test 1

(31) 正解 1

英文の訳

　中国語が将来の言語になるのだろうか？　多くの人がそうなると言っている。確かに、①世界中で標準中国語を母語とする人の数がもっとも多いことは事実だ。②中国語は非常にむずかしいとされているにもかかわらず、アメリカや世界中の各国で、これまでにないほど多くの学生が中国語を学んでいる。これは、③現代の科学技術により言語学習が容易になったからかもしれない。また、④中国が世界最大の経済圏になる可能性もあり、そうなればビジネスにおいて中国語を話せることの必要性は高まるだろう。

設問の訳と解説

中国語を学ばない学生もいる理由の1つは何ですか？

1　今でも中国語は多くの人から非常にむずかしいと考えられているから。
　→②から、これが中国語を学ばない学生がいる理由の1つと考えられます。

2　中国は急速に世界最大の経済圏になりつつあるから。
　→④にこの情報がありますが、中国語を学ばない学生がいる理由にはなりません。

3　現代の科学技術により、むずかしい言語を学ぶことが容易になっているから。
　→③にこの情報がありますが、それによって「言語学習が容易になった」のであり、中国語を学ばない学生がいる理由にはなりません。

4　標準中国語を母語とする人が世界でもっとも多いから。
　→①にこの情報がありますが、中国語を学ばない学生がいる理由であるとは述べられていません。

解答のポイント！

質問文は What is one reason why some students may not study Chinese? と may が含まれていますので、答えが直接書かれておらず、推測が求められる可能性があります。本文中の②を含む1文の理解が必要です。

注

［パッセージ］□ after all　やはり、結局　　□ Mandarin Chinese　標準的中国語　　□ native speaker　母語話者　　□ consider A to be ~　A を~だとみなす

(32) 正解　1

英文の訳

　ハレー彗星はもっとも有名な彗星である。①その名の由来となったイギリスの天文学者エドモンド・ハレーは、②1531年、1607年、1682年に現われた3つの彗星が同一のものであると結論づけた。ハレー彗星は75年周期で地球に接近するため、生涯で2度見ることができる人もいることになる。前回地球に接近したのは1986年で、次は2061年に戻ってくると予想されている。ハレー彗星が最初に観測されたのは、紀元前239年に中国の天文学者によってである。

設問の訳と解説

ハレー彗星はどのようにして名づけられましたか？
1　その彗星を研究した天文学者の名前からつけられた。
　➡①の内容と一致しますので、これが正解です。
2　初めてその彗星を発見した天文学者の名前からつけられた。
　➡「初めてその彗星を発見した」の部分が②の内容と一致しません。
3　地球に接近する頻度を意味する名前がつけられた。
　➡「ハレー彗星が地球に接近する頻度」は、ハレー彗星が名づけられた理由とは関係がありません。
4　現在、その名前には特別な意味がある。
　➡そのような記述はありません。

解答のポイント！

「ハレー彗星の名前の由来」についての質問です。答えの鍵となる①と②に注目しましょう。

注

[パッセージ]　□ comet　彗星　　□ be named after ~　~にちなんで名づけられる　　□ astronomer　天文学者　　□ conclude　~と結論づける　　□ lifetime　生涯　　□ sighting　目撃
[設問]　□ refer to ~　~を指す　　□ particular　特別な

Test 1

(33) 正解 2

英文の訳

①1970年代後半、ギター産業は不振に陥っていたが、ある企業は前進をつづけていた。②ギブソンUSA社は1974年にアメリカのテネシー州ナッシュビルで設立された。主力製品のギブソン・レスポールは、ブルース、ジャズ、ロックのジャンルにわたり、多くの有名ギタリストに演奏されてきた。その評判と成功は、1986年に新しい経営陣に変わったことで完全に返り咲いた。③何年も、ギブソンUSA社は最高のギター製造会社の1つでありつづけている。

設問の訳と解説

本文によると、1970年代後半のギター産業は
1　ギブソンUSA社が設立されてより強くなった。
　➡そのような記述はありません。
2　衰退していた。
　➡①からこれが正解とわかります。本文中の in bad condition が in decline と言い換えられています。
3　主にナッシュビルを拠点としていた。
　➡②にギブソンUSA社が「ナッシュビルで設立された」とありますが、ギター産業が「主にナッシュビルを拠点としていた」という記述はありません。
4　何年も好調だった。
　➡③にあるように、何年も好調なのは「ギブソンUSA社」であって、「1970年代後半のギター産業」ではありません。

解答のポイント！

質問文は1970年代のギター産業のことですので、①の内容を理解する必要があります。当時のギター産業は「不振に陥っていた」と説明されています。

注

[パッセージ] □ push forward 前へ突き進む　□ establish ～を設立する　□ well-known 有名な　□ reputation 評判　□ restore ～を回復させる　□ take over ～ ～を引き継ぐ　□ manufacturing company 製造会社
[設問] □ in decline 衰退の道をたどって　□ be located in ~ ～に位置する　□ boom 景気づく　□ for years 何年も

(34) 正解 3

英文の訳

　スターク大学は、来年度に本学での学習を希望する留学生の応募受付を開始しました。[①]応募にあたって、学生は100語のエッセイと高校の成績表、および教師からの推薦状を提出してください。また、一定数の学生には授業料全額分の奨学金を支給します。[②]応募の締め切りは今年の5月12日です。詳細は本学のウェブサイトをご覧ください。

設問の訳と解説

スターク大学に応募するにあたって、留学生は何をしなければなりませんか？

1　ウェブ上の応募フォームに記入する。
　➡そのような記述はありません。
2　教師と面接をする。
　➡そのような記述はありません。
3　エッセイと学校での成績を送る。
　➡①にあるとおり、「100語のエッセイと高校の成績表」を送らなければなりませんので、これが正解です。
4　5月12日より前に大学を訪れる。
　➡②にあるとおり、5月12日は「応募の締め切り」です。また「大学を訪れる」という記述もありません。

解答のポイント！

「スターク大学に応募するために留学生がしなければならないこと」が問われていますので、①に答えがあると予測しましょう。

注

[パッセージ]　□ accept　～を受け入れる　　□ application　申し込み、出願　　□ apply　申し込む、出願する　　□ submit　～を提出する　　□ grade　成績　　□ recommendation　推薦　　□ reward　（報酬などを）～に与える　　□ limited　限られた　　□ scholarship　奨学金
[設問]　□ along with ~　～とともに

68

(35) 正解 3

英文の訳

①あらゆるところでスター・ウォーズのファンが『エピソード6　ジェダイの帰還』の続編を今か今かと待っていた。その映画、『スター・ウォーズ　フォースの覚醒』がついに公開された。②スター・ウォーズの前3部作（エピソード『I』『II』『III』）の出来については数多くの議論がなされてきたので、ファンは不安と興奮が入り混じった心境だった。③『フォースの覚醒』は多くの興行収入記録を塗り替えた。結局、ファンは新作にとても満足しているようだった。

設問の訳と解説

本文の主なテーマは何ですか？
1　スター・ウォーズは多くのファンを失った。
　➡そのような記述はありません。
2　その新しい映画は世界でもっとも人気を集めた。
　➡③に「『フォースの覚醒』は多くの興行収入記録を塗り替えた」とありますが、「世界でもっとも人気を集めた」とは書かれていません。
3　スター・ウォーズの新作は強く待ち望まれていた。
　➡①からこれが正解と判断できます。Star Wars fans everywhere waited for ... が、... was highly anticipated と言い換えられています。
4　ほとんどのファンは前3部作のほうがよいと思った。
　➡②から前3部作は必ずしもすべてのファンに受け入れられたわけではないことがわかります。

解答のポイント！

文章の主題に関する質問です。英語の文章の主題は、最初に示されていることが多いようです。この英文はどうでしょうか？

注

[パッセージ] □ patiently 辛抱強く　□ sequel 続編　□ awaken 目覚める　□ debate 議論　□ trilogy 3部作　□ box office 興行収入

(36) 正解 1

英文の訳

　オーストラリアの専門家たちは、健康的な体重になってそれを維持するためにダイエットをすることに関していくつか提言をしている。①肉、果物、野菜を含め、5大食品群の中からさまざまな食品を毎日食べること。水分を十分に取ること。②油、塩、砂糖の多い食品は控え、③過度に厳しいダイエットや極端な断食など危険なやり方を避けることなどである。また、肥満により健康を損なっている場合を除き、④体重は速いペースでなくゆっくりと持続的に落としていくことが勧められている。

設問の訳と解説

本文によると、健康的な体重になる方法の1つは何ですか？

1 急速にではなく、ゆっくりと体重を落とす。
　➡④からこれが正解とわかります。losing weight in a sustainable, gradual way, rather than rapidly が losing weight slowly, instead of quickly と言い換えられています。

2 果物、野菜、肉だけ食べる。
　➡①に「さまざまな食品を毎日食べる」必要性が記されていますが、「果物、野菜、肉だけ食べる」とは書かれていません。

3 油、塩、砂糖を含んだ食品を一切食べない。
　➡②にあるように、油、塩、砂糖を含む食品を「食べない」のではなく「量を控える」ということなので、誤りです。

4 絶えずダイエットをつづける。
　➡③では「厳しいダイエットを避ける」ことが求められており、絶えずダイエットをする必要性は特に記されていません。

解答のポイント！

「健康的な体重を維持する方法」についての質問です。本文の構成は第1文が要旨で、それ以下の文でダイエットに関する具体的な方法が示されています。

注

[パッセージ] □ expert 専門家　□ recommendation 提言　□ diet （名詞）ダイエット、（動詞）ダイエットをする　□ obtain ～を獲得する　□ maintain ～を維持する　□ food group 食品群　□ well-hydrated 十分に水分補給された　□ consumption 消費　□ overly-restrictive 過度に制限した　□ practice 実行、行為　□ excessive 過度の　□ fasting 絶食、断食　□ sustainable 持続的な　□ gradual ゆっくりとした　□ rapidly 急速に　□ in case of ~ ～の場合は　□ obesity-related 肥満に関連した
[設問] □ contain ～を含む　□ consistently 一貫して、絶えず

Test 1

(37) 正解 3

英文の訳

　マーケトン・キャンパス内の中央図書館 2 階のパソコン室に、新たにコンピュータが 6 台設置されることをお知らせします。①これらは販売されている最新のモデルで、文書処理・画像・編集ソフトウェアも最新かつ上位グレードのものが搭載されています。②設置後には、学生は通常のログイン情報でコンピュータを利用することができますが、③人気次第では図書館スタッフにより時間制限が設けられる場合もあります。

設問の訳と解説

新しいコンピュータについてわかることは何ですか？
1 利用するために学生は新しいアカウントを作る必要がある。
　➡②に「通常のログイン情報で使用できる」とあります。
2 IT 専攻の学生しか使うことはできない。
　➡そのような記述はありません。
3 学生は長い時間使うことができない場合もある。
　➡③からこれが正解と判断できます。
4 最新モデルではないが、高価なソフトウェアを搭載している。
　➡①に「最新モデルである」とあります。そして「最新かつ上位グレードのソフトウェアが搭載されている」とありますが、「高価」かどうかはわかりません。

解答のポイント！

however を含む文は重要なことが書かれている場合が多いので、最後の After installation で始まる 1 文をよく理解しましょう。

注

［パッセージ］ □ Please be advised that ~　~をお知らせします　□ install　~を設置する
□ be equipped with ~　~を備えている　□ latest　最新の　□ word processing　文書処理
□ regular　いつもの　□ impose　~を課す　□ depending on ~　~によっては
□ popularity　人気

(38) 正解 3

英文の訳

　アンセル・アダムスは著名で影響力を持った20世紀のアメリカ人写真家である。①彼の作品は主にアメリカ西部の自然、特に国立公園に焦点を当てている。また、②アダムスは仲間の写真家であるフレッド・アーチャーとともにゾーン・システムと呼ばれる撮影技法を考案したことでも知られる。③その作品は今でも人気が高く、④撮影した白黒の風景写真はカレンダーやポスターなどさまざまな媒体で多く目にする。

設問の訳と解説

本文によると、アンセル・アダムスについて正しい記述はどれですか？

1　彼の作品はもう人気がない。
　➡③に「その作品は今でも人気が高い」とあります。
2　彼は白黒の人物写真を撮ったことでもっとも有名だ。
　➡④からアダムスは白黒の「風景写真」で知られているのであって、「人物写真」ではありません。
3　**別の写真家と協力して新しい撮影技法を生み出した。**
　➡②の内容と一致しますので、これが正解です。
4　アメリカ西部にいくつか国立公園を設立した。
　➡①にあるように、「アメリカ西部の国立公園の写真を撮影した」のであって、それを「設立した」わけではありません。

解答のポイント！

What is true about ～ , according to the passage? という形式の質問は一文一文の精読が必要となります。特に②の内容をよく理解しましょう。

注

[パッセージ] □ influential　影響力のある　□ primarily　主に　□ focus on ～　～に焦点を当てる　□ in particular　特に　□ region　地域　□ fellow　仲間の　□ landscape　風景　□ various　さまざまな　□ media　medium（媒体）の複数形
[設問] □ no longer ～　もはや～でない　□ collaborate with ～　～と協力する　□ found　～を設立する

Test 1

(39) 正解 2

英文の訳

　生痕化石とは、恐竜など先史時代の脊椎動物により作られた化石である。①脊椎動物の足跡や通った跡などが柔らかい泥や沈泥に残され、そこに砂がたまり、やがて石に変わって化石となる。②生痕化石からは動物に関するさまざまな情報がわかるため、科学者たちは注目している。たとえば、足跡をたどることで食性や社会的習性がわかるし、③化石の場所は過去の環境条件を知る上での手掛かりとなる。

設問の訳と解説

本文によると、生痕化石からわかることは何ですか？
1　一体の動物がどれほどの子孫を残したか。
　➡そのような記述はありません。
2　かつての環境がどのような様子だったか。
　➡③からこれが正解と考えられます。
3　その動物の大きさ。
　➡そのような記述はありません。
4　先史時代の動物は泥や砂のある地域にしか生息していなかったこと。
　➡①は生痕化石のできる過程についての記述であり、生息地域に関する情報はありません。

解答のポイント！

「生痕化石からわかることは何か」という質問です。②に「生痕化石からは動物に関するさまざまな情報がわかる」とあり、そのあとにつづく最後の文で生痕化石から学べることについて具体例が挙げられています。

注

[パッセージ] □ trace fossil　生痕化石　□ prehistoric　先史時代の　□ vertebrate　脊椎動物　□ remain　跡、残されたもの　□ footprint　足跡　□ track　通った跡、足跡　□ mud　泥　□ silt　沈泥　□ fill　満ちる、いっぱいになる　□ over time　時間とともに　□ be of interest to ~　~にとって興味深い　□ cluster　(人・動植物・物などの)群れ、集団　□ feeding and social habits　食性と社会的習性　□ location　位置　□ insight　洞察　□ past　過去
[設問] □ offspring　子孫

(40) 正解 4

英文の訳

　ウエストン大学は今年の卒業式にパトリック・ロー氏を招き、祝辞を述べていただく予定です。①ロー氏は、この20年間IT業界の主要企業でありつづけるロー・テクノロジー社の創設者です。②ロー氏はこれまでも長いあいだ、卒業生として、不定期の特別講師として、ウエストン大学と関わりを持ってきました。③卒業式でスピーチをしていただくのは初めてで、現代におけるITの重要性について話される予定だと伺っています。

設問の訳と解説

次のうち、本文の内容と一致するものはどれですか？
1　パトリック・ローはウエストン大学の教授である。
　➡①および②にあるように、ロー氏はロー・テクノロジー社の創設者であり、不定期の特別講師です。
2　ウエストン大学が卒業式を開くのは今回が初めてである。
　➡③に「ロー氏が卒業式でスピーチをするのは初めてである」と書かれていますが、本文にこの選択肢の情報はありません。
3　ロー・テクノロジー社はそれほど重要な企業ではない。
　➡①に「20年間IT業界の主要企業でありつづける」とあります。
4　**パトリック・ローはウエストン大学を卒業した。**
　➡②にこの情報があります。

解答のポイント！

Which of the following is true ~ ? という形式の質問も、What is true ~ ? と聞かれる問題同様、一文一文の精読が必要です。ここでは特に②の文を理解しましょう。解答のヒントは alumnus という単語の意味です。

注

[パッセージ]　□ look forward to ~ing　~することを楽しみにする　　□ commencement ceremony　卒業式　　□ founder　設立者　　□ major　主要な　　□ player　重要な人物［会社］　　□ decade　10年　　□ be involved with ~　~と関わりを持つ　　□ alumnus　卒業生　　□ occasional　不定期の

READING Part 3A

Test 1

英文の訳

僕が飛び跳ねる理由

　デイヴィッド・ミッチェルは、現代イギリス文学を代表する作家の1人だ。『ナンバー9ドリーム』(2001年)と『クラウド・アトラス』(2004年)はブッカー賞の最終候補作にノミネートされた。『クラウド・アトラス』は2012年に映画化もされている。

　①ミッチェルは日本の広島で英語講師をしながら8年間生活した。その結果、②日本での生活は彼の作品に影響を与え、デビュー作 *Ghostwritten*(1999年)、そして『出島の千の秋』(2010年)などでは、同国の文化や歴史が重要なモチーフになっている。

　現在、ミッチェルは日本人の妻ケイコ・ヨシダと2人の子供とアイルランドのコーク州で暮らしている。子供のうちの1人は自閉症である。③ミッチェルはこの長男の心が理解できずに悩んでいたところ、④千葉県君津市に住む東田直樹さんが書いた『自閉症の僕が跳びはねる理由』を偶然見つけた。本書を執筆した時、東田さんはまだ13歳だったが、⑤自閉症児の内面が本人の言葉によってつづられていた。自閉症の人が自分の言葉で自分の内面をつづることはごくまれである。感動したミッチェルは妻のケイコとともにこれを英語に翻訳した。そしてこれが2013年にイギリスで出版されると、たちまちベストセラーとなった。

　ミッチェルは本書の英訳版の序文に、こう書いている。「大げさではなく、『自閉症の僕が跳びはねる理由』は、私たち夫婦と自閉症の息子との関係において、別の風景を見せてくれた」

　2014年にミッチェルは来日し、東田さんと面会した。その様子は日本のNHKテレビのドキュメンタリーでも紹介された。『自閉症の僕が跳びはねる理由』は、今では自閉症に興味がある人々にとって重要な1冊として⑥世界中で広く読まれている。

(41) 正解 2

選択肢の訳

1　しかしながら　　2　結果として　　3　近年は　　4　このことにもかかわらず

> **解答のポイント！**
>
> 前後の文の論理的なつながりに関する問題です。①に「ミッチェルは日本の広島で英語講師をしながら８年間生活した」とあり、②に「日本での生活は彼の作品に影響を与えた」とありますので、結果を表わす As a result（結果として）を選ぶのが適当と考えられます。

(42)　正解　3

> **選択肢の訳**
>
> 1　〜したあとに　　2　〜のあいだずっと　　**3　〜するあいだに**　　4　〜だから

> **解答のポイント！**
>
> 接続詞に関する問題です。主節と従属節の関係に注意しましょう。③「ミッチェルはこの長男の心が理解できずに悩んでいた」、その時に④「東田直樹さんが書いた『自閉症の僕が跳びはねる理由』を偶然見つけた」というつながりと判断できますので、While（〜するあいだに）が適切となります。While は「〜であるのに対し」という「対照」の意味を表わす接続詞としても使われます。during（〜のあいだずっと）は前置詞で、接続詞ではありませんので注意しましょう。

(43)　正解　3

> **選択肢の訳**
>
> 1　簡単な作業　　2　わくわくさせる計画　　**3　珍しいこと**　　4　定期的に起こること

> **解答のポイント！**
>
> This につづく適切な補語を選ぶ問題です。This は前の文⑤の内容を表わしており、「自閉症児の内面が本人の言葉によってつづられていたことはまれである」という文になると考えられますので、an unusual thing（珍しいこと）を選ぶのが適当と判断できます。

(44)　正解　4

> **選択肢の訳**
>
> 1　〜を持つ幼い子供　　2　〜の科学研究者　　3　〜を持つ親　　**4　〜に興味が**

Test 1

ある人びと

解答のポイント！

前置詞 for のあとにつづく語句を選ぶ問題です。autism のあとに⑥「世界中で広く読まれている」とありますので、空所には読者のことを言い表わす語句が入ると考えられます。

注

[パッセージ] □ leading 主要な　□ contemporary 現代の　□ literature 文学
□ shortlist ～を最終候補に選ぶ　□ autism 自閉症　□ struggle 苦労する
□ incidentally 偶然に　□ autistic 自閉症の　□ translate ～を翻訳する　□ instantly すぐに　□ introduction 序文　□ exaggeration 誇張した表現　□ round a corner 角を曲がる (この場合は、「(角を曲がって) 別の風景を見せる」という感じ)
[設問] □ occurrence 起こること

英文の訳

花火の成り立ち

　花火がほとんどすべての人から愛されているという事実は、2000年以上の歴史と、いくぶん複雑な化学によって証明されてきた。

　①花火の起源としてもっとも広く語られている話によると、②中国の料理人が当時の調理場によくあった硝石と硫黄と炭を偶然に竹筒の中で混ぜたことで、火薬が発明されたという。この技術が最終的に、現代の私たちが知るような世界的に人気のある爆竹に進化した。

　かつてその破裂音は幽霊や悪霊を追い払うと信じられており、今でも中国では誕生祝いや結婚式、葬式など特別なイベントの際に爆竹が鳴らされる。13世紀にマルコ・ポーロは東洋の珍しいものを西洋に数多く伝えたが、火薬もそのうちの1つである。西洋では、火薬はすぐに軍のためにロケット弾や大砲、銃に利用された。花火が初めて作られたのはイタリアで、そこからヨーロッパのほかの国に広まった。シェイクスピアが活躍した時代には特にイギリスで人気を集め、王室が豪華な見世物に金銭的支援をしたこともあり、花火はさらに大きく色彩豊かになった。

　しかし、花火の歴史よりもさらに複雑なのは、その裏にある化学かもしれない。③白熱と発光という2つの化学反応によって、多彩な色の演出が生まれる。④物質が高温まで熱せられた時に光を発する現象を白熱という。⑤その光の色は熱の温度によって変わり、温度が高ければより明るいオレンジ、黄色、白などの色を発する。だから、⑥マグネシウムやアルミニウムなど多くの種類の化学物質の成

77

分を混ぜることによって、さまざまな色が作られる。もう1つの要素である発光は、冷光と呼ばれることもある。⑦発光も光を発生させる化学反応だが、こちらでは熱を必要としないし発熱もしない。たとえば、花火に用いられる青色は銅化合物を用いた発光によるものである。

(45) 正解 2

選択肢の訳

1 〜とは対照的に　2 〜によると　3 〜の影響を受けて　4 〜から取られて

解答のポイント！

文頭に来る適切な表現を選ぶ問題です。①「花火の起源としてもっとも広く語られている話」のあとに、②「中国の料理人が当時の調理場によくあった硝石と硫黄と炭を偶然に竹筒の中で混ぜたことで、火薬が発明されたという」と事実が記されていますので、according to 〜（〜によると）を空所に入れると自然につながります。

(46) 正解 3

選択肢の訳

1 それは〜から出た　2 それは〜を通り過ぎた　3 それは〜に広がった　4 それは〜から由来した

解答のポイント！

from there につづく適切な表現を選ぶ問題です。3 の it spread to（それは〜に広がった）を選べば、from there it spread to the rest of Europe（そこ［イタリア］からヨーロッパのほかの国に広まった）と意味がはっきりします。

(47) 正解 3

選択肢の訳

1 花火が〜を明示する　2 花火職人が〜を引き起こす　3 化学反応が〜になる　4 化学物質が〜に使われる

Test 1

> **解答のポイント！**
>
> 主語となる Two につづく名詞と、the colorful display（多彩な色の演出）を目的語とする適切な動詞を選ぶ問題です。主語となる 2 つは③の「白熱と発光」で、④と⑦の記述からどちらも化学反応であることがわかりますので、3 の chemical reactions go into（化学反応が～になる）を選ぶのが適当でしょう。go into ～は「～の状態になる」という意味です。

(48) 正解 1

選択肢の訳

1 だから　　2 なぜならば　　3 さらに　　4 にもかかわらず

> **解答のポイント！**
>
> 前後の文の論理的なつながりを問う問題です。⑤に「温度が高ければより明るいオレンジ、黄色、白などの色を発する」とあります。⑥の前に So を入れれば、「だから、マグネシウムやアルミニウムなど多くの種類の化学物質を混ぜることによって、さまざまな色が作られる」となり、空所前後の文脈がつながりますので 1 が正解と判断できます。

注

[パッセージ] □ firework 花火　□ chemistry 化学　□ prevalent 広く行き渡っている
□ origin 起原　□ gunpowder 火薬　□ saltpeter 硝石　□ sulfur 硫黄
□ charcoal 炭、木炭　□ bamboo 竹　□ evolve 進化する　□ firecracker 爆竹
□ explode 爆発する　□ ward off~ ～を追い払う　□ funeral 葬式　□ oddity 風変わりなもの　□ military 軍の　□ cannon 大砲　□ royal family 王室　□ lavish 豪華な
□ complicated 複雑な　□ incandescence 白熱　□ luminescence 発光
□ temperature 温度　□ release ～を放出する　□ ingredient （混合物の）成分
□ magnesium マグネシウム　□ aluminum アルミニウム　□ cold light 冷光
□ generate ～を生み出す　□ copper 銅　□ compound 化合物
[設問] □ chemical reaction 化学反応　□ go into ~ ～の状態になる

READING Part 3B

英文の訳

農業の歴史

　すべての生命体に共通していることがある——生きるためには食べなければならない、ということである。しかし、進化に伴って食べるものは徐々に変化してきた。①それは特に、時代を超えて順応力を増してきた人類にあてはまるように思われる。②現生人類が最初に現われたのはおよそ20万年前だが、③この数千年で人類の文化と技術は爆発的に成長した。

　我々の初期の祖先はほとんどが狩猟採集民で、地面に生えているのを目にすればほぼどんなものでも口にしていた。④しかし、特定の種類の食べ物を気に入ると、その食べ物が底をつくという結果につながることもあった。⑤ほかの動物ならそのような急な変化に直面すれば次々と死んでしまうが、人類は荷物をまとめて住む土地を変えた。しかし、歩き回って旅をするのは危険なことだった。⑥ある集団がほかの集団の領地に入れば、大きな犠牲を伴う争いが起こるかもしれない。また、一見安全に思えても、急な洪水や極寒の冬といった危険が潜む土地に移り住んでしまうおそれもあった。

　しかし、はるか昔のある時に、種をそのまま食べてしまうのでなく保管するといいのではないかと思いついた者がいた。保管しておいた種を土に植えて育てることで、ある程度の運と少しのノウハウがあれば、その種が食糧となり、⑦食べ物を手に入れつづけるために移動を繰り返す必要がなくなる。⑧種は食べられる植物に成長し、それをえさにすれば牛や鶏、豚などを飼うことができるため、食べるものの幅が広がった。

　このように意図して得た利益に加え、意図しなかった利益もあった。農業によって小さな集団が1か所に留まれるようになったため、侵略者や悪天候から自分たちを守る石の建造物を建てることが可能になった。⑨しっかり安定して動かせない住居があることで、個々の家族という単位から小さな部族ができて団結するようになった。

　移動型民族の子孫は同じ一族同士の親から生まれる傾向が高かったが、⑩コミュニティの多様化によって子供は幅広い遺伝子プールの両親を持つことが可能になり、より健康で知能の高い子孫の形成につながった。⑪より高い知能が備わり、農業の発展によって時間にも余裕ができたことで、生きることそのものに直接関係しない活動が進化した。⑫それが文化の基盤となったのである。

　初期の人類は食糧を見つけることだけに関心を持っていたが、農業の誕生により、権力を持つ者はほかの者たちにきつい労働をさせているあいだ、自分た

Test 1

ちは頭を使うことに集中できた。⑬労働者たちに対する支配力を維持するため、権力者には特別な技術が必要だった。⑭それは宗教という形をとることもあり、支配者は神や精霊と特別な関係を持っているのだと人びとに信じさせた。しかし、宗教的な力が平和と秩序を維持して混乱を避ける役割を果たすようになったことで、政府が形成された。はるか昔は、当然のように賢い者たちがほかの者を支配することができた。しかし、⑮複雑化する社会では知の継承が求められ、結果として形式化した教育が必要となった。

　現代社会に生きる人にとって、種は遠い昔の遺物のように思えるかもしれないが、種は社会全体や生きる術の中心になるものとして、今でも人間の役に立ちつづけているのである。

(49) 正解 3

設問の訳と解説

人類の技術について正しいものはどれですか？
1　20万年前に発展し始めた。
　➡②にあるとおり、現生人類が最初に現われたのがおよそ20万年前であり、人類の技術が20万年前に発展し始めたのでありません。
2　新しい環境への順応性はあまりない。
　➡①にあるとおり、順応性があるのは人類であって、人類の技術ではありません。
3　**この数千年で急速に発展した。**
　➡③からこれが正解と判断できます。
4　人類の食生活には影響を及ぼしてこなかった。
　➡そのような記述はありません。

解答のポイント！

第1段落、特にキーワードの human technology を含む文をよく読みましょう。

(50) 正解 2

設問の訳と解説

初期の人類はなぜそれほど移動を繰り返さなければならなかったのですか？
1　ほかの部族から家畜を守るため
　➡そのような記述はありません。
2　**自然の中に見つけられる食糧で生命を維持するため**
　➡これは⑤「ほかの動物ならそのような急な変化に直面すれば次々と死んでしまうが、人類は荷物をまとめて住む土地を変えた」の言い換えと判断できます。また、④と⑦の情報も判

81

断材料になります。
3 ほかの部族を侵略して食糧を奪うため
　➡⑥に「ある集団がほかの集団の領地に入れば、死の危険や大きな犠牲を伴う争いが起こるかもしれない」とありますが、それが初期の人類が移動を繰り返した理由ではありません。
4 侵略者から農地や領地を守るため
　➡そのような記述はありません。

> **解答のポイント！**
> 初期の人類の移動に関して書かれている第 2 段落をよく読んで判断しましょう。

(51)　正解　4

設問の訳と解説

本文によると、種によって何ができるようになりましたか？
1 自然の精霊の存在に基づいた宗教を作ること
　➡そのような記述はありません。
2 パンを焼いて食べること
　➡そのような記述はありません。
3 悪天候の中を生き延びること
　➡種と天候の関係は述べられていません。
4 食肉用の動物を育てること
　➡⑧からこれが正解と判断できます。

> **解答のポイント！**
> キーワードの seeds が出てくる第 3 段落に注目しましょう。

(52)　正解　1

設問の訳と解説

本文によると、人びとの小さな集団がより大きな集団を作ることを可能にしたものは何ですか？
1 人びとが住むための強固で長持ちする住居
　➡⑨からこれが正解と判断できます。
2 特定の種類の食べ物を好むようになること
　➡そのような記述はありません。
3 親から知能を受け継いだこと

➡︎⑩に知能に関する記述はありますが、より大きな集団を作ることを可能にしたとは書かれていません。
4 宗教的信仰と文化の発展
➡︎⑪〜⑭に農業と文化および宗教との関連性は述べられていますが、宗教と文化の発展によって集団が大きくなったとは述べられていません。

> **解答のポイント！**
>
> 設問の small groups of people と larger groups が、⑨にある individual family units と small clans of people の言い換えであることに気づきましょう。

(53)　正解　3

設問の訳と解説

本文によると、文化の発展をもたらしたものは何ですか？
1 食料を求めて旅をすること
　➡︎初期の人類が食糧を求めて旅をしたことは第2段落に書かれていますが、それが文化の発展をもたらしたという記述はありません。
2 自然災害による破壊
　➡︎そのような記述はありません。
3 **知能が進化し、時間の余裕ができたこと**
　➡︎⑪と⑫からこれが正解と判断できます。
4 豚や鶏などの動物を育てること
　➡︎⑧に種が牛や鶏、豚などの飼育を可能にしたことが述べられていますが、動物の飼育が文化の発展をもたらしたとは書かれていません。

> **解答のポイント！**
>
> 第5段落、特にキーワードの culture を含む文をよく読みましょう。

(54)　正解　2

設問の訳と解説

第6段落によると、権力者はどのようにしてその地位を守りつづけましたか？
1 一家が持つしっかりした農地を作ることに注力した。
　➡︎そのような記述はありません。
2 **宗教的信仰を利用した。**
　➡︎⑬と⑭からこれが正解と判断できます。

3 生きるのに十分な食べものを皆に与えた。
　➡そのような記述はありません。
4 文字の読み書きができる人を社会の中に増やした。
　➡⑮に「複雑化する社会では知の継承が求められ、結果として形式化した教育が必要となった」とありますが、権力者が文字の読み書きができる人を社会の中に増やしたとの記述はありません。

解答のポイント！

第6段落、特にキーワードの those in power を含む文に注目しましょう。

注

［パッセージ］ □ agriculture　農業　　□ organism　生命体　　□ in common　共通して　□ evolution　進化　　□ Homo sapiens　人類　　□ adaptable　順応力のある　□ explosively　爆発的に　　□ ancestor　祖先　　□ gatherer　採集民族　　□ crawl　（地面に広がるように）生える　　□ acquire　～を得る　　□ run out　なくなる　　□ die off　数が激減する　　□ belongings　所有物　　□ costly　犠牲の大きい　　□ constant　持続的な　　□ cattle　畜牛　　□ diverse　多様な　　□ invader　侵略者　　□ immobile　動かせない　　□ clan　一族、部族　　□ band　団結する　　□ offspring　子孫　　□ gene　遺伝子　　□ leisure　暇な、余暇のための　　□ be concerned with ~　～に関心がある　　□ religion　宗教　　□ passing-down　子孫に伝えること　　□ formalized　形式化された　　□ relic　遺物
［設問］ □ livestock　家畜　　□ sustain　～を維持する　　□ permanent　長持ちする　□ inheritance　継承　　□ destruction　破壊　　□ disaster　災害　　□ literate　読み書きのできる

英文の訳

カナダ英語

　文化はその国特有の歴史によって決定されるが、これは言語についても言えることかもしれない。言語の歴史が比較的シンプルな国もあるが、カナダではいくぶん複雑である。カナダ英語は、その複雑な起源に根付いた独特な特徴をいくつか持っている。

　初めにカナダに入植したのは、ほとんどがフランス人だった。①母国から遠く離れた原始地域で、彼らは英語圏の共同体とは異なる法制度や文化をもって、結びつきの強い共同体を作ることで生き延びていった。18世紀になると強い権力を持ったイギリス人による北アメリカの支配が始まり、1763年にはイギリスとフランスの間でパリ条約が結ばれたことで、カナダの統治権はイギリスの手に渡った。そこでの公用語は英語に定められたが、フランス語を話す人口は増えつづけ、彼らに英語を話させることができなかったため、国はのちにオンタリオ州となるアッパー・カナダと、②ほぼフランス語圏であるケベック州となるローワー・カナダに分けられた。

　2011年に行なわれた国勢調査によると、③総人口の65%を占める約1900万人のカナダ人は家で英語を話すと答えた。④約21%が家族とはフランス語で会話すると答え、残りの国民は家で話す言語は英語でもフランス語でもないと答えた。しかし、この調査では2800万人のカナダ人が英語を優勢言語として使っていることも明らかになった。⑤図1に示されるように、オンタリオ州では人口の79%が家で英語を話す一方、それはケベック州では住民の10%にとどまり、大半がフランス語を話している。

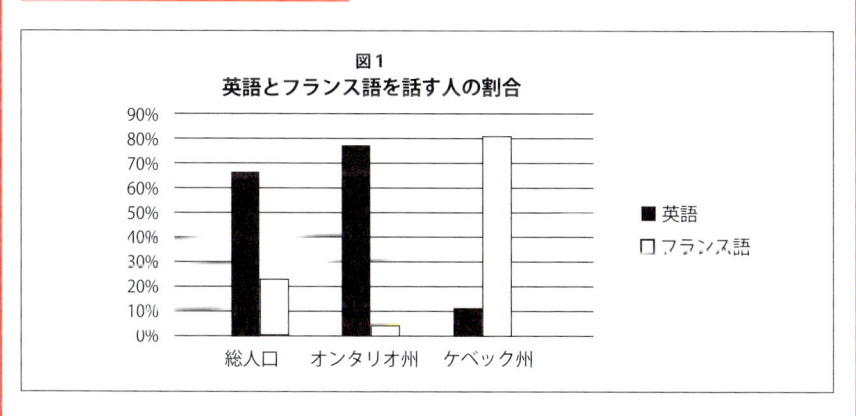

図1 英語とフランス語を話す人の割合

（■英語　□フランス語）

総人口　オンタリオ州　ケベック州

⑥アメリカ独立戦争の間、アメリカ人の中にはイギリス側につく者もいた。⑦1783年にイギリスが敗戦すると、彼らはアメリカを出てカナダに渡った。このアメリカ人たちがカナダにもたらした話し方が現在カナダ英語として知られる言語の土台を作り、その後長きにわたって、特に語彙と発音の面でアメリカ

85

英語の影響を受けつづけてきた。

　聞き慣れていなければ、この2つの言語の違いには気づかないことも多い。メディアを通してアメリカの英語を聞いている一般的なカナダ人にとっては、その違いは特に顕著に感じられるが、⑧カナダの文化や言語に触れることがあまりないほとんどのアメリカ人は違いに気づかない。⑨発音の面では、もっとも大きな違いは"ou"に表われる。カナダ人のほとんどは「アバウト」（about）を「アボウト」（aboat）のように発音する。ある調査によると、zの文字を発音する時にカナダ人の75％はアメリカ流の「ズィー」でなくイギリス流の「ゼッド」に近い発音をすることが明らかになった。⑩「カリブー」や「パーカー」「カヤック」など、もともとアメリカで使われている英語にカナダ人が加えた単語もいくつかあるが、国境の南からの影響は明白である。

　おそらく、カナダ英語でもっとも特徴的な要素は2文字の単語であろう。文尾に付加疑問をつける時、カナダ人は"don't you?"や"isn't it?"と言うのではなく、単純に"eh?"と言うことが多い。よって、カナダ人が「これすごくいいね、eh?」や「今日は忙しいんだろ、eh?」と言うのを耳にするかもしれない。この表現は何と言おうか思いつかない時のつなぎ言葉としても使われる。たとえば、「今夜、eh、泊まるところを探さないと」といったふうに。

　歴史を学ぶことでわかるのは、すべてのものは変化していくということで、それは言語も例外でない。カナダの言語は歴史が進むにつれて変わりつづけるだろうし、メディアの力が強いアメリカの影響が強まるにしたがって、⑪カナダで話される英語はますますアメリカ英語と区別がつかなくなるだろう。

(55)　正解　1

📖 **設問の訳と解説**

カナダに最初に入植した者たちは、なぜ生き延びられたのですか？
1　**結びつきの強い共同体を作って互いに助け合ったから。**
　➡①に「結びつきの強い共同体を作ることで生き延びていった」とありますので、正解と判断できます。
2　英語圏の共同体のまねをしたから。
　➡①に「英語圏の共同体とは異なる法制度や文化をもって」とありますので、不適切と判断できます。
3　独特の意思疎通法を持っていたから。
　➡そのような記述はありません。
4　母国から遠く離れていたから。
　➡①に「母国から遠く離れた原始地域で」とありますが、それが最初の入植者たちが生き延びることができた理由ではありません。

Test 1

> **解答のポイント！**
> 本文中の the earliest settlers が質問文では the first settlers と言い換えられていることに気づきましょう。

(56) 正解 4

設問の訳と解説

図1が示しているものは何ですか？
1 異なる地域の職場で話されている言語の割合
   ➡「職場」に関する記述はありません。
2 異なる地域の公的文書に利用されている言語の割合
   ➡「公的文書」に関する記述はありません。
3 異なる地域で商業において使われている言語の割合
   ➡「商業」に関する記述はありません。
4 **異なる地域の家庭内で話されている言語の割合**
   ➡③に「65%のカナダ人は家で英語を話す」とあり、④に「約21%が家族とはフランス語で会話する」とあり、また⑤に「オンタリオ州とケベック州の家庭で話されている英語とフランス語の割合」が述べられていますので、「家庭内」と判断できます。

> **解答のポイント！**
> 図1をよく見た上で図1の解説が書かれている第3段落をよく読みましょう。

(57) 正解 2

設問の訳と解説

本文によると、以下のうち正しいものはどれですか？
1 ローワー・カナダのほとんどの地域でフランス語は広く話されていない。
   ➡②に「ほぼフランス語圏であるケベック州となるローワー・カナダ」とありますので、不適切と判断できます。
2 **ケベック州でもっとも話されている言語はフランス語である。**
   ➡⑤に「ケベック州では大半がフランス語を話している」とありますので、これが正解と判断できます。
3 ケベック州はフランス語を話す人のほとんどが住む地域ではない。
   ➡⑤から間違いと判断できます。
4 カナダ人の半分以上は英語を理解できない。
   ➡③に「総人口の65%を占める約1900万人のカナダ人は家で英語を話す」とありますので、間違いです。

87

> **解答のポイント！**
>
> 図1に関わる設問ですので、図1の解説が書かれている第3段落の情報を慎重に確認しましょう。

(58) 正解 3

設問の訳と解説

アメリカ独立戦争が終わった1783年に、カナダに渡ったアメリカ人がいたのはなぜですか？
1 イギリスから独立したかったから。
　➡そのような記述はありません。
2 アメリカにとどまる権利がなかったから。
　➡そのような記述はありません。
3 勝ってほしい側の国が負けたから。
　➡⑥と⑦から、これが正解と判断できます。
4 フランス語を話せる土地に住みたかったから。
　➡そのような記述はありません。

> **解答のポイント！**
>
> キーワードの the American Revolutionary War と in 1783 に注目し、第4段落をよく読みましょう。

(59) 正解 2

設問の訳と解説

本文によると、カナダ英語とアメリカ英語の違いとして挙げられているものはどれですか？
1 カナダ英語には多くのフランス語の単語が含まれる点
　➡そのような記述はありません。
2 特定の文字の発音
　➡⑨「発音の面では、もっとも大きな違いは"ou"に表われる」から、これが正解と判断できます。
3 アメリカ英語のほうがすぐれていると考えられている点
　➡そのような記述はありません。
4 カナダ人は「カリブー」などの単語を使うが、アメリカ人は使わない点
　➡⑩に「『カリブー』や『パーカー』『カヤック』など、もともとアメリカで使われている英語にカナダ人が加えた単語もいくつかある」とあります。

Test 1

> **解答のポイント！**
>
> 質問はカナダ英語とアメリカ英語の違いについてです。カナダ英語とアメリカ英語に関する記述がある第4段落と第5段落をよく読みましょう。

(60)　正解　4

設問の訳と解説

ほとんどのアメリカ人はカナダ英語を聞いてどう思いますか？
1　話し手が自分と同じアメリカの出身でないことがすぐにわかる。
　➡そのような記述はありません。
2　カナダ人の発音はとても特徴的だと気づく。
　➡⑧に「ほとんどのアメリカ人は違いに気づかない」とあります。
3　自分たちの言語が特徴的だと気づく。
　➡そのような記述はありません。
4　会話の相手がカナダ人だとはおそらく気づかない。
　➡⑪「カナダで話される英語はますますアメリカ英語と区別がつかなくなる」とありますので、これが正解と判断できます。

> **解答のポイント！**
>
> カナダ英語とアメリカ英語の違いに関する記述がある第5段落以降をよく読みましょう。TEAPのリーディング・テストはよくできていて、最後まで読まないと問題が全部解けないようになっています。

注

[パッセージ]　□ determine　〜を決定する　□ linguistic　言語の　□ stem from 〜　〜に根付く　□ origin　起源　□ settler　移住者、入植者　□ primitive　原始の　□ wilderness　荒野　□ close-knit　結束の強い　□ dominate　〜を支配する　□ treaty　条約　□ divide　〜を分ける　□ census　国勢調査　□ dominant　優勢な　□ resident　住人　□ foundation　基盤　□ pronunciation　発音　□ untrained　訓練されていない　□ unrocognized　気づかれていない　□ be exposed to 〜　〜にさらされる　□ distinctive　目立った　□ glaring　目立った　□ distinguishing　特徴的な　□ tag question　付加疑問　□ filler word　つなぎ言葉　□ unfold　展開する　□ distinguishable　区別できる
[設問]　□ imitate　〜のまねをする　□ commerce　商業　□ prevalent　広く行き渡っている　□ superior　より優れた

LISTENING Part 1A

> **ディレクション**
>
> Part 1A. In this part, you will hear 10 short conversations. Each conversation will be followed by one question. For each question, you will have 10 seconds to choose the best answer and mark your answer on your answer sheet. The conversations and questions will be played only once. Now, let's begin.

No. 1　正解　1　　TEST 1 LISTENING REVIEW ▶ 001　American male / American female

スクリプトと設問

★：Hi Linda. Is there something you'd like to talk to me about?
☆：Yes, I'm under a lot of stress right now. I'm enjoying the class and I'm learning a lot, but it's been really hard for me to keep up with all the homework assignments.
★：I see. Do you have a lot of things going on now?
☆：I started a new part-time job, but it's taking up a lot of my free time. So I was wondering if it would be possible to reduce the volume of homework.
★：Well, I'm not familiar with your particular situation, ①<u>but we all have to balance our time based on our priorities.</u> That might be the most important lesson you get out of this class.
☆：OK, thanks. I'll try harder.

Question: What does the professor think the student needs to do?

★：こんにちは、リンダ。何か話したいことがあるのですか？
☆：はい。今、多くのストレスを抱えているんです。授業は楽しく、たくさんのことを学んでいるのですが、宿題をすべてこなしていくのがとても大変で。
★：なるほど。今はいろいろと忙しいんですか？
☆：新しくアルバイトを始めたのですが、それにかなり時間を取られていて。それで、宿題の量を減らしていただくことはできないかと思ったんです。
★：そうですね、私は今あなたが置かれている状況を経験したことはないけれど、①<u>誰もが優先順位に沿って時間のバランスをとらなければならないものです。</u>これは、あなたがこの授業から学ぶいちばん大事な教訓かもしれませんね。
☆：わかりました、ありがとうございます。もっとがんばってみます。

質問：学生がしなければならないと教授が考えていることは何ですか？

Test 1

選択肢の訳

1　人生において何に重きを置くべきか考える。　2　宿題の量を減らす。　3　公正な状況を作ることに焦点を当てる。　4　アルバイトのためにもっと多くの時間を確保する。

解答のポイント！

①に but we all have to balance our time based on our priorities とあり、その言い換えである 1 が正解となります。

注

[パッセージ]　□ keep up with ~　~についていく　　□ assignment　課題　　□ go on　起こる　　□ part-time job　アルバイトの仕事　　□ take up　（時間など）を取る　　□ reduce　~を減らす　　□ be familiar with ~　~になじみがある　　□ particular　特定の　　□ priority　優先すること、優先事項　　□ lesson　教訓
[設問]　□ fair　公正な　　□ set aside　~を取っておく

No. 2　正解　3　　TEST 1 LISTENING REVIEW ▶ 002　　American male / British female

スクリプトと設問

★：Sally, did you read the announcement on the Language Lab door?
☆：No, I didn't. I haven't been to the Language Lab in a long time. What does it say?
★：It says that the lab is going to be closing for good at the end of this month. There's going to be a lot of disappointed students, including me.
☆：Does the notice explain why?
★：It says that they need the room to expand the cafeteria area, but that doesn't make sense to me. ①The cafeteria is almost never crowded, but the Language Lab is almost always full.
☆：That is strange. I'd like to use the Language Lab more, but it's always crowded. ②It would make more sense to do the opposite and expand the Language Lab.

Question: What do the two students agree on?

★：サリー、語学実習室のドアの貼り紙は読んだ？
☆：ううん、読んでないわ。ずっと前から語学実習室には行ってないの。何て書いてあったの？

★：今月いっぱいで語学実習室は閉鎖するんだって。僕を含めて、多くの学生ががっかりするよ。
☆：理由は書いてあったの？
★：食堂エリアを拡張するためにスペースが必要らしいけど、僕は納得できないな。①食堂が混んでいることなんてほとんどないけど、語学実習室はほぼいつも満員じゃないか。
☆：変ね。私ももっと語学実習室を利用したいけど、いつも混んでるから。②逆に語学実習室を拡張するなら納得いくのに。

質問：2人の学生は何に関して意見が一致していますか？

選択肢の訳

1　食堂は十分に広くない。　　2　語学実習室は閉鎖する必要がある。　　**3　語学実習室の閉鎖は考え直されるべきだ。**　　4　その大学に食堂は必要ない。

解答のポイント！

①で The cafeteria is almost never crowded, but the Language Lab is almost always full. と述べて、食堂の拡張に納得がいっていません。また②で It would make more sense to do the opposite and expand the Language Lab. と言っていることから、2人は語学実習室の閉鎖を考え直すべきであるという意見で一致しています。

注

[パッセージ]　□ announcement　告示　　□ language lab　語学実習室　　□ for good　永久に　　□ disappointed　がっかりした　　□ room　(空間的な) 余裕　　□ expand　〜を拡大する　　□ cafeteria　食堂　　□ make sense　道理にかなう　　□ crowded　混雑した　　□ opposite　反対のこと
[設問]　□ agree on 〜　〜について意見が一致する　　□ closure　閉鎖　　□ reconsider　〜を考え直す

No. 3　正解　3　　TEST 1 LISTENING REVIEW ▶ 003　　British male / British female

スクリプトと設問

★：Thank you for waiting, Mary. What can I help you with today?
☆：My situation has changed, and I'd like to know if there's any financial aid available.
★：I see. Can't your parents help pay for your tuition?

Test 1 ▶▶▶

☆: My mother stopped working for health reasons, and my father's company is going through a difficult time right now because of the recession. ① He won't be able to send me any money for at least a year.

★: I see. I'm not sure, but I think there are some scholarships that might be available, but I don't think it will cover the entire amount of your tuition and your living expenses.

☆: I've also started working part-time, so if I can get even a small scholarship, I think I can make it.

Question: Why does the student need a scholarship?

★：お待たせしました、メアリー。今日はどうしましたか？
☆：環境に変化があったので、何らかの金銭的支援を受けられるか知りたいんです。
★：わかりました。ご両親から授業料の援助を受けることはできないのですか？
☆：母は健康上の理由から仕事を辞め、父の会社は不況が原因で現在苦しい状況にあるんです。①少なくとも1年間は、父から仕送りをもらうことはできません。
★：なるほど。はっきりはわかりませんが、受けられる奨学金があるかもしれません。でも授業料全額と生活費をまかなえるものではないと思います。
☆：私自身もアルバイトを始めたので、少ない奨学金でも受けられれば何とかやっていけると思います。

質問：学生はなぜ奨学金を必要としているのですか？

選択肢の訳

1 父親が最近会社を売却したから。　　2 この数か月で大学の授業料が上がったから。　　3 父親が金銭的援助をつづけることができなくなるから。　　4 母親が無理やり転職させられたから。

解答のポイント！

①に He won't be able to send me any money for at least a year. とありますので、3 が正解となります。send me any money が 3 では provide financial support と言い換えられています。

注

[パッセージ] □ financial 金銭の　□ aid 援助　□ tuition 授業料　□ go through ~ （困難など）を経験する　□ recession 不況　□ scholarship 奨学金　□ entire 全体の　□ living expense 生活費　□ make it うまくやる
[設問] □ be forced to ~ ～することを強いられる　□ career 職業

93

No. 4　正解　3　　TEST 1 LISTENING REVIEW ▶ 004　　American male / American female

スクリプトと設問

★：Nancy, don't forget we're going to meet in the library tomorrow to talk about the school festival.
☆：Oh, thanks for reminding me. I was walking by there and saw a notice on the library saying it would be closed tomorrow for renovations.
★：Oh, really? It seems like they're always closed for one reason or another. Where should we meet then?
☆：The cafeteria is open from 11:00, so maybe we could move our meeting to 11:00 and have it there.
★：That's okay, but we have a lot to talk about, and I have to talk to my counselor from 11:30. ①Why don't we move the meeting to Friday instead? The library will be open by then.
☆：Okay, but ②the only time I have on Friday is from 3:00 in the afternoon.
★：Actually, ③that would be perfect for me. Okay, see you then.

Question: When and where will the meeting take place?

★：ナンシー、明日は学園祭について話し合うために図書館で会うことを忘れるなよ。
☆：ああ、思い出させてくれてありがとう。図書館を通りかかった時、明日は改修工事のために閉館するって貼り紙を見たの。
★：えっ、本当？　いつもいろんな理由で閉館してる気がするよ。それじゃあどこで会おう？
☆：食堂なら11時から開いてるから、待ち合わせを11時に変更してそこで会うのはどうかな。
★：それもいいけど、話し合うことはたくさんあるし、11時半からはアドバイザーに話をしに行かなきゃいけないんだ。①会うのを金曜にずらすのはどう？　その時にはもう図書館も開いてるし。
☆：いいけど、②金曜は午後3時からしか空いてないの。
★：ああ、③それなら僕のスケジュールにもぴったりだ。よし、じゃあその時間で。

質問：話し合いはいつどこで行なわれる予定ですか？

選択肢の訳

1　今日の午前11時に食堂で。　　2　明日の午前11時半に図書館で。　　**3　金曜の午後3時に図書館で。**　　4　月曜の午後に図書館で。

Test 1

> **解答のポイント！**
>
> 日時に関しては何度か変更されていますが、①で Why don't we move the meeting to Friday instead? The library will be open by then. とあり、それを受けて②で the only time I have on Friday is from 3:00 in the afternoon と応答して、最後に③で that would be perfect for me と言っていますので正解は 3 となります。

注

[パッセージ] □ school festival　学園祭　　□ remind　〜に思い出させる　　□ renovation　改修
□ for one reason or another　何かにつけて　　□ counselor　カウンセラー、アドバイザー
□ instead　代わりに
[設問] □ take place　開催される、行なわれる

No. 5　正解 2　　TEST 1 LISTENING REVIEW ▶ 005　　British Male / American female

スクリプトと設問

★：Thanks for meeting with me. I wanted to talk to you about my last report. I worked really hard on it, but my grade wasn't very good.

☆：I see. Yes, your first reports were pretty good, but I was a little disappointed in this one.

★：I was wondering if you could tell me what I'm doing wrong.

☆：Two or three times in class I've mentioned that ①reports need to include several concrete examples. I could only find one in your 15-page report.

★：I see. How many do you think I need in a paper of that length?

☆：I can't give you a specific number, but I would say that you need at least three to back up your position.

Question: What did the professor say the problem with the student's report was?

★：お会いいただき、ありがとうございます。この間のレポートについてお話をしたくて。とても頑張ったのですが、評価があまりよくなかったんです。

☆：わかりました。そうですね、最初のうちはとてもよいレポートだったのですが、今回のものは少し残念でした。

★：何がいけないのか教えていただければと思ったのですが。

☆：授業の中で 2, 3 回、レポートには具体例をいくつか含めるべきだと話しましたね。15 ページにわたるあなたのレポートには、そういった例が 1 つしか見当たりませんでした。

95

★：そうですか。この長さのレポートならいくつの例が必要でしょうか？
☆：具体的な数は挙げられませんが、自説の根拠を示すには少なくとも3つは必要でしょう。
質問：学生のレポートについて、教授が言っている問題点は何ですか？

選択肢の訳

1 少なくとも15ページの長さが必要である。　2 具体例をもっと盛り込む必要がある。　3 4つの必要事項を含んでいない。　4 文字の打ち間違いが多すぎる。

解答のポイント！

①に reports need to include several concrete examples とあり、つづいて I could only find one in your 15-page report. とあります。つまり学生のレポートには concrete examples が足りなかったことがわかりますので、2が正解となります。concrete が2では specific と言い換えられています。

注

[パッセージ] □ grade 成績　□ mention ～に言及する　□ concrete 具体的な
□ specific 明確な、具体的な　□ back up ～を裏づける
[設問] □ required 必須の　□ element 要素　□ typing mistake （文字の）打ち間違い

No. 6　正解 1　TEST 1 LISTENING REVIEW ▶ 006　British female / British male

スクリプトと設問

☆：① I'm really worried that I won't do well in job interviews.
★：Patricia, I know you're worried. Actually, a lot of graduating students in your situation feel the same way.
☆：Is there anything that I can do to get ready?　② I get really uptight just thinking about it.
★：A few years ago, the Career Counseling Center here created some videos covering this topic. If you watch the videos and follow the recommendations, you'll have more confidence.
☆：OK, I'll try that, but I can hardly think when I'm being interviewed.
★：If you'd like to come back here, I'll help you practice.
☆：Can't we do that now? My interview is next Monday.
★：The videos really will make a big difference. If you watch the videos

Test 1

   tonight, I can help you tomorrow afternoon.
☆：All right. I'm kind of busy, but I'll watch them late tonight and come again tomorrow.
★：I'll be busy until a little after 3:00, so why don't you come at 3:30? We'll see you then.

Question: What is the student's main concern?

☆：[1]就職面接でうまくやれないのではないかと、とても不安なんです。
★：パトリシア、不安な気持ちはわかります。実際、卒業を控えてあなたと同じ状況にある学生の多くが、同じように感じるものです。
☆：準備として何かできることはありますか？　[2]面接でのことを考えるだけでとても緊張するんです。
★：数年前、ここの就職相談センターがこういったことに関する映像をいくつか作成しました。その映像を見てアドバイスに従えば、もっと自信がつくでしょう。
☆：わかりました、見てみます。でも面接中はほとんど頭がまわらないんです。
★：またここに来てもらえれば、練習の相手をしますよ。
☆：今できませんか？　次の月曜に面接があるんです。
★：映像を見れば、きっと大きな効果がありますよ。今夜見てもらえれば、明日の午後にお手伝いします。
☆：わかりました。少し忙しいのですが、今夜遅くに見て明日また来ます。
★：私は3時過ぎまで手が空かないので、3時半に来ていただくのはどうでしょう？　その時間にお会いしましょう。

質問：学生の主な悩みは何ですか？

選択肢の訳

1　面接に向けてとても緊張している。　　2　面接がいつ行なわれるのかわからない。
3　映像を見る時間がなさそうだ。　　　　4　面接が重要だと思わない。

解答のポイント！

②に I get really uptight just thinking about it. とありますので 1 が正解です。この it は①の内容を、すなわち「就職面接で、自分がうまくできないかもしれない」ことを指していると思われます。uptight が 1 では tense と言い換えられています。

注

[パッセージ] □ interview　面接　　□ uptight　緊張した　　□ recommendation　提言
□ confidence　自信　　□ hardly　ほとんど〜ない　　□ make a difference　効果をもたらす
□ kind of　少し
[設問] □ concern　不安　　□ tense　緊張した

No. 7　正解　4　TEST 1 LISTENING REVIEW ▶ 007　American male / American female

スクリプトと設問

★：Linda, are you getting ready for the field work next week?
☆：Yeah, I think I've finished just about everything.
★：This is embarrassing, but I'm not quite sure I understand what we're supposed to do. ①I don't even remember the professor talking about it.
☆：②You must have nodded off. The professor wrote on the board five or six things we need to do to get ready like answering an online survey and downloading a map.
★：I don't remember anything like that. Do you have that list?
☆：OK, I'll send it to you, but you only have a couple of days to finish everything.

Question: Why does Linda think the other student doesn't know the assignment?

★：リンダ、来週の実地調査の準備はしてる？
☆：うん、もうほとんど準備は整ったと思う。
★：恥ずかしいんだけど、僕、何をすべきなのかちゃんとわかっていないと思うんだ。①教授がそれについて話していたことすら覚えてなくて。
☆：②居眠りしてたんでしょう。教授は黒板に準備すべきことを5つ、6つ書いてたわよ。オンラインのアンケートに答えるとか、地図をダウンロードするとか。
★：そんなの1つも覚えてないや。そのリスト、ある？
☆：わかった、送ってあげる。でも数日で全部終えることになるわよ。
質問：なぜリンダはほかの学生が事前課題を知らないと考えていますか？

選択肢の訳

1　授業に出席していなかったから。　2　時間がなくて課題をいくつかしかメモできなかったから。　3　準備する時間がなかったから。　**4　講義中に眠っていたから。**

解答のポイント！

①の I don't even remember the professor talking about it. に対して、②で You must have nodded off. と言っていますので、正解は4となります。must have nodded off が4では wasn't awake と言い換えられています。

Test 1

注

[パッセージ] □ **field work** 実地作業　□ **embarrassing** （事態・行為などが）恥ずかしい
□ **be supposed to ~** ～することになっている　□ **nod off** 居眠りする　□ **survey** 調査、アンケート
[設問] □ **attend** ～に出席する

No. 8　　正解　4　　TEST 1 LISTENING REVIEW ▶ 008　　American male / British female

スクリプトと設問

★：Professor, ① I'm sorry about my late assignment on the global infrastructure, but I have a good reason.
☆：② I'm sorry, Frank, but it doesn't matter what the reason is. If I make an exception for you, then I'd need to make an exception for every other student.
★：But I had an allergic reaction, and I had to go to the hospital. I had my assignment ready before the deadline, but before I could send it in, I got sick and had to go to the hospital.
☆：I really feel sorry for you, but there's nothing I can do. You should have sent it in by e-mail.
★：I tried to do that, but I didn't take my computer to the hospital. I thought I'd be at the hospital for just a few hours.
☆：That doesn't change anything. If you do well in future assignments, you can still get a good grade. Good luck.

Question: Why isn't the professor able to accept the student's report?

★：教授、①世界のインフラに関する課題が遅れてしまい、すみません。でもちゃんとした理由があるんです。
☆：②フランク、申し訳ないけれど理由の内容は関係ありません。あなただけ特別扱いをしたら、ほかのすべての学生にも例外を認めなければならなくなります。
★：でもアレルギー反応が出てしまって、病院に行かなければいけなかったんです。課題は締め切りまでに準備できていたのですが、提出する前に具合が悪くなり、病院に行かなきゃいけなかったんです。
☆：それは本当に気の毒だけれど、私には何もできません。メールで送ってくれればよかったのに。
★：そうしようと思ったのですが、病院にはパソコンを持っていかなかったんです。病院にいるのは数時間程度だと思っていたので。

99

☆：それでもどうしようもないんです。今後の課題をちゃんとやれば良い成績は取れるでしょう。頑張ってください。
質問：なぜ教授は学生のレポートを受け取ることができないのですか？

選択肢の訳
1　長さが足りなかったから。　2　締め切りまでに書き上げられていなかったから。　3　締切日に学生が入院していたから。　**4　学生が期限までに提出しなかったから。**

解答のポイント！
①の I'm sorry about my late assignment ... に対して、②で I'm sorry, Frank, but it doesn't matter what the reason is. と言っています。つまり理由は何であれ、提出が遅くなったレポートは受け取れないことを示唆していますので、正解は4となります。

注
[パッセージ]　□ infrastructure　インフラ、社会基盤　□ matter　重要である　□ exception　例外　□ allergic　アレルギーの　□ deadline　締め切り　□ send in　〜を提出する
[設問]　□ accept　〜を受け入れる　□ due date　期日　□ fail to 〜　〜し損なう　□ submit　〜を提出する

No. 9　正解　4　TEST 1 LISTENING REVIEW ▶ 009　British male / American female

スクリプトと設問

★：Emma, do you have any plans for the weekend?
☆：Yeah, I'm going to study for the test on Tuesday. By the way, do you know what kind of test it is?
★：I'm pretty sure it's going to be an essay test. The professor said we need to form an opinion about why we think history is important.
☆：Yeah, but he also said we need to memorize a lot of dates, names, and places. I think it's going to be a multiple-choice quiz.
★：Well, I don't know about you, but ①I'm going to spend my weekend reading through all the notes and reviewing the textbook so that I'll be ready for anything.
☆：②I guess I'd better do the same.
Question: What are the students planning on doing this weekend?

Test 1

★：エマ、週末の予定はあるの？
☆：うん、火曜のテストに向けて勉強をするつもり。ところで、どんな形式のテストになるか知ってる？
★：論文式だと思うよ。歴史が重要であると思う理由について意見をまとめておくようにと教授が言ってたから。
☆：そうね、でも日付や名前や場所をたくさん覚えておくようにとも言ってたわ。選択式の問題にするんじゃないかしら。
★：まあ君がどうするにしろ、①僕は週末にノートにすべて目を通して教科書を見直しておくよ。そうすればどんなものにも対応できるからね。
☆：②私もそうしたほうがよさそうね。
質問：学生たちは何をするつもりですか？

選択肢の訳

1　論文式テストに向けた勉強をする。　　2　選択式テストに向けた準備をする。
3　週末を使ってテストを作成する。　　**4　どんな形式のテストにも対応できるように準備する。**

解答のポイント！

①に I'm going to spend my weekend ... so that I'll be ready for anything. とあり、それにつづいて②でも I guess I'd better do the same. と言っていることから、4が正解と判断できます。

注

[パッセージ]　□ pretty　かなり　　□ essay　小論文　　□ form　（意見など）をまとめる
□ memorize　〜を暗記する　　□ multiple-choice　多項選択式の　　□ review　〜を見直す
[設問]　□ prepare　（事前に）〜を作成する

No. 10　正解　4　TEST 1 LISTENING REVIEW ▶ 010　British male / British female

スクリプトと設問

★：①I'm afraid I can't let you into the dormitory without your student ID card.
☆：But you see me go in and out every day, so you know who I am.
★：I know, but I've been given instructions not to let any student into the building without an ID card.
☆：But my ID is in my bag, and I left my bag in the library, and now it's closed.

I won't be able to get my bag until tomorrow morning.
★：I'm afraid I can't make an exception for you. Let me tell you what you can do. If you can get a professor to sign this form, then I'll be able to issue you a temporary ID card.
☆：Okay, I'll try to find a professor.

Question: Why won't the security guard let the student enter the dormitory?

★：①<u>残念ですが、学生証がないとあなたを寮に入れることはできません。</u>
☆：でも、毎日僕が出入りするのを見ているでしょう。僕のことは知っていますよね。
★：そうですが、学生証を持たない学生は建物内に入れないようにと指示を受けているんです。
☆：でも学生証はかばんの中で、そのかばんを図書館に置いてきちゃったんです。でも図書館はもう閉まってるから、明日の朝までは取りに行けないんです。
★：すみませんが、あなただけに例外を認めることはできません。でも１つ手はあります。この用紙に教授のサインをもらえれば、仮の学生証を発行することができます。
☆：わかりました、教授を探してみます。
質問：警備員はなぜ学生を寮に入らせないのですか？

選択肢の訳

1　学生を外に出しておくように言われたから。　2　学生が仮の学生証をどこかに置き忘れたから。　3　図書館に入るために学生は学生証が必要だから。
4　寮に入るためには学生証が必要だから。

解答のポイント！

①に I'm afraid I can't let you into the dormitory without your student ID card. とありますので、4が正解となります。

注

[パッセージ]　□ I'm afraid　残念ながら　　□ dormitory　寮　　□ instruction　指示　　□ issue　〜を発行する　　□ temporary　一時的な
[設問]　□ security guard　警備員　　□ misplace　〜を置き忘れる　　□ entrance　入場
□ require　〜を必要とする　　□ identification　身分証明

102

LISTENING Part 1B

Test 1 ▶▶▶

ディレクション

Part 1B. In this part, you will hear 10 short passages. Each passage will be followed by one question. For each question, you will have 10 seconds to choose the best answer and mark your answer on your answer sheet. The passages and questions will be played only once. Now, let's begin.

No. 11　正解　2　TEST 1 LISTENING REVIEW ▶ 011　American male

スクリプトと設問

Thank you for considering Ridgemont University. Although we are not a large university, we are an established institution with a 150 year history. But our history is not the only thing we're proud of. We offer the ideal environment for furthering your education. And because of our small classes, [1] <u>we offer the personal attention you need to become innovators in the business field</u>. We look forward to your visit to the campus in the first week of March.

Question: What does the speaker say the university hopes students will do in the future?

リッジモント大学をご検討いただき、ありがとうございます。われわれは大きな大学ではありませんが、150年の歴史を持つ伝統ある教育機関です。しかし、誇るのは歴史だけではありません。本学には、より高度な教育を提供するための理想的な環境が整っています。また、少人数制の授業を行なうことで[1]<u>1人ひとりに注意が行き届きます</u>。これはビジネス界に革新を起こす人材になるためには必要なことです。3月第1週にキャンパスにお越しいただくことを楽しみにしています。

質問：話によると、大学が将来的に学生に望んでいることは何ですか？

選択肢の訳

1　教授と話すために大きな努力をする。　　**2　ビジネス界で大きな影響力を持つ。**
3　会社を立ち上げる。　　4　時間がある時に大学を訪れる。

解答のポイント！

①に we offer the personal attention you need to become innovators in the business

103

field とありますので、大学が学生に将来、ビジネス界に革新を起こす人材になってほしいと思っていることがわかります。よってそれを言い換えている 2 が正解となります。

注

［パッセージ］ □ consider 〜を考慮に入れる　□ established 確立された　□ institution 機関　□ be proud of 〜 〜に誇りを持つ　□ ideal 理想的な　□ further 〜を促進する　□ innovator 革新者

No. 12　正解　1　TEST 1 LISTENING REVIEW ▶ 012　British male

スクリプトと設問

Residential areas that have a lot of concrete and pavement can create urban heat islands. Pavement absorbs more heat than the natural ground, making these paved residential areas hotter than surrounding areas. Trees and other plants cool the air by releasing water into the atmosphere. ①However, when inhabitants fail to see the importance of sufficient greenery, the ground stays heated all day and night. Furthermore, humans living in these areas produce added heat by driving cars and doing other daily activities.

Question: What mistake is being made that leads to urban heat islands?

多くのコンクリートや舗装道路が用いられている住宅街では、都市ヒートアイランド現象が起こることがある。舗装道路は土の地面より多くの熱を吸収するため、このような舗道の敷かれた住宅街は周辺よりも暑くなる。木などの植物は空気中に水分を放出することで気温を下げる。①しかし、緑豊かな環境づくりの重要性を住人が認識できないと、日中も夜も地面は熱いままである。さらに、このような地域に住む人びとは、車の運転やほかの日常行動によってさらに気温を上げている。

質問：都市ヒートアイランド現象につながるものとして、どのような過ちが犯されていますか？

選択肢の訳

1　住人たちが植物の生態に十分な価値を見いだしていない。　2　地面に浸み込む水が不足している。　3　人びとの日常行動は無害である。　4　都市の舗装道路は間違った使われ方をしている。

104

Test 1

解答のポイント！

① に However, when inhabitants fail to see the importance of sufficient greenery, the ground stays heated all day and night. とあり、この前半部分を言い換えた 1 が正解です。However は論点が切り替わることを示しますので、その前後は注意しましょう。

注

[パッセージ] □ residential area　住宅街　　□ pavement　舗道、舗装　　□ urban heat island　都市ヒートアイランド現象　　□ absorb　～を吸収する　　□ surrounding　周囲の　　□ release　～を放出する　　□ atmosphere　（特定の場所の）空気　　□ inhabitant　住民　　□ sufficient　豊富な　　□ greenery　草木
[設問] □ benign　無害な　　□ incorrectly　誤った形で

No. 13　正解　1　　TEST 1 LISTENING REVIEW ▶ 013　　American female

スクリプトと設問

The 2014 Open Doors Report on International Educational Exchange shows that the number of international students in the United States rose to a record high of 886,052. The number has increased steadily for eight years, meaning that the US keeps growing in popularity for higher education. There are now 72 percent more international students studying in the US than in 2000. Despite the increase, international students still only make up about four percent of students in higher education in the country.

Question: What evidence indicates that the US will continue to grow in popularity with international students?

『国際教育交流に関する 2014 年のオープン・ドア報告書』によると、アメリカ国内にいる留学生の数は史上最高の 88 万 6052 人に達した。その数は 8 年間着実に増加しており、高等教育を受ける場としてアメリカが人気を高めつづけていることを表わしている。2000 年と比べると、アメリカで学ぶ留学生は 72% 増加している。しかし人数は増えているものの、アメリカで高等教育を受けている学生のうち、留学生が占める割合は約 4% にとどまる。
質問：アメリカが留学生の人気を高めつづけていることを示す根拠は何ですか？

選択肢の訳

1　留学生の数が一定のペースで増えつづけている。　　2　高等教育を受ける学生の

うち、留学生は4%を占めている。　3　留学生の数は2000年から伸び悩んでいる。
4　留学生の大半は学業を中心に考えている。

> **解答のポイント！**
>
> ①に The number has increased steadily for eight years, meaning that the US keeps growing in popularity for higher education. とありますので、それを言い換えている 1 が正解となります。

注

[パッセージ]　□ rose　rise（上昇する、増える）の過去形　　□ record high　記録的な高さ
□ steadily　着実に　　□ despite　〜にもかかわらず　　□ make up　（割合を）占める
[設問]　□ evidence　証拠　　□ constant　一定の　　□ stagnate　停滞する

No. 14　正解　4　TEST 1 LISTENING REVIEW ▶ 014　American male

スクリプトと設問

A local business is sponsoring a study-abroad program for students studying Spanish. Students will have the opportunity to study at partner universities in Mexico, Guatemala, Puerto Rico or Panama. ①Priority is given to students who are majoring or minoring in Spanish, but students currently enrolled in a Spanish class will also be considered. To apply for the program, students must submit their school records to be reviewed by a team of Spanish professors at our school.

Question: What kind of student has the most chance of being accepted for the study-abroad program?

地元企業がスペイン語を学ぶ学生を対象とした留学プログラムを主催しています。学生にとっては、メキシコ、グアテマラ、プエルトリコ、パナマにある提携大学で学ぶチャンスです。①スペイン語を主専攻または副専攻として学んでいる学生が優先されますが、現在スペイン語の授業を受講している学生も考慮に入れられます。プログラムへの応募にあたっては、成績を提出して本校のスペイン語教授チームに審査してもらう必要があります。
質問：留学プログラムで採用される可能性がもっとも高いのは、どのような学生ですか？

選択肢の訳

1　期限内に申し込みをしたすべての学生。　　2　今までスペイン語の授業を履修

Test 1

したことのあるすべての学生。　3　スペイン語の学位を持つ学生。　4　**スペイン語を主専攻あるいは副専攻として学んでいる学生**。

解答のポイント！

①に Priority is given to students who are majoring or minoring in Spanish とありますので、正解は 4 です。priority（優先権）という単語が問題を解くキーワードとなっています。

注

[パッセージ]　□ Spanish　スペイン語　　□ priority　優先権　　□ major in ~　~を主専攻する
□ minor in ~　~を副専攻する　　□ (be) enrolled in ~　~に籍を置いている　　□ review　~を審査する
[設問]　□ degree　学位

No. 15　正解　3　TEST 1 LISTENING REVIEW ▶ 015　American male

スクリプトと設問

Thank you all for coming and welcome to Economics 301. My name is Jeff Standen, and I'm the professor. My office is located down the hall in Room 114, and my office hours are posted on the door. I'll make this course as interesting as possible if you follow two rules. ①I'll start all lessons on time, so don't be late. Also, I'm open to giving extensions in certain cases, but I won't accept any late projects. If you have any questions, please see me after class.
Question: What does the professor expect all students to do?

お集まりいただきありがとうございます、そして経済学 301 の授業へようこそ。私が教授のジェフ・スタンデンです。私の研究室はこの廊下にある 114 号室で、勤務時間はドアに貼ってあります。あなたたちが 2 つのルールを守ってくれれば、授業はできる限り面白いものにしていくつもりです。①授業は毎回時間どおりに開始するので、遅れないように。また、期限の延長を認める場合はありますが、期限を過ぎて提出された課題は一切受けつけません。何か質問があれば、授業のあとに会いに来てください。
質問：教授が学生たちに求めることは何ですか？

選択肢の訳

1　締め切りに遅れて課題を提出すること。　　2　教授に会うために研究室を訪ね

107

ること。　**3　定刻どおりに授業に出ること。**　　4　理由があれば期限を過ぎて課題を提出すること。

解答のポイント！

①に I'll start all lessons on time, so don't be late. とありますので、正解は 3 となります。4 は許容されますが、求めることではありません。

注

[パッセージ] □ be located in ~ 　～にある　　□ office hours 　勤務時間　　□ on time 　時間どおりに　　□ extension 　延長
[設問] □ expect A to ~ 　A が～することを期待する　　□ turn in 　～を提出する

No. 16　正解　3　TEST 1 LISTENING REVIEW ▶ 016　American female

スクリプトと設問

Greenfield University is pleased to announce that our aircraft study group placed first in this year's International Birdman Competition. This is an annual competition where participants build human-powered aircraft. They then see how far they can travel in their aircraft by jumping off a jetty over water. ①This event is an excellent opportunity for creative students to expand their engineering skills. Anyone interested in participating in the next competition should contact the Engineering Department.
Question: What is true about the competition?

喜ばしいことに、われわれグリーンフィールド大学の航空研究グループが今年の鳥人間コンテストで 1 位を獲得しました。このコンテストは年に 1 度行なわれ、参加者は人力の飛行機を作ります。そしてその飛行機に乗って離陸台から海の上へ飛び出し、飛行距離を測るのです。①この大会は、創造性溢れる学生が自らの工学スキルを伸ばす絶好の機会です。次回のコンテストへの参加に興味のある人は、工学部までご連絡ください。
質問：コンテストについて、話の内容と一致するものはどれですか？

選択肢の訳

1　年に 2 回開催される。　　2　乗り物の走行速度を測る。　　**3　学生が才能を伸ばすのに役立つ。**　　4　高度な工学スキルを持つ人が参加できる。

Test 1

解答のポイント！

What is true about 〜？というタイプの質問では、話の全体の内容を理解することが必要となります。①に This event is an excellent opportunity for creative students to expand their engineering skills. とありますので、正解は 3 となります。excellent のような強調を表わす単語が使われている文は話し手の意見が反映されていることが多いですので、注意して聴きましょう。

注

[パッセージ] □ be pleased to ~　〜してうれしい　　□ aircraft　航空機　　□ place　〜に入賞する　　□ annual　年次の　　□ competition　コンテスト　　□ participant　参加者　　□ human-powered　人力の　　□ travel　（ある速度で、ある距離を）進む　　□ jetty　突堤　　□ engineering　工学
[設問] □ vehicle　乗り物　　□ advanced　高度な

No. 17　正解 2　　TEST 1 LISTENING REVIEW ▶ 017　　American male

スクリプトと設問

Angels for Autism is a project of The Jack Fanning Memorial Foundation. Angels for Autism provides support and resources to autistic people and their families. The Jack Fanning Memorial Foundation was created in memory of Jack Fanning, a heroic New York firefighter who died in the 9/11 terrorist attacks. According to his wife, Maureen, ① one of Jack's lifelong wishes was to "build a home for autistic kids." ② This dream was inspired by two of Jack's children, Sean and Patrick, who are severely autistic. Now, Angels for Autism is helping to keep Jack's dream alive.

Question: Why did Jack Fanning have an interest in helping autistic people?

エンジェルズ・フォー・オーティズムは、ジャック・ファニング記念財団によるプロジェクトであり、自閉症の人びととその家族に支援や情報を提供している。ジャック・ファニング記念財団は、9月11日のテロ事件で亡くなったニューヨークの英雄的な消防士、ジャック・ファニングを記念して設立された。妻のモーリーンによると、①ジャックが生涯にわたって願っていたことの１つは「自閉症の子供たちのために家を建てること」だった。②この夢を抱くようになったきっかけは、彼にもショーンとパトリックという重度の自閉症を持つ子供が２人いたとだ。今、エンジェルズ・フォー・オーティズムはジャックの夢を実現しつづけているのである。

> 質問：ジャック・ファニングはなぜ自閉症の人びとを助けることに興味を持ったのですか？

選択肢の訳

1　自閉症の消防士のことを知っていたから。　　2　自閉症の子供が2人いたから。
3　妻に促されたから。　　4　エンジェルズ・フォー・オーティズムでボランティアをしていたから。

解答のポイント！

①に one of Jack's lifelong wishes was to "build a home for autistic kids." とあり、つづく②の This dream was inspired by two of Jack's children, Sean and Patrick, who are severely autistic. が質問の答えの個所となります。正解は 2 です。

注

[パッセージ] □ autism　自閉症　□ foundation　財団　□ in memory of ~　~の記念として　□ firefighter　消防士　□ terrorist　テロリスト　□ lifelong　生涯にわたる　□ be inspired by ~　~に端を発する　□ severely　ひどく
[設問] □ encourage A to ~　A が~するように促す

No. 18　正解　2　TEST 1 LISTENING REVIEW ▶ 018　British female

スクリプトと設問

Information about recent college graduates' career pathways has been revealed in a new survey. According to data collected from 458 top universities, the most common first job graduates take is in education. This is not limited to just teaching, but it also includes jobs like school administration and students who continue on to post-graduate study. Researchers suggested that ①this is due to an uncertain job market which leads graduates to stick with what they know, in this case, education.

Question: What is true about a majority of recent graduates working in the education field?

最近の大学新卒生の就職進路に関する情報が、新たな調査によって明らかになった。上位458校の大学で集められたデータによると、卒業生が最初の仕事に選ぶものとしてもっとも人気が高いのは教育分野である。これは教師の仕事に限らず、学校事務の仕事や大学院で研究をつづける場合も含まれる。研究者によると

Test 1

> ①この結果は、求人市場が不安定なために卒業生が自分の知っているものから離れようとしないことが原因として考えられるという。この場合は、それが教育なのである。
>
> **質問：教育分野で働く最近の卒業生の大半について、話の内容と一致するものはどれですか？**

選択肢の訳

1 教師の仕事しか見つけられなかった。　**2 なじみがあるから教育分野を選んだと考えられる。**　3 誰もが自分の仕事に満足している。　4 よりよい仕事に就くため、大学院で研究をしたいと考えている。

解答のポイント！

①に this is due to an uncertain job market which leads graduates to stick with what they know, in this case, education. とあり、求人市場が不安定なために卒業生がなじみのある教育分野を選んだとわかりますので、正解は2となります。

注

[パッセージ] □ graduate 卒業生　□ career pathway 就職進路　□ reveal 〜を明らかにする　□ survey 調査　□ be limited to 〜 〜に限定される　□ administration （団体の）運営　□ post-graduate 大学院の　□ due to 〜 〜が原因で　□ uncertain 不安定な　□ job market 求人市場　□ stick with 〜 〜を堅持する
[設問] □ be satisfied with 〜 〜に満足している

No. 19　正解　2　　TEST 1 LISTENING REVIEW ▶ 019　　British Male

スクリプトと設問

Important notice for all students: The university's administration has recently been notified of several cases of students attempting to access the personal information of other students through the school website. Please be aware that this kind of activity is illegal under the Data Protection Act. ①Any student caught trying to log into the school website using another student's ID number and password will face disciplinary action and risks serious consequences such as fines or expulsion.

Question: What could happen to students if they try to enter the school website using another student's information?

全学生に重要なお知らせ：最近、学生が学校のウェブサイトを通じてほかの学生の個人情報にアクセスしようとしたという情報が、いくつも大学に寄せられています。このような行為はデータ保護法に違反しているということを認識してください。ほかの学生の学籍番号とパスワードを使って学校のウェブサイトにログインしようとしたことが判明した学生には、①懲戒処分が下されるとともに、罰金や除名などの深刻な結果がもたらされる可能性もあります。

質問：別の学生の情報を使って学校のウェブサイトにアクセスしようとした学生は、どのようなことになる可能性がありますか？

選択肢の訳

1 おそらく逮捕される。　　2 学業をつづけることが認められないかもしれない。
3 強制的にパスワードを変えさせられるかもしれない。　　4 被害を受けた学生に謝罪しなくてはならないかもしれない。

解答のポイント！

①に、別の学生の学籍番号とパスワードを使って学校のウェブサイトにログインしようとした学生について、will face disciplinary action and risks serious consequences such as fines or expulsion とありますから2が正解となります。fine（罰金）やexpulsion（除籍）の単語の意味を理解しておきましょう。

注

[パッセージ] □ notify A of B　AにBを通知する　□ attempt to ~　～しようとする　□ illegal 違法の　□ disciplinary 懲戒の　□ risk ～の危険を冒す　□ consequence 結果　□ fine 罰金　□ expulsion 除籍
[設問] □ arrest ～を逮捕する　□ apologize 謝る

No. 20　正解 2　TEST 1 LISTENING REVIEW ▶ 020　British female

スクリプトと設問

The giant panda is a member of the bear family, found only in the mountains of central China. There are thought to be around 1,500 pandas remaining in the wild and about 300 in captivity, which means it is classified as endangered. ① The primary cause of the panda's decline is the erosion of its habitat due to the clearing of mountains for cultivation. They are also known for being poor breeders, a fact that is also contributing to the decline.

Test 1 ▶▶▶

Question: What is the major reason for the dwindling giant panda population?

ジャイアントパンダはクマ科の動物で、中国中部の山岳地帯にのみ生息している。野生に残っているものでは約 1500 頭、飼育されているものでは約 300 頭存在していると考えられており、この数は絶滅危惧種に分類される。①ジャイアントパンダの数が減少している主な原因は、開拓のために山が切り拓かれて生息地が侵食されていることである。また、ジャイアントパンダは繁殖力が低いことで知られており、このことも個体数の減少につながっている。
質問：話の内容によると、ジャイアントパンダの数が減少している主な原因は何ですか？

選択肢の訳

1　野生より動物園にいるパンダのほうが多いから。　**2　生息地が破壊されているから。**　3　ほかの動物と近い場所で生きられないから。　4　パンダはめったに子供を産まないから。

解答のポイント！

①に The primary cause of the panda's decline is the erosion of its habitat とありますので、正解は 2 です。the primary cause が質問文では the major reason と言い換えられています。また erosion（侵食）という単語の意味を知っているかどうかも問題を解くポイントとなります。

注

[パッセージ]　□ family　（生物分類の）科　　□ captivity　捕獲されていること　　□ classify　〜を分類する　　□ endangered　絶滅が危惧される　　□ decline　減少　　□ erosion　侵食　　□ habitat　生息地　　□ cultivation　開墾　　□ poor　産出の少ない　　□ breeder　繁殖する動物　　□ contribute to 〜　〜の一因となる
[設問]　□ dwindling　減少している　　□ domain　成育圏、行動圏

113

LISTENING Part 1C

> **ディレクション**
>
> Part 1C. In this part, you will hear 5 short passages. Each passage will be followed by one question. For each question, you will see four graphs or charts in your test booklet. You will have 10 seconds to choose the best graph or chart to answer the question. Mark your answer on your answer sheet. The passages and questions will be played only once. Now let's begin.

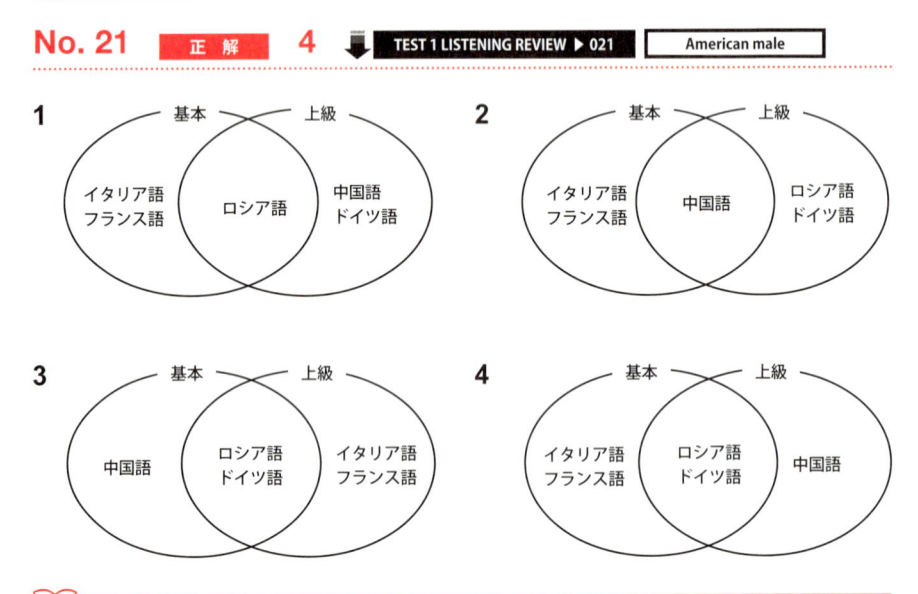

No. 21　正解　4　TEST 1 LISTENING REVIEW ▶ 021　American male

1. 基本: イタリア語・フランス語／ロシア語／上級: 中国語・ドイツ語
2. 基本: イタリア語・フランス語／中国語／上級: ロシア語・ドイツ語
3. 基本: 中国語／ロシア語・ドイツ語／上級: イタリア語・フランス語
4. 基本: イタリア語・フランス語／ロシア語・ドイツ語／上級: 中国語

> **スクリプトと設問**
>
> Hello! Thank you for attending the orientation for the first semester language courses. I'll explain this semester's courses for each language. ①For Chinese, only the advanced course will be held. ②Both basic and advanced courses will be offered for Russian and German. ③For Italian and French, only basic courses are available.
> Question: Which chart best fits the description given?
>
> こんにちは！　1学期の語学の授業のオリエンテーションに参加してくださり、ありがとうございます。今学期に開講している各言語の授業について説明します

ね。①中国語については、今学期は上級コースのみが開講されています。②基本コースと上級コースの両方が開講されているのはロシア語とドイツ語です。③そして、イタリア語とフランス語は基本コースのみです。
質問：どの図がこの説明にもっとも対応していますか？

解答のポイント！

テーマは「大学の語学授業のコース」です。①「中国語は上級コースのみ」、②「初級・上級コースの両方開講するのは、ロシア語とドイツ語」、③「イタリア語とフランス語は初級コースのみ」と述べられていますので、4が正解です。ベン図の問題では、only や both といった単語に注意しましょう。

注

- orientation　オリエンテーション
- advanced　上級の
- basic　基礎の
- description　説明

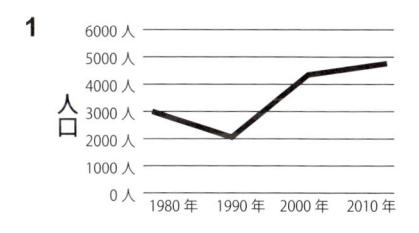

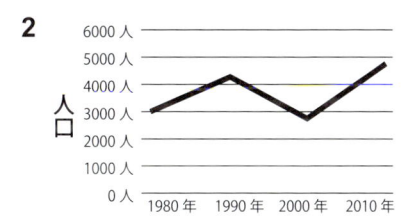

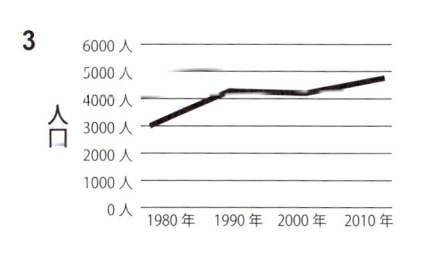

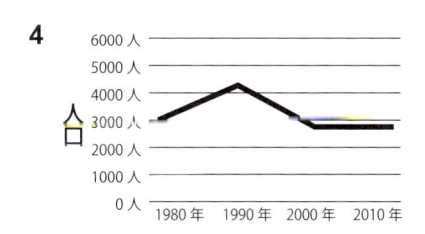

No. 22　正解　2　　TEST 1 LISTENING REVIEW ▶ 022　　British female

1, 2, 3, 4 （人口の推移グラフ：1980年〜2010年）

スクリプトと設問

The population of Dracfield has changed sharply over the past 30 years. ① In

1980, the population was around 3,000, but from then, there was a steady increase to over 4,000 by 1990. However, from that point on, people started leaving for the big cities, causing a decline in the population so that ②the population in 2000 decreased to around the same level as 1980. In the following decade, partly due to an improvement in the transportation network, ③the population growth turned around and rose to almost 5,000 by 2010.

Question: Which graph best fits the description given?

ドラクフィールドの人口は、過去30年間で大きく変化している。①1980年には、町の人口は約3000人だったが、それ以後、着実に人口は増えて、1990年には4000人を超えた。しかしその後、都市部への人口流出が人口の減少を引き起こし、②2000年の人口は1980年の人口とほぼ同じだった。その後の10年間は、交通網が整理されたこともあって人口は増加に転じ、③2010年の人口はほぼ5000人となった。

質問：どのグラフがこの説明にもっとも対応していますか？

解答のポイント！

テーマは「過去30年間の人口の増減」です。①「1980年の人口3000人→1990年の人口4000人」、②「2000年の人口＝1980年の人口」、③「2010年の人口5000人」と述べられていますので、2が正解です。具体的な数字を読み取ることはもちろん、the same ~ as ...「…と同じ～」というフレーズに注意しましょう。

注

☐ population 人口　☐ sharply 急速に　☐ steady 安定した、着実な　☐ increase 増加　☐ decline 減少　☐ decrease 減少する　☐ decade 10年　☐ due to~ ～を原因として　☐ transportation network 交通網

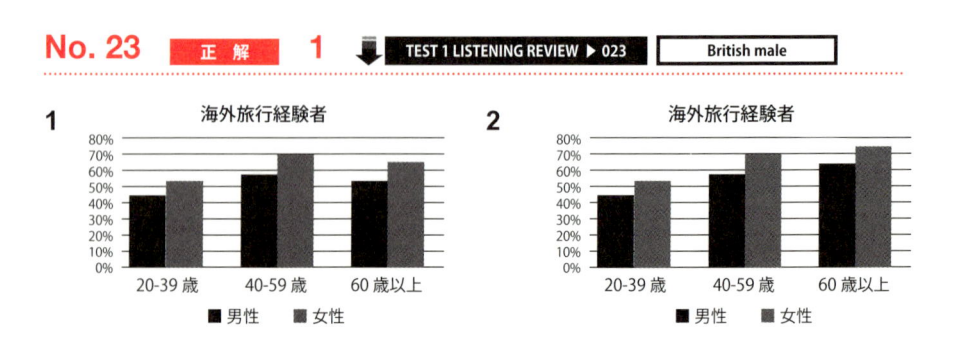

No. 23　正解　1　　TEST 1 LISTENING REVIEW ▶ 023　　British male

Test 1

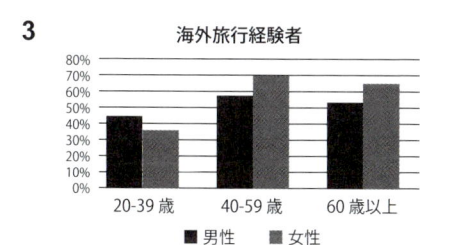

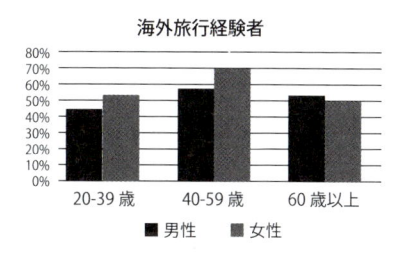

3 海外旅行経験者

4 海外旅行経験者

📖 スクリプトと設問

A graph showing overseas travelers by age group reveals some interesting trends. First, ① in all three age groups considered in the survey, the proportion of females was larger than that of males. And ② the group with the highest proportion was females in their forties and fifties, with nearly seventy percent having experienced overseas travel. ③ The second largest group was women of the age of sixty or older.

Question: Which graph best fits the description given?

世代別の海外旅行経験者の割合を示した図は、興味深い傾向を示している。まず、①調査対象となった3つの年齢層全てで、女性の方が男性よりも割合が大きかった。そして、②もっとも割合が高かったのは、40代・50代の女性であり、70％近くの人が海外旅行を経験している。③2番目に高い数値なのは、60代以上の女性であった。

質問：どのグラフがこの説明にもっとも対応していますか？

💡 解答のポイント！

テーマは「世代別・性別ごとの海外旅行経験者の割合」です。①「3つの年齢層全てで女性の割合＞男性の割合」、②「もっとも割合が高いのは40代・50代の女性、70％が旅行経験あり」、③「2番目に割合が高いのは60代以上の女性」と述べられていますので、1が正解です。the second largest ~ は「2番目に大きい～」という意味で、グラフの説明では頻出のフレーズです。

📝 注

□ overseas 海外に　　□ reveal ～を明らかにする

117

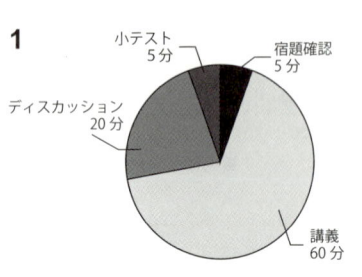

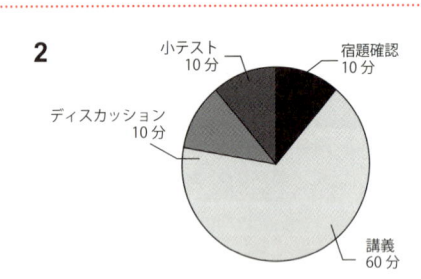

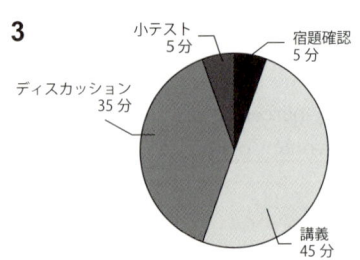

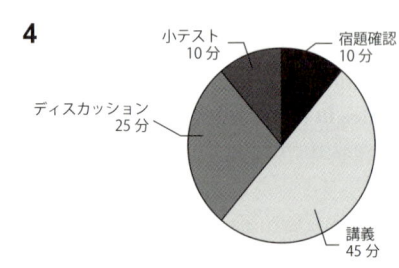

No. 24　正解　4　TEST 1 LISTENING REVIEW ▶ 024　American female

1
- 小テスト 5分
- 宿題確認 5分
- ディスカッション 20分
- 講義 60分

2
- 小テスト 10分
- 宿題確認 10分
- ディスカッション 10分
- 講義 60分

3
- 小テスト 5分
- 宿題確認 5分
- ディスカッション 35分
- 講義 45分

4
- 小テスト 10分
- 宿題確認 10分
- ディスカッション 25分
- 講義 45分

スクリプトと設問

The social psychology course at Stonehaven University has 90 minute classes that each consist of four parts. ①The part that accounts for the most time is lectures, which take up half of the time. ②Then in the second half of classes, discussion amongst students is emphasized, accounting for 25 minutes of the class time. Also, ③two 10 minute blocks are dedicated to checking homework before the lecture begins and taking a quiz at the end of the class.

Question: Which chart best fits the description given?

ストーンヘイヴン大学の社会心理学の授業は、1回あたり90分で、それは毎回4つの要素から構成されている。①もっとも時間が費やされるのは講義で、授業の半分の時間が割かれている。また、②この授業では学生同士のディスカッションが重視されていて、授業後半の25分間が当てられている。さらに、③授業の開始前の宿題確認と、授業の最後の小テストに、それぞれ10分間が割かれている。

質問：どの図がこの説明にもっとも対応していますか？

解答のポイント！

テーマは「授業の時間配分」です。①「もっとも長時間なのは講義で、全体の半分」、②「ディスカッションは25分間」、③「宿題確認と小テストは各10分間ずつ」と述

べられていますので、4 が正解です。③の be dedicated to ~ はここでは「~に割り当てられている」の意味。

注

□ social psychology　社会心理学　　□ consist of~　~で構成される　　□ account for~　~を占める　　□ emphasize　~を重視する　　□ be dedicated to~　~に捧げられる

No. 25　正解　1　　TEST 1 LISTENING REVIEW ▶ 025　　British male

1　移民の理由

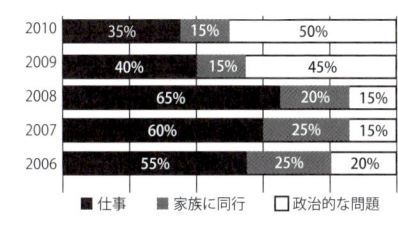

2010	35%	15%	50%
2009	40%	15%	45%
2008	65%	20%	15%
2007	60%	25%	15%
2006	55%	25%	20%

■ 仕事　　■ 家族に同行　　□ 政治的な問題

2　移民の理由

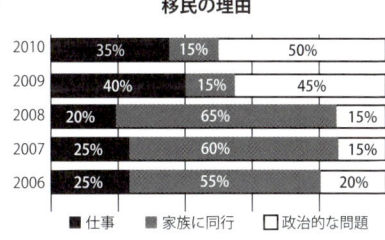

2010	35%	15%	50%
2009	40%	15%	45%
2008	20%	65%	15%
2007	25%	60%	15%
2006	25%	55%	20%

■ 仕事　　■ 家族に同行　　□ 政治的な問題

3　移民の理由

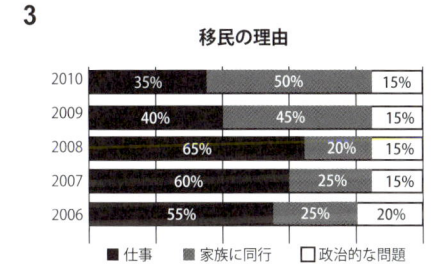

2010	35%	50%	15%
2009	40%	45%	15%
2008	65%	20%	15%
2007	60%	25%	15%
2006	55%	25%	20%

■ 仕事　　■ 家族に同行　　□ 政治的な問題

4　移民の理由

2010	50%	15%	35%
2009	45%	15%	40%
2008	15%	20%	65%
2007	15%	25%	60%
2006	20%	25%	55%

■ 仕事　　■ 家族に同行　　□ 政治的な問題

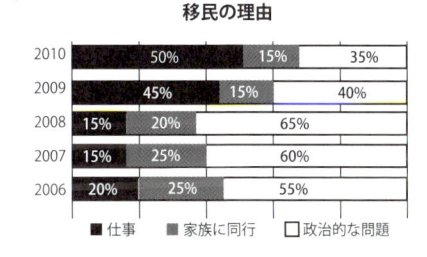

スクリプトと設問

Immigration into this country has been increasing year by year, with the immigrant population in 2006 rising by 30% over the previous year. There are various reasons for immigration. ① From 2006 to 2008, over half of the immigrants had come for "employment." However, ② in 2009, due to domestic unrest in neighboring countries, immigration due to "political issues" rose sharply, increasing threefold over the previous year, and accounting for 45% of the total.

Question: Which graph best fits the description given?

119

この国への移民の数は年々増加していて、2006年の移民人口は前年に比べて30％増加している。移民の理由は様々だ。①2006年から2008年にかけては、「仕事」を求める移民の割合が半分を超えていた。一方で、②2009年には、近隣諸国で内乱が発生したことにより、「政治的な問題」を理由とする移民の割合が急増し、前年と比べて3倍の45％を占めた。
質問：どのグラフがこの説明にもっとも対応していますか？

解答のポイント！

テーマは「年ごとの移民理由の割合」です。①「2006〜2008年は、『仕事』を理由とする移民が半分以上」、②「2009年は『政治的な問題』を理由とする移民が前年比3倍の45％」と述べられていますので、1が正解です。スクリプト1行目の「2006年の移民人口は前年に比べて30％増加」という記述を、解答とは無関係な情報だと判断できるかが重要です。

注

☐ immigration 移民　☐ previous 前の　☐ unrest （政治・社会的）混乱　☐ threefold 3倍の

LISTENING Part 2A

Test 1 ▶▶▶

ディレクション

Part 2A. In this part, you will hear three long conversations, A, B, and C. Before each conversation, you will hear a short description of the situation. The situation is also printed in your test booklet. Each conversation will be followed by three questions. The questions are also printed in your test booklet. For each question, you will have 10 seconds to choose the best answer and mark your answer on your answer sheet. The conversations and questions will be played only once. Now, let's begin.

A

TEST 1 LISTENING REVIEW ▶ 026-028   British male / British female

スクリプトと設問

Situation: A student is meeting with a tutor at the university's study-support center.

★: Good morning, Saori. How can I help you today?
☆: Good morning, Mr. Hughes. I'm required to meet with my career counselor next week, but I'm wondering if I can delay it.
★: Really? ① <u>Why do you want to do that?</u> You know it's important to talk about your career with your counselor, don't you?
☆: Yes, ② <u>but I'm taking a biology class and we're going to the ocean to do field work next week.</u>
★: Oh, ③ <u>but that's optional. You can participate in other field work next month.</u> ④ <u>Can't you just go next month instead?</u>
☆: I can, but the field work next month is going to be at a lake. I'm more interested in the ocean. I'm going to write my graduation thesis about bacteria in the ocean. I don't want to miss this opportunity.
★: I see. Then, what would you like me to do?
☆: Is there any way that I can move the career counseling to the following week?
★: Hmm. Just a moment. There's an official process for changing your counseling schedule. Let me check our policy on that.
☆: Would you like me to come back later today? If so, I'll go to the library and drop by here again this afternoon.

121

★：No, I just need a few minutes to look through the policy manual. Please wait for just a minute or two.
☆：Oh, great. That would help. I need to make a decision today.
★：⑤ Okay, it says here that you can delay counseling for one week if you get a letter from your professor. You're studying under Professor Stephen, aren't you? You have to get permission from him.
☆：Oh, that's good. I'll go and talk to him right away. Thank you for your advice, Mr. Hughes.

Questions:
No. 26   Why does the student want to put off career counseling?
No. 27   What does the tutor recommend that Saori do?
No. 28   What does the policy manual say about delaying counseling?

状況：大学の学生支援課で学生が指導教官と話している。
★：おはよう、サオリ。今日はどうしました？
☆：おはようございます、ヒューズさん。来週キャリアカウンセラーに会わなければならないのですが、それを延期することはできないかと思いまして。
★：本当に？　①どうして延期したいのですか？　キャリアについてカウンセラーと話すのが重要だということはおわかりですよね？
☆：はい、②でも生物学の授業を取っていて、来週は野外調査で海に行く予定なんです。
★：そうなんですか、③でも参加は任意でしょう。来月にはほかの野外調査に参加できますよね。④代わりに来月に行けばよいのでは？
☆：それもできるのですが、来月は湖での調査なんです。私は海のほうに興味があって。卒論は海のバクテリアについて書くつもりなんです。この機会を逃したくないんです。
★：わかりました。それではどうしましょうか？
☆：キャリアカウンセリングを翌週にずらす方法はありますか？
★：うーん、そうですね。カウンセリングの予定を変更する公式なやり方があります。大学の方針を参照してみますね。
☆：今日あとでまた来たほうがいいですか？　それなら、図書館に行って午後にここに再び戻りますが。
★：いえ、数分あれば方針マニュアルに目を通せるので、1、2分待っていてください。
☆：よかった、助かります。今日中に決定しなければいけないんです。
★：⑤ありました。ここに、教授に一筆書いてもらえばカウンセリングの日を1週間延ばせると書いてあります。あなたはスティーヴン教授に教わっているのですよね？彼の許可を得る必要があります。
☆：ああ、それはよかったです。すぐに教授に話しに行きます。アドバイスをありがとうございました、ヒューズさん。

Test 1

No. 26　正解　3

設問の訳

学生がキャリアカウンセリングを延期したいのはなぜですか？
1　生物学の授業を取るため。　　2　野外の清掃を手伝うため。　　**3　クラスの学生たちと海に行くため。**　　4　レポートを書くため。

解答のポイント！

会話が始まる前にできるだけ質問文と選択肢に目を通しておきましょう。質問文は Why で始まっています。会話中に Why~? の質問文が出てきたら、その答えとなる箇所をよく聞きましょう。指導教官の① Why do you want to do that? という質問に答える形で、学生が②で「でも生物学の授業を取っていて、来週は野外調査で海に行く予定なんです」と答えていますので、正解は 3 です。

No. 27　正解　1

設問の訳

指導教官はサオリにどうするよう勧めていますか？
1　野外調査には別の月に行く。　　2　空いている時間を使って勉強をする。
3　海の代わりに湖に行く。　　4　海への遠征の日を遅らせてもらうよう教授に頼む。

解答のポイント！

質問は「指導教官はサオリにどうするよう勧めているか」ですので、指導教官が勧めている箇所をよく聞きましょう。③で「でも参加は任意でしょう」、④で「代わりに来月に行けばよいのでは？」と言っていますので、この 2 つの内容の言い換えとなっている 1 が正解となります。④の Can't you ~？と言って別の案を勧めている箇所を注意して聞きましょう。質問文 What does the tutor recommend that Saori do? の言い方にも注意しましょう。request や require、そしてこの recommend など、提案や主張、要求を表わす動詞のあとにつづく that 節では、should ＋原形動詞、もしくはこのように原形動詞が使われます。

No. 28　正解　2

設問の訳

方針マニュアルには、カウンセリングの延期について何と書いてありますか？
1　その日じゅうに決定を行なわなければならない。　　**2　書面での教授の許可が必要である。**　　3　1 週間未満であれば延期が認められる。　　4　延期は認められな

123

いと規定されている。

> **解答のポイント！**
>
> 質問文は What does the policy manual say about delaying counseling? ですので、キーワードの the policy manual に書かれている内容を含む箇所を注意して聞きましょう。指導教官が⑤で「ありました。ここに、教授に一筆書いてもらえばカウンセリングの日を1週間延ばせると書いてあります」と言っていますので、2が正解と判断できます。TEAPのリスニング・テストでは問題冊子に書き込みも可能ですので、会話が始まる前に質問文を読み、キーワードと思われる単語にはアンダーラインを引いておきましょう。

注

[パッセージ] □ be required to do ~　～する必要がある　□ delay　～を遅らせる　□ biology　生物学　□ field work　現地作業　□ optional　任意の　□ following　次の　□ policy　方針　□ make a decision　決定を下す　□ right away　すぐに
[設問] □ put off　～を延期する　□ recommend　勧める　□ permission　許可　□ grant　～を許可する　□ stipulate　規定する　□ inexcusable　許されない

B

TEST 1 LISTENING REVIEW ▶ 029-031　American male / American female

スクリプトと設問

Situation: A student is talking to a professor in her office.

★：Excuse me, but could I talk to you about something?
☆：① Sure, but I only have a few minutes before I have to leave for my next class.
★：② Actually, I'm thinking about dropping your class.
☆：Oh, I see. What makes you want to give up on my class?
★：Well, as you know, it's taught in English. English is my second language, and I'm having a hard time keeping up.
☆：Oh, really? Your English seems to be quite good. I've been reading your assignments, and your work isn't bad.
★：I have some confidence in writing, but I'm not good at listening. It's really hard for me to understand the lectures.
☆：Well, the terminology in corporate accounting is difficult. I can see why you might have some trouble with the words.

研究社の本
http://www.kenkyusha.co.jp

■現代英語を的確に反映した 28 万項目。待望の全面改訂版！

リーダーズ英和辞典 [第3版]

高橋作太郎 [編集代表]

A5変型判 2760頁　[並装] 10,000円／978-4-7674-1432-4
　　　　　　　　　[革装] 15,000円／978-4-7674-1422-5

口語・俗語から多様な分野の専門語まで、豊富な語彙情報を簡潔かつ高密度に収録したコンパクトな大辞典。新語・新語義・専門語・固有名・イディオムなど約1万項目を追加。

■あらゆる英和辞典にプラスして使える19万語

リーダーズ・プラス

松田徳一郎 [監修]　B6変型判 2880頁／10,000円／978-4-7674-1435-5

■IT用語からシェイクスピアまで、収録項目26万

新英和大辞典 [第6版]　竹林 滋 [編者代表]　B5変型判 2912頁

[並　装] 18,000円／978-4-7674-1026-5
[背革装] 21,000円／978-4-7674-1016-6

■収録項目数約48万。日本語用例も多彩で豊富

新和英大辞典 [第5版]

渡邉敏郎・E.Skrzypczak・P.Snowden [編]　B5変型判 2848頁
[並　装] 18,000円／978-4-7674-2026-4
[背革装] 21,000円／978-4-7674-2016-5

■自然な英語を書くための38万例

新編 英和活用大辞典　市川繁治郎 [編集代表]

B5変型判 2800頁／16,000円／978-4-7674-1035-7

※表示の価格は本体価格です。別途消費税がかかります。

研究社の本
http://www.kenkyusha.co.jp

■新刊■最強のネイティブ2人が作り上げた、
　　　最強のTOEIC® テスト＜新形式問題対応＞対策本
TOEIC®テスト 完全教本
新形式問題対応
ロバート・ヒルキ、デイビッド・セイン〔著〕
A5判 348頁 音声DL／■2,300円／978-4-327-43086-3
著者が新形式テストを受けて問題を作成！新形式問題を含む完全模擬テスト2回分（400問）収録。目標スコア（まずは600点）をめざせ！

■新刊■英語社会でうまくやっていくための丁寧で好感度が上がる話し方
心を動かす英会話のスキル
清水崇文〔著〕　A5判 184頁／■1,700円／978-4-327-44112-8
コミュニケーションの鍵——ポライトネス　相手を思いやりながら自分の意図をしっかり伝える話し方を、英米50人のネイティブに学ぶ。

■「言いたいこと」に届く表現集
英語で雑談できるようになる生活フレーズ集
新崎隆子・石黒弓美子〔著〕　四六判 210頁／■1,600円／978-4-327-44111-1
仕事や人づきあいなど、暮らしの様々な事柄を「自分のこととして」表現する例文が満載。そのまま使える短文形式。

■ネイティブ感覚で理解すれば、時制の各表現を自然に使い分けられる
ネイティブが教える 英語の時制の使い分け
デイビッド・セイン、古正佳緒里〔著〕　A5判 208頁／■1,700円／978-4-327-45274-2
「過去」「現在」「未来」3つの時間軸それぞれの、「基本形」「進行形」「完了形」「完了進行形」の用法をネイティブの視点から解説する。

■辞書ナシでどんどん読めてゲラゲラ笑える！
笑える 英語のジョーク百連発！
大島希巳江〔著〕　四六判 170頁／■1,300円／978-4-327-45276-6
英語落語家でもある著者が、「マクラ」で話して大ウケだったジョークを中心に集めました。スピーチやパーティー、プレゼンでも使えます。

※表示の価格は本体価格です。別途消費税がかかります。

【シリーズ 英文法を解き明かす 現代英語の文法と語法】
内田聖二・八木克正・安井泉〔編〕

■新刊■英語話者は名詞・代名詞をどう使い分けているか
① ことばの基礎1 名詞と代名詞
中山 仁〔著〕 A5判 280頁 ■2,500円／978-4-327-23801-8
名詞・代名詞の語法・文法について、具体例を豊富に挙げて、類似する事例との違いや使用の背景にも目を配り、話し手の意図や文脈まで詳説。

既刊
- ①談話のことば1 文をつなぐ 大竹芳夫〔著〕 A5判 242頁 ■2,300円／978-4-327-23803-2
- ④談話のことば2 規範からの解放 住吉 誠〔著〕 A5判 260頁 ■2,300円／978-4-327-23804-9
- ⑨ことばの実際1 話しことばの構造 澤田茂保〔著〕 A5判 230頁 ■2,300円／978-4-327-23809-4

■新刊■あの名著をわかりやすい新訳で再び読み解く
新訳 ソシュール一般言語学講義
フェルディナン・ド・ソシュール〔著〕 町田 健〔訳〕
A5判 344頁 ■3,500円／978-4-327-37822-6
現代言語学の知見も取り入れた読みやすい翻訳と詳しい脚注によって、言語学・思想・哲学などに大きな影響を与えた名著を再び読み解く。

■これから学ぶ人のための網羅的な概説書
基礎から学ぶ 音声学講義
加藤重広・安藤智子〔著〕 A5判 272頁 音声DL ■2,700円／978-4-327-37743-4
国際音声記号(IPA)からイントネーションまで、音声学の知識が身につく。学習者になじみのある例を採用、図版を多用して実践的に解説する。

■新刊■フェミニズムの最前線に歴史の光を当てる
終わらないフェミニズム
「働く」女たちの言葉と欲望
日本ヴァージニア・ウルフ協会、河野真太郎、麻生えりか、秦 邦生、松永典子〔編〕
四六判 350頁 ■3,700円／978-4-327-47233-7
ケア労働、ワーク・ライフ・バランス、働くシングルマザー、新自由主義といったアクチュアルなテーマから、フェミニズムの最前線を歴史的に考察する。

研究社のオンライン辞書検索サービス・・・・・KOD

KOD

定評ある18辞典を
自在に検索、引き放題。
毎月最新の語彙を追加。

[ケー オー ディー]

英語に携わるすべてのスペシャリストへ

- 『リーダーズ英和辞典〈第3版〉』はじめ、定評のある研究社の**17辞典＋「大辞林」**(三省堂)が24時間いつでも利用可能。毎月、続々と追加される新項目を含め、オンラインならではの豊富な機能で自在に検索できます。
- オプション辞書として、『Oxford Advanced Learner's Dictionary 7th edition』(英英辞典)、『羅和辞典〈改訂版〉』、『英米法律語辞典』も収録。
- **300万語**の圧倒的なパワーをぜひ体感してください。

スマートフォンや
タブレット端末
にも対応しました。

検索種別は標準検索の完全一致、
前方一致、後方一致のみ

新会員募集中!

＊6ヶ月3,000円(税別)から
＊オプション辞書は別途料金がかかります。

http://kod.kenkyusha.co.jp

◎図書館や団体でのご加入・公費対策など、お問い合わせはお気軽にどうぞ。

- この出版案内には2016年9月現在の出版物から収録しています。
- 表示価格は本体価格です。別途消費税がかかります。●重版等により本体価格が変わる場合がありますのでご了承ください。●ISBNコードはご注文の際にご利用ください。

〒102-8152 東京都千代田区富士見2-11-3 TEL 03(3288)7777 FAX 03(3288)7799 [営業]

Test 1

★：I really feel that I need to improve my language abilities. For the time being, I think I'll study English, and then retake the course again next year.
☆：Okay, I understand your situation, but you don't have to decide on anything now. There are two more weeks till the deadline. Why not wait until then to decide?
★：I guess I could do that.
☆：There's one more thing. Did you know that I have a website where I post the outlines for each lecture?
★：No, I didn't know that. Is it available to anyone?
☆：Of course. ③ <u>If you read these notes carefully before each lecture, it'll make a big difference.</u> You can check the list of technical terms in the lecture beforehand, too.
★：Okay, I'll try doing that. Let me ask one more thing. Is it okay if I record the lectures?
☆ Sure that's no problem. If you stick with it for a few weeks, I'm sure it'll get much easier.

Questions:
No. 29 How does the professor respond when the student asks her for some time?
No. 30 What was the student planning on doing before talking to the professor?
No. 31 What does the professor encourage the student to do?

状況：学生が研究室で教授に話をしている。
★：すみません、少しお話よろしいですか？
☆：①<u>もちろん。でも数分後には次の授業に向かわなければいけないのですが。</u>
★：②<u>実は、先生の授業の履修をやめようかと思っているんです。</u>
☆：あら、そうなんですか。どうして私の授業をやめようと思うの？
★：はい、ご存知のとおり、授業は英語で行なわれていますよね。英語は私にとって母語ではないので、授業についていくのに苦労しているんです。
☆：本当？　あなたは英語でもちゃんとやれているようですが。今まで課題も見てきたけど、悪い出来ではありませんよ。
★：ライティングにはいくらか自信があるのですが、リスニングは苦手で。講義を理解するのがとても大変なんです。
☆：まあ、企業会計の用語はむずかしいですからね。単語で苦労するというのはわかります。
★：英語力を上げる必要があると強く感じています。だからしばらく英語を勉強して、それから来年またこのコースを取ろうかと思っています。

125

☆：そうね、あなたの状況もわかります。でも、今決めなくてもよいのでは。履修中止届けの締め切りまではまだ2週間あります。それまで待ってから決めてみては？
★：それでもいいかもしれません。
☆：もう1つ。私がウェブサイトに各講義の概要を載せていることは知っていましたか？
★：いえ、知りませんでした。誰でも見られるものですか？
☆：もちろん。③毎回の講義の前にその概要をじっくり読めば、大きな違いが出てくると思いますよ。講義に出てくる専門用語のリストも事前にチェックできるでしょう。
★：わかりました、そうしてみます。あともう1つ質問させてください。講義を録音してもよろしいですか？
☆：もちろん、問題ありませんよ。数週間このやり方をつづければ、授業がずっと簡単になるはずです。

No. 29　正解　2

設問の訳

学生に時間があるか尋ねられた時、教授は何と答えていますか？
1　授業はない。　　2　授業の前に少しだけ時間がある。　　3　次の授業に出席すればよい。　　4　もっと勉強を頑張りなさい。

解答のポイント！

質問は「学生に時間があるか尋ねられた時、教授はなんと答えているか」というものです。よって①の教授の発言を聞き逃してはなりません。「もちろん。でも数分後には次の授業に向かわなければいけないのですが」と答えていますので、それを言い換えた2が正解です。

No. 30　正解　3

設問の訳

教授と話す前、学生は何をするつもりでしたか？
1　教授の次の授業に向かう。　　2　自分の今の水準を維持するため英語を勉強する。　　3　教授の授業の履修をやめる。　　4　期限に間に合うよう、課題の仕上げに取りかかる。

解答のポイント！

質問は「教授と話す前、学生は何をするつもりだったか」ですので、学生が教授と話す前にしようと計画していたことに関する言及があるはずです。学生は②で「実は、先生の授業の履修をやめようかと思っているんです」と言っていますので、その言

い換えとなっている 3 が正解です。会話中の dropping が、3 では withdrawing と表現されていますが、TEAP のリスニング・テストでは会話で使われた単語が選択肢では別の単語で言い換えられることがよくあります。

No. 31　正解　1

設問の訳

教授は学生に何をするよう勧めていますか？
1　授業前に講義の概要に目を通す。　　2　各講義の概要を作成する。　　3　各講義をすべて録音する。　　4　最終締め切りまでに授業の履修を中止する。

解答のポイント！

質問は「教授は学生に何をするよう勧めているか」ですので、教授が勧めている内容をよく聞き取りましょう。教授が、各講義の概要を載せているウェブサイトについて話したあとに、③「毎回の講義の前にその概要をじっくり読めば、大きな違いが出てくると思いますよ」と言っていますので、その内容を言い換えた 1 が正解です。

注

[パッセージ]　□ drop　（登録した科目）をやめる　　□ second language　第 2 言語　　□ keep up　遅れずについていく　　□ terminology　用語　　□ corporate accounting　企業会計
□ linguistic　言語の　　□ deadline　締め切り　　□ why not ~?　~してはどうでしょう
□ outline　概要　　□ beforehand　前もって　　□ stick with ~　~をやめずにつづける
[設問]　□ participate in ~　~に参加する　　□ maintain　維持する　　□ withdraw　~を脱退する
□ summary　概要

C

TEST 1 LISTENING REVIEW ▶ 032-034　　American female / British male / American male

スクリプトと設問

Situation: Two students are talking to their professor about writing a research paper.

☆ : Please have a seat. What seems to be the problem?
★ : Well, it's about the research paper you assigned to us last week.
☆ : Oh, I see. How are you doing on it?
★ : ① <u>Well, I'm afraid I don't have any experience writing research papers.</u> I don't know where to start.
★★ : ② <u>I'm having a similar problem. It's not clear to me what I should write about.</u>
☆ : A lot of first-year students have difficulty with the first assignment.
★ : ② <u>I'm glad to hear we're not the only ones.</u>
☆ : First, do the assigned reading and take notes on what you think is important.
★ : Actually, I've already done most of the reading.
★★ : I have a lot of notes, but I'm not sure what to do with them.
☆ : That's a good start. Next try to make an outline of your research paper. Pick out the three most important points.
★ : I think I can do that.
★★ : I'm not sure what the important points should be. Will we be marked down for picking the wrong ones?
☆ : No, of course not. As long as you can make a good argument supporting them, it doesn't matter what points you choose.
★★ : Okay, so I should write about what I feel is most important?
☆ : Yes, exactly. Then just write down your opinions concerning those three points.
★ : But what if I can't think of anything to write about?
☆ : Just write whatever you think of, then when you're finished, go back and rewrite it.
★ : Okay, I'll give it a try, but I still don't have very much confidence at all.
★★ : I'll look over my notes again. I think I can use them to put something together.
☆ : ③ <u>Why don't you show me your work next week, and I'll give you some more advice based on that?</u>

128

Test 1

Questions:
No. 32　What do the students say about their progress on the research paper?
No. 33　What are the students relieved to hear?
No. 34　What does the professor offer to do for the students?

状況：2人の学生が教授に研究論文の執筆について話している。

☆：お掛けください。どうしましたか？
★：あの、先週に先生が課題に出された研究論文のことなのですが。
☆：なるほど。進み具合はどうですか？
★：①ええと、実は僕には研究論文を書いた経験がなくて。どこから手をつければいいかわからないんです。
★★：②僕も同じようなことで困っています。何を書いたらいいのかはっきりわからなくて。
☆：多くの1年生が初めての課題には苦労するものですよ。
★：③僕たちだけじゃないと知って嬉しいです。
☆：まずは課題図書を読んで、重要だと思ったことをメモしましょう。
★：実は、読書はほとんど終えているんです。
★★：メモもたくさん取っているんですが、それをどうすればいいのかわからなくて。
☆：わかりました。では、研究論文の概要を作ってみましょう。もっとも重要なポイントを3つ挙げるといいでしょう。
★：それならできそうです。
★★：僕は何を重要なポイントとすべきかわかりません。間違ったものを挙げたら減点になりますか？
☆：もちろんそんなことはしませんよ。そのポイントについてしっかり論ずることができていれば、何を選んでもかまいません。
★★：わかりました、それでは自分が重要だと感じたものを書けばいいのですか？
☆：そのとおりです。そうしたら、その3つのポイントに関してあなたの意見を書き出してみましょう。
★：でも、書くことが何も思い浮かばなかったら？
☆：とにかく思ったことを何でも書き出せばいいんです。終わったら見返して、書き直しましょう。
★：わかりました、やってみます。まだちょっと自信が持てませんが。
★★：メモをもう一度見直してみます。そこから何かをまとめられると思います。
☆：④書いたものを来週私に見せてみるというのはどうでしょう。それをベースにしてさらにアドバイスをしますよ。

No. 32　正解　2

設問の訳

研究論文の進行状況について、学生たちは何と言っていますか？
1　もう書き始めている。　　**2　まだ書き始めていない。**　　3　課題の内容がよくわからない。　　4　締め切りに間に合わないのではないかと心配している。

解答のポイント！

学生の研究論文の進度を尋ねています。1人の学生が①「ええと、実は僕には研究論文を書いた経験がなくて。どこから手をつければいいかわからないんです」と言っていますし、そのあともう1人の学生が②「僕も同じようなことで困っています。何を書いたらいいのかはっきりわからなくて」と言っていますから、2が正解です。

No. 33　正解　1

設問の訳

学生たちは何を聞いて安心したのですか？
1　彼らと同じ境遇の学生たちが今までにもいたこと。　　2　クラスの学生の中で困っているのは自分たちだけだということ。　　3　今回が自分たちの初めての課題ではないということ。　　4　課題の提出期限が変更されたこと。

解答のポイント！

質問は「学生たちは何を聞いて安心したか」ですので、学生たちが安心したことが言及される箇所を注意して聞きましょう。③で学生の1人が「僕たちだけじゃないと知ってうれしいです」と言っていますので、その内容を言い換えた1が正解です。

No. 34　正解　4

設問の訳

教授は学生たちのために何をすると提案していますか？
1　論文を1週間遅く提出することを認める。　　2　課題の内容を変更する。　　3　何でも好きなことについて書いてよいとする。　　**4　課題の初期段階の下書きをチェックする。**

解答のポイント！

「教授は学生たちのために何をすると提案しているか」という質問ですので、教授が

Test 1

学生たちに何かを提案する箇所があるはずです。教授は④「書いたものを来週私に見せてみるというのはどうでしょう。それをベースにしてさらにアドバイスをしますよ」と言っていますので、4が正解となります。

注

[パッセージ] □ research paper 研究論文　□ I'm afraid 残念ながら、あいにく　□ similar 似ている　□ first-year 1年目の　□ have difficulty with ~ ~に苦労する　□ mark down (生徒などの) 点数 [評価] を下げる　□ concerning ~に関して　□ what if ~? もし~ならどうなるだろう　□ rewrite ~を書き直す　□ confidence 自信　□ look over ~に目を通す　[設問] □ progress 進行状況　□ relieved 安心した　□ due date 期日　□ revise ~を変更する　□ hand in ~を提出する　□ draft 下書き

LISTENING Part 2B

ディレクション

Part 2B. In this part, you will hear four long passages, D, E, F, and G. Before each passage, you will hear a short description of the situation. The situation is also printed in your test booklet. Each passage will be followed by four questions. The questions are also printed in your test booklet. For each question, you will have 10 seconds to choose the best answer and mark your answer on your answer sheet. The passages and questions will be played only once. Now, let's begin.

D

TEST 1 LISTENING REVIEW ▶ 035-038   American male

スクリプトと設問

Situation: You will listen to a university president welcoming freshmen to the university.

I'd like to take a few minutes to welcome you all to Hillcrest University of Engineering. You have been accepted into this university because of your hard work and determination to succeed in building future communities and industries. ① The primary responsibility of the staff at this university is to assist you in preparing for your future careers. Like all of the professors and administration staff, ② I truly look forward to getting to know each of you. We are dedicated to making sure you receive the best education possible, but we also want you to enjoy your time here. ③ I'd like to encourage you to actively participate in school activities to help you form relationships with fellow students that will last a lifetime.

In addition to the best professors, we also have perhaps the best education and research facilities. I can say without question that this environment will prepare you to become leaders in the future.

As you start your education here, you might think that four years is a long time, but it will pass sooner than you expect. ④ If you're not careful, you will waste your time here. We will do all we can to prevent that, but it's in your hands.

Finally, if there is anything that I can do to help you, please feel free to

come to my office directly or e-mail me with your concerns.
Questions:
No. 35 What does the university president say the main role of the staff is?
No. 36 Who does the university president express interest in becoming acquainted with?
No. 37 Why does the university president encourage students to take part in school activities?
No. 38 What is the university president's main concern?

状況：新入生の入学を歓迎する大学総長の話が流れます。

　みなさんをヒルクレスト工科大学に歓迎するため、数分間お時間をいただきたいと思います。あなたたちが本学に受け入れられたのは、未来の社会および産業を築き上げようという決意と努力があったからこそです。①本学の職員の主な役目は、将来のキャリアに向けて準備をするあなたたちをサポートすることです。すべての教授や事務スタッフと同じく、②私もあなたたち１人ひとりについて知ることを心から楽しみにしています。あなたたちにはわれわれが提供しうる最高の教育を受けてもらえるよう努力を尽くしますが、一方で、この学校での時間を楽しんでいただきたいとも思っています。③ぜひ積極的に学校行事に参加して、仲間の学生たちと生涯つづく関係を築いてください。

　最高の教授陣に加え、本学の教育施設や研究施設も最高レベルであると言っていいでしょう。この環境はあなたたちを未来のリーダーとなれる人材に育ててくれるだろうと断言できます。

　ここで教育を受け始めるにあたって、４年は長いと思うかもしれませんが、予想よりも速く過ぎていくでしょう。④気をつけていなければ、ここでの時間を無駄にしてしまいます。それを防ぐためにわれわれも手を尽くしますが、結局はあなたたち次第です。

　最後に、私に手伝えることがあれば、遠慮なく学長室を直接訪ねたり、メールで悩みを教えてください。

No. 35　正解　4

設問の訳

大学総長は、職員の主な役目は何だと言っていますか？
1　学生が環境に慣れるための手助けをすること。　　2　社会貢献をすること。
3　学生に一生懸命勉強させること。　　**4　学生がすばらしいキャリアを築くための準備をするのに力を貸すこと。**

> **解答のポイント！**
>
> 質問は the main role of the staff についてです。①に The primary responsibility of the staff at this university is to assist you in preparing for your future careers. とありますので、正解はその言い換えとなっている 4 です。

No. 36　　正解　3

> **設問の訳**

大学総長は誰と知り合うことに興味を示していますか？
1　コミュニティのリーダーたち。　　2　工学分野における最高の教育者たち。
3　**出席しているすべての学生**。　　4　大学の全職員。

> **解答のポイント！**
>
> 質問は、大学総長が誰と知り合いたいと思っているのかについてです。総長は②で I truly look forward to getting to know each of you. と言っていて、この each of you は目の前にいる学生を表わしますから、正解は 3 です。スピーチ中の get to know が、質問文では become acquainted with で言い換えられています。

No. 37　　正解　1

> **設問の訳**

大学総長が学生を学校行事に参加するよう促している理由は何ですか？
1　**生涯つづく人間関係を築いてほしいから。**　　2　学生はストレス発散をする必要があると思っているから。　　3　時間を無駄にしてほしくないから。　　4　体力をつけてほしいから。

> **解答のポイント！**
>
> 質問は学生に学校行事に積極的に参加してほしい理由についてです。キーワード school activities を含む③に注目しましょう。to help 以下で理由が述べられています。正解はその箇所の言い換え表現である 1 となります。

No. 38　　正解　4

> **設問の訳**

大学総長がもっとも心配していることは何ですか？
1　学生が大学で退屈してしまうかもしれない。　　2　大学は期待に応えられない

Test 1

かもしれない。　3　学生が危険な事態に巻き込まれるかもしれない。　**4　学生が大学での時間を有効に使えないかもしれない。**

> **解答のポイント！**
>
> 質問は大学総長が懸念していることについてです。④で「気をつけていなければ、ここでの時間を無駄にしてしまいます」と言っていますので、それを言い換えた 4 が正解です。

注

[パッセージ] □ freshman　新入生　　□ accept　～を受け入れる　　□ determination　決意
□ primary　主要な　　□ assist　～を支援する　　□ administration staff　事務職員
□ dedicated　献身的な　　□ encourage　～を促す　　□ actively　積極的に　　□ fellow　仲間の　　□ last　つづく　　□ lifetime　一生　　□ in addition to~　～に加えて　　□ pass　過ぎる
□ careful　慎重な　　□ waste　～を浪費する　　□ prevent　～を防ぐ　　□ in *one*'s hands　～の手に委ねられている　　□ concern　心配事
[設問] □ role　役割　　□ contribution　貢献　　□ become acquainted with~　～と知り合いになる　　□ in attendance　出席している　　□ entire　全体の　　□ lifelong　一生の　　□ relieve　～を和らげる　　□ physically　身体的に　　□ bored　退屈した　　□ expectation　期待
□ take advantage of~　～を有効に利用する

E

TEST 1 LISTENING REVIEW ▶ 039-042　　British male

スクリプトと設問

Situation: You will hear a professor talking about Maori people.

　　Today's lecture will be about the Maori, the native people of New Zealand. ① The Maori population of New Zealand is around 650,000, only a fraction of the total population, but ② they play a relatively large role in forming the national identity. ③ It's believed that the Maori may have arrived in New Zealand from Polynesia in the 13th century, bringing with them the foundations of Maori culture.

　　According to Maori belief, there are many gods that represent rivers and mountains, and the sea, and they also give great importance to their ancestors. They consider themselves caretakers of nature, setting an early example for how humans can live peacefully in nature.

　　④ Respect for nature can even be seen in the tattoos that are an intimate

135

part of Maori culture. The most powerful men show full-body tattoos in a proud way, while women only have tattoos on their faces.

In the 1800s, when settlers from Europe arrived in New Zealand, ⑤<u>one of the first things they did was to suppress Maori culture, which they believed was inferior.</u> While being called a Maori was once considered shameful, ⑥<u>the Maori of today are rediscovering their culture and traditions, and even the tattoos are making a comeback.</u> Many young people are now proud to have tattoos on their faces and bodies.

Questions:
No. 39 What is true concerning the Maori population in New Zealand?
No. 40 How was Maori culture formed?
No. 41 What has had a large influence on Maori tattoo designs?
No. 42 Why was Maori culture and tradition repressed?

状況：マオリ族に関する教授の話が流れます。

　今日の講義は、ニュージーランドの先住民であるマオリ族についてです。①<u>ニュージーランドに住むマオリ族の数は約65万人で、全人口と比較するとほんのわずかな割合ですが、</u>②<u>国家のアイデンティティを形作る上では比較的大きな役割を果たしています。</u>③<u>マオリ族は13世紀にポリネシアからニュージーランドにやってきて、マオリ文化の基盤となるものを持ち込んだと考えられています。</u>

　マオリの信仰によると、川や山、海などを司る多くの神が存在し、また、彼らは祖先を非常に偉大なものと考えています。彼らは自分たちを自然の守護者と考え、人間が自然と共存できることを早くから示してきました。

　④<u>自然への敬意は、マオリ文化の本質的要素であるタトゥーにも見ることができます。</u>　強い男性たちは見せつけるように全身にタトゥーをまとう一方、女性は顔にしかタトゥーを入れません。

　1800年代にヨーロッパから入植者たちがニュージーランドにやってくると、⑤<u>下等だと見なしたマオリ文化をすぐに抑圧しました。</u>かつて、マオリと呼ばれることは恥ずべきことと考えられていましたが、⑥<u>現在マオリはその文化と伝統を取り戻し、タトゥーも復活しています。</u>　今や多くの若者が誇りを持って顔や体にタトゥーを入れています。

No. 39　正解　1

設問の訳

ニュージーランドのマオリ族について正しいものはどれですか？

Test 1

1　少数民族と見なされている。　　2　国の政治において大きな役割を果たしている。
3　ポリネシアからやってきたことは否定しようがない。　　4　ニュージーランドで彼らの文化はないがしろにされている。

> **解答のポイント！**
>
> ニュージーランドのマオリ族について正しいものを選ぶ問題ですが、①から正解は1と判断できます。2の the nation's politics は、②にあるように the national identity の間違いです。3は③の内容に触れているようですが、③では It's believed that... となっていて、断定はされていません。4は⑥から不適切と判断できます。

No. 40　正解　3

> **設問の訳**

マオリ文化はどのようにして形成されましたか？
1　ニュージーランドの自然に基づいている。　　2　ヨーロッパ文化の本質的部分を形作った。　　**3　ニュージーランドに伝わったのちに発展した。**　　4　ポリネシア移民の文化を取り入れた。

> **解答のポイント！**
>
> 「マオリ文化はどのように形成されたか」という質問ですので、キーワードは Maori culture です。③に It's believed that the Maori may have arrived in New Zealand from Polynesia in the 13th century, bringing with them the foundations of Maori culture. とありますので、正解は3と判断できます。

No. 41　正解　4

> **設問の訳**

マオリのタトゥーのデザインに大きな影響を及ぼしているものは何ですか？
1　過去のヨーロッパの伝統。　　2　身体的な運動に対する強い関心。　　3　マオリがポリネシアに持つルーツ。　　**4　自然環境に対する敬意。**

> **解答のポイント！**
>
> マオリのタトゥーのデザインに大きな影響を及ぼしているものについての質問ですので、キーワードの tattoos という語に注意して放送を聞きましょう。④に Respect for nature can even be seen in the tattoos that are an intimate part of Maori culture. とありますので、正解は4です。

No. 42　正解　1

設問の訳

マオリの文化と伝統はなぜ抑圧されたのですか？
1　ヨーロッパ人が、自分たちのほうが優れていると考えたから。　2　マオリが彼らの文化を恥じていたから。　3　最近になって明らかになったから。　4　環境に悪影響だったから。

解答のポイント！

マオリの文化と伝統が抑圧された理由を問われています。質問文にある repress（抑圧する）はむずかしい単語ですが、覚えておきましょう。⑤に one of the first things they did was to suppress Maori culture, which they believed was inferior とありますので、正解は 1 です。

注

[パッセージ]　□ Maori　マオリ族、マオリの　□ native people　先住民族　□ population　人口　□ fraction　ほんの一部　□ relatively　比較的　□ national　国の　□ foundation　基盤　□ belief　信仰　□ represent　〜を象徴する　□ ancestor　先祖　□ caretaker　世話をする人、保護する人　□ intimate　深く関係のある　□ settler　移住者、入植者　□ suppress　〜を抑圧する　□ inferior　劣等な　□ shameful　恥じるべき　□ rediscover　〜を再発見する　□ make a comeback　復活する
[設問]　□ minority　少数派　□ politics　政治　□ undeniable　否定できない　□ ignore　〜を無視する　□ evolve　発展する　□ borrow　〜を借りる　□ immigrant　移民　□ influence　影響　□ root　ルーツ、根源　□ consideration　考慮、尊敬　□ repress　〜を抑圧する　□ superior　より優れた　□ be ashamed of~　〜を恥じる　□ uncover　〜を明らかにする

F

TEST 1 LISTENING REVIEW ▶ 043-046　　British male

スクリプトと設問

Situation: A professor is addressing his students on the first day of class.

　　Let me start out by welcoming you all to the first day of Math Basics 101. ①I know that most of you did not sign up for this class because of your great love of mathematics. In fact, I would venture to guess that you really don't want to be here.

Test 1

That being said, ②I want you to know about my goals for this class. ③First, I want you to gain confidence that math can be mastered and enjoyed, even by non-academics. I'd like to reduce your hatred of mathematics, if not make you fall in love with this subject. I know you might think that's impossible now, but I almost never fail. ④If you listen and participate in class, do the assignments and try to learn math, I can promise you that you won't have any regrets.

The fundamental math principles that you will learn will help you see the world in a new light. In fact, ⑤it will change your perspective.

As you already know, we live in a complicated world, but ⑥math has the ability to make the world more coherent.

I hope that you will enjoy learning math as much as I enjoy teaching it. Are there any questions before we get started?

Questions:

No. 43　What does the professor think about the students?
No. 44　What is the goal of this class?
No. 45　What promise does the professor make to the students?
No. 46　How does the professor say the students will change after studying math?

状況：教授が授業の最初に学生に説明する。

　まず、数学基礎101の初回授業にようこそ。①みなさんのほとんどは、数学が大好きだからこのクラスを履修したというわけではないでしょう。むしろ、思い切って言わせてもらうならば、この場にいるのが嫌でたまらないのでは？
　とは言いつつも、②この授業の目的を知っていただこうと思います。③まず、専門家でなくとも数学はマスターできるし、楽しめるものであるのだという自信をつけてもらいたいです。この教科に恋をさせるとまではいかなくても、あなたたちの数学に対する憎しみを和らげたいと思っています。そんなことは不可能だと今はお思いかもしれませんが、私はまず失敗することはありません。④授業に参加して講義を聞き、課題をこなして数学を学ぼうとすれば、きっと後悔することはないと約束できます。
　これから学んでいく数学の基本原理は、あなたたちが世界を見る上で新しい光を投げかけてくれます。それどころか、⑤あなたたちの考え方を変えてしまうでしょう。
　ご存知のとおり、われわれは複雑な世界に生きていますが、⑥数学にはそんな世界をわかりやすくする力があるのです。
　私が教えるのを楽しむのと同じくらい、あなたたちには数学を学ぶことを楽しんでいただければと思います。授業を始める前に質問はありますか？

No. 43　正解　3

設問の訳

教授は学生についてどのように思っていますか？
1　数学を学ぶ能力はないと思っている。　　2　高度な数学を専攻している学生であると思っている。　　**3　数学を学ぶことに興味がないと思っている。**　　4　学生が楽しく数学を学んでいることがうれしい。

解答のポイント！

質問は教授が学生をどう思っているかについてです。①に I know that most of you did not sign up for this class because of your great love of mathematics. とありますので、その箇所の言い換えとなっている 3 が正解です。

No. 44　正解　1

設問の訳

この授業の目標は何ですか？
1　学生が数学を理解して楽しむこと。　　2　学生が一流の職に就く手助けをすること。　　3　自然界に関する高度な数学を教えること。　　4　数学の教授を養成すること。

解答のポイント！

質問はこの授業の目標についてです。② I want you to know about my goals for this class. につづく③をよく聞きましょう。正解は 1 です。

No. 45　正解　1

設問の訳

教授は学生にどのようなことを約束していますか？
1　学生たちは数学を学んだことを後悔しない。　　2　学生たちは大量の宿題をこなす必要はない。　　3　学生たちは数学に恋をする。　　4　学生たちは数学者になる必要はない。

解答のポイント！

質問は教授が学生に約束していることについてです。キーワードは promise ですの

Test 1

で、この語が出てくる箇所に注意して放送を聞きましょう。④に If you listen and participate in class, do the assignments and try to learn math, I can promise you that you won't have any regrets. とありますので、正解は1です。

No. 46　正解　3

設問の訳

教授は、学生は数学を学んだあとどのように変わると言っていますか？
1　キャリアの選択肢が増える。　　2　数学の問題を避ける必要がなくなる。
3　世界をより明確に理解できるようになる。　　4　教育への興味が増す。

解答のポイント！

質問は数学を学んだあとの学生の変化についてです。⑤ it will change your perspective と⑥ math has the ability to make the world more coherent という情報から、正解は3と判断できます。

注

[パッセージ] □ mathematics　数学　　□ venture to~　思い切って~する　　□ guess　推測する　□ that being said　そうは言っても　　□ gain　~を得る　　□ confidence　自信　　□ non-academic　学問の専門でない人　　□ reduce　~を減らす　　□ hatred　憎しみ　　□ fall in love with~　~に恋をする　　□ fail　失敗する　　□ assignment　課題　　□ regret　後悔　　□ fundamental　根本的な　　□ principle　原理　　□ perspective　見地、視点　　□ complicated　複雑な　　□ coherent　明快な、わかりやすい
[設問] □ incapable　能力がない　　□ advanced　高度な　　□ prestigious　一流の　　□ mathematician　数学者　　□ avoid　~を避ける

G

TEST 1 LISTENING REVIEW ▶ 047-050　American female

『スマートライフ・マンスリー』の広告の種類

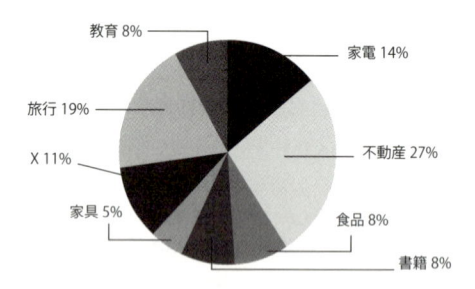

- 教育 8%
- 家電 14%
- 旅行 19%
- 不動産 27%
- X 11%
- 家具 5%
- 食品 8%
- 書籍 8%

スクリプトと設問

Situation: You will hear part of a lecture on marketing strategy.

　In today's class on marketing strategy, we're going to consider advertisements published in a certain magazine. ① This magazine publishes a lot of different information that is useful, so the advertisements published also span a wide range of products and services. Look at the ratios for different kinds of advertisements from last year.

　The most commonly published advertisements were for real estate. ② Recent real estate advertisements target high income earners. Property investment advertisements are increasing, and even in this magazine, there aren't many ads for a single house or apartment. What is unusual about this magazine is that there are a number of advertisements for medication. The readers of this magazine are disproportionately elderly, and because of that, ③ the amount of ads for medication is higher than in other magazines at 11% of the total. The ratio of travel advertisements is also high, in particular you can see advertisements for travel plans that include volunteer activities in the schedule. ④ Once a year, this magazine publishes a special edition on volunteering, so we can assume that those advertisements for travel plans are connected to that.

　In this way, advertisements will have a bigger effect if they are for products that fit with the needs of the readers. It is important to determine both the intentions of the advertiser and the needs of the reader.

Questions:
No. 47 What is the genre of the magazine that is being discussed?

Test 1 ▶▶▶

No. 48 What is the speaker saying about real estate advertisements?
No. 49 Please look at the chart. Which of the following is represented by the letter X?
No. 50 Why does the speaker guess that there are a lot of advertisements for travel packages involving volunteering?

状況：マーケティング戦略についての授業の一部を聞きます。

　本日のマーケティング戦略の授業では、ある雑誌に掲載されている広告について考えてみましょう。①この雑誌はさまざまな有益な情報を扱っていて、掲載されている広告が宣伝する財やサービスの種類も多岐に渡ります。昨年の種類別の広告数の割合を見てみましょう。

　掲載されている広告でもっとも多いのは不動産の広告です。②最近の不動産広告は高所得者層を対象としています。不動産投資系のものが増えていて、この雑誌でも単なる一戸建てやマンションの宣伝はあまり掲載されていません。この雑誌で特徴的なのは、薬の広告が一定数あることです。この雑誌の読者は高齢者層に偏っているため、その影響から③薬の広告数がほかの雑誌よりも多くなり、全体の11%を占めています。旅行の広告の割合も高く、特にボランティアが日程に組み込まれた旅行プランの広告が見られます。④この雑誌では毎年1度ボランティアをテーマとする特集が組まれているので、その関係から、そうした旅行プランの広告が掲載されていると推測されます。

　このように、広告は、その購買者のニーズに合った商品の広告であれば大きな効果を持ちます。広告の送り手の意図と読者のニーズを見極めることが大事です。

No. 47　正解　4

設問の訳

話題となっている雑誌のジャンルは何ですか？
1　コンピュータの操作。　　2　金融。　　3　自然科学。　　**4　生活情報。**

解答のポイント！

この雑誌のジャンルについての質問です。①に This magazine publishes a lot of different information that is useful とありますので、選択肢の中からは4を選ぶのが適当です。

143

No. 48　正解　2

設問の訳

不動産の広告について、話者は何と言っていますか？
1　マンションの広告が多い。　　**2　高所得者を対象とする広告が多い。**　　3　低価格の一戸建ての広告が多い。　　4　土地販売の広告が多い。

解答のポイント！

不動産の広告についての質問です。②に Recent real estate advertisements target high income earners. とありますので、正解は 2 です。

No. 49　正解　2

設問の訳

グラフを見てください。X が示しているのは次のうちどれですか？
1　衣料。　　**2　薬。**　　3　ボランティアのイベント。　　4　コンピュータ。

解答のポイント！

グラフ中の X が示しているものを尋ねています。③の the amount of ads for medication is higher than in other magazines at 11% of the total から、正解は 2 と判断できます。

No. 50　正解　3

設問の訳

ボランティアを含む旅行の広告が多い理由を、話者はどう推測していますか？
1　旅行先でボランティアを行なうことが世界的に流行しているため。　　2　年齢を問わず人気のある旅行プランであるため。　　**3　雑誌の特集記事と内容的に関係があるため。**　　4　旅費が低価格で、誰でも参加しやすいため。

解答のポイント！

ボランティアを含む旅行の広告が多い理由を尋ねています。④で Once a year, this magazine publishes a special edition on volunteering, so we can assume that those advertisements for travel plans are connected to that. と言っていますので、正解は 3 になります。are connected to が 3 では are related to と言い換えられています。

Test 1

注

[パッセージ] □ marketing マーケティング　□ strategy 戦略　□ advertisement 広告　□ publish ～を出版する、発表する　□ span （ある範囲・期間に）及ぶ　□ range 範囲　□ ratio 割合　□ commonly 一般に、高い頻度で　□ real estate 不動産　□ income 所得　□ earner 稼ぐ人　□ property investment 不動産投資　□ ad　advertisement（広告）の略　□ medication 薬　□ disproportionately 偏って　□ in particular 特に　□ assume 推測する　□ determine ～を決定する　□ intention 意図

[設問] □ genre ジャンル　□ finance 金融　□ natural science 自然科学　□ be related to~ ～と関連している

WRITING

Task A

あなたは教師に以下の文を読み、Chief Happiness Officer について著者が言いたいことを要約するように言われました。要約文は1段落で構成し、70語程度で作成しなさい。

問題文の訳

　幸福は、人生の主な目的の1つだと考えられてきた。多くの人々が、幸福になりたいと思って暮らしている。幸福とは、ある人にとっては、結婚して家庭をもつことであったり、またある人にとっては、食後に飲む1杯のコーヒーであったりする。近年では、①そうした幸福を扱う役職が、会社で見られるようになった。Chief Happiness Officer, 略称 CHO は、会社の従業員の幸福度を高める仕事をする役職であり、IT 企業を中心に導入が広がっている。

　エドワード・ライトは、CHO を早くから自社に導入した人物である。②彼は、その導入によって、会社の利益が約 30% 上昇したという。幸せを感じる社員は、熱心に働くようになる。熱心な社員が増えれば、おのずと会社の利益も増えるだろう。さらに、チャールズ・ヤングは、IT 企業で働いているが、CHO からの助言によって、つらい出来事から早くに立ち直ることができたと言う。彼は、もし CHO がいなかったら、そのあいだに仕事に悪影響がもたらされただろうと述べた。③CHO の存在は、社員が落ち込んだり、精神的な病気に至ることを防ぐのに役立っている。

　当然、CHO の導入に賛成しない人々もいる。CHO は、定期的にアンケートをとったり、個々人に質問をしたりする。それは、各従業員の今の状態を知るためである。④ある人は、こうした CHO の活動が、プライバシーを侵害するものだと感じている。仕事場で、個人的な出来事を話したくない人は少なくないだろう。あるいは、幸福の基準は個々人で異なるものであり、それを会社が画一的に管理すべきではないと考える人もいる。ある人にとっての幸福が、別の人にとっても幸福であるとは限らない。人々の好みはさまざまである。⑤CHO 導入後は、自分にとっては好ましくないことを無理に押しつけられてしまう人が出るかもしれない。

　CHO という新しい役職については、賛否両論がある。各企業は、従業員の意見を聞きながら、この新たな職業の導入を考えていくべきだ。

Test 1

> **解答例**

　Recently, more companies are hiring a "Chief Happiness Officer." CHOs can benefit companies by encouraging employees to work hard and by preventing them from developing mental health problems. On the other hand, some people don't think CHOs are a good thing. They find the CHO's questions annoying. They sometimes feel that companies are trying to control their private lives and force them to do things they don't feel comfortable doing. (70 words)

> **解答のプロセス**

1. 問題文を読む

　問題文は4段落構成。各段落の役割と内容をまとめると以下のようになります。

段落	役割	内容
1	トピックの導入	① CHO という新しい役職が一部の会社で導入されている
2	トピックについての賛成意見	②社員の熱意が向上し、会社の利益が増える ③社員を精神的に安定させるのに貢献する
3	トピックについての反対意見	④プライバシーを侵害している ⑤画一的な幸福感の押しつけ
4	まとめ	中立的な内容なので、要約に盛り込む必要なし。

要約には①〜⑤の内容を解答に盛り込みます。

2. 解答を作る

　指示文には「**内容の要約**」を1段落70語程度で書くように要求されています。解答は、問題文の内容に沿って、以下のような構成で作成します。

トピックの導入［第1文、15〜20語］

　問題文の第1段落の役割は「文章全体のトピックの導入」。そのトピックとは①「近年、CHO という、幸福度を高める新たな役職が導入されている（より多くの企業が導入している）」こと。

→ Recently, more companies are hiring a "Chief Happiness Officer."

トピックについての賛成意見［第2〜3文、20〜30語］

　問題文の第2段落には CHO についての賛成意見が書かれています。その要点は

147

②「社員の熱意を高めてくれる」ことと③「社員を精神的に安定させてくれる（精神的な病気に至ることを防ぐ）」ことの2つ。要約ではこの2点をそれぞれ1文ずつ書いてもいいし、解答例のように、「CHOの導入は、この2つをすることによって会社に利点をもたらす」としてもよいでしょう。
→ CHOs can benefit companies by encouraging employees to work hard and by preventing them from developing mental health problems.

トピックについての反対意見［第4〜5文、20〜30語］

問題文の第3段落にはCHOについての反対意見が書かれています。その要点は④「プライバシーを侵害している」ことと⑤「画一的な幸福感を押しつける」ことの2つ。
→ They sometimes feel that companies are trying to control their private lives and force them to do things they don't feel comfortable doing.

解答のポイント！

「言い換え」を意識する

　要約問題では、問題文に書かれていることはなんとなく理解できても、それを英語でまとめるのがむずかしいものです。もちろん、問題文中の英語をある程度は利用して英文を作ることになりますが、「そのまま抜き出して使う」ことはできない場合がほとんどですので、**問題文の文章をある程度「言い換える」能力が必要になります。**

　たとえば、上の問題の場合では、問題文のEmployees who feel happy can work with passion. If you create more enthusiastic employees, profits will also riseという文章が、解答ではCHOs can benefit companies by encouraging employees to work hard... と言い換えて、別の情報も含む文の中にまとめられています。

　こうした「言い換え」を上手に行なうためには、英作文で役に立つ**定型フレーズを覚えることが何よりも大切**です。定型フレーズが身についていれば、それを使って問題文の内容を簡潔に言い直したり、具体的な内容を抽象的な事柄へ言い換えることができるようになります。

　そうした英作文で役に立つ定型フレーズについては、23ページの「ライティング基本フレーズ」を参照してください。

注

- □ marriage　結婚
- □ meal　食事
- □ deal with~　〜と付き合う
- □ raise　〜を高める
- □ spread　広がる
- □ introduce　〜を導入する
- □ approximately　およそ
- □ passion　情熱
- □ enthusiastic　熱意のある
- □ incident　出来事
- □ negatively　マイナス面で
- □ depressed　憂鬱な
- □ mental illness　精神疾患
- □ violation　侵害
- □ vary　異なる
- □ standardized　標準化された
- □ preference　嗜好
- □ pros and cons　メリットとデメリット

Test 1 ▶▶▶

Task B

あなたは教師に授業のために以下の情報を使ってエッセイを書くように言われました。グリーンヒル大学に関する状況を説明し、提案されている解決策の要点をまとめなさい。結論では、どの解決策がもっとも有効だと思うかを示し、理由を述べなさい。およそ 200 語で作成すること。

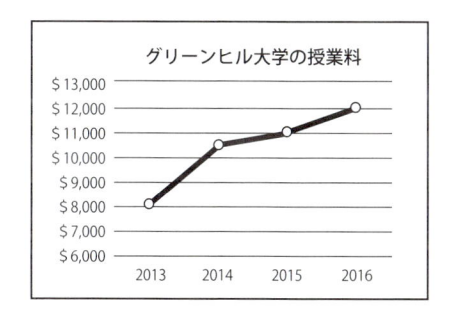

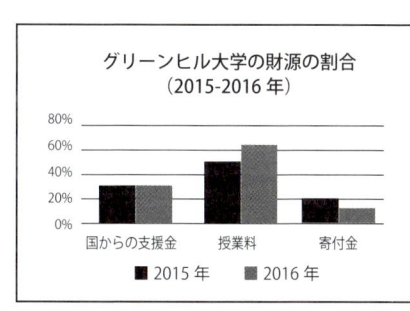

グリーンヒル大学の授業料

年	授業料
2013	$8,000
2014	$10,500
2015	$11,000
2016	$12,000

グリーンヒル大学の財源の割合（2015-2016 年）

財源	2015 年	2016 年
国からの支援金	30%	30%
授業料	50%	60%
寄付金	20%	10%

問題文の訳

グリーンヒル・タイムズ

　昨日の地元のテレビ番組では、グリーンヒル大学が現在直面している問題について、活発な議論が交わされていた。その番組にゲストとして登場した、グリーンヒル大学の学長であるエドワード・スミスは、授業料が学生にとっては非常に重要であること、そして、問題の解決に向けて大学内で討論を重ねていることを明らかにした。「学生が学習に集中できる環境を作ることが、大学の質向上に向けた何よりの近道です」と彼は述べた。

　①スミスがしきりに強調したのは、不必要な支出をできる限り抑えていくことである。大学内には、水泳ができる場所として屋外プールがあるが、これは夏しか使えない上、利用者が極めて少ない。「たとえば市営のスポーツジムと提携をすれば、こうした施設を維持する必要がなくなります」と Smith は説明する。こうした、大学の財源を圧迫している部分を 1 つずつ整理していくことが、問題の解決に大事だと彼は言う。

　スミスはまた、現在の状況では、優秀な学生たちを広く集めにくくなっているという。②そのために彼は、大学の奨学金の充実の実現に着手すべきだと語る。現在の奨学金制度では、ほんの一握りの学生たちにしか奨学金の利用が許されていない。これでは、入学する学生の多くに、金銭的な負担を強いることになり、学習に集中することはできないだろう。彼は、学生の負担が少ない形の奨学金を数多く設けて、多くの学生が恩恵を得られる形にしていくことを望んでいる。

　テレビ番組では、大学学長のこうした主張について、さまざまな立場からの意見が寄せられていた。

149

問題文の訳

編集者への手紙

　初めまして。私はアン・ロズウェルといい、学生たちの進学を支援するNPO団体を運営しております。このたびのグリーンヒル大学の問題について、いくつか意見を述べたいと考えております。私がとくに注目しているのは、グリーンヒル大学には数多くの優秀な卒業生がいるということです。実業家やスポーツ選手など、社会で成功を収めている人はたくさんいますね。ただ、③彼らから寄付を集めるための活動が、まだ充分になされていないと思います。ですので、彼らから寄付金を集めるために、もっと多くの活動をしていくべきです。彼らもきっと、母校には強い愛着があると思いますので、喜んで寄付をしてくれるでしょう。

　もちろん、それだけでは十分な対策とはいえないでしょう。それと同時に、④私は奨学金制度の種類を広げる必要があると考えています。現在の状況では、優秀な学生なのに、経済的な理由から入学できないという場合が少なくないと思います。私のNPOにも、そのように経済的な理由で選択肢が限定されてしまった学生がたくさんいました。大学が入学テストの点数や在学中の成績に応じて多彩な奨学金を設定すれば、さらに優秀な学生たちも入学してくれるでしょう。

　グリーンヒル大学の発展のために、私はできうる限りの貢献をしたいと考えています。

　アン・ロズウェル

解答例

　Greenhill University's tuition fee is increasing. In 2013, the fee was 8,000 dollars, but in 2016 it rose to about 12,000 dollars. The proportion of the university's financial resources that came from fees increased by 10% of the total, and the proportion from donations decreased by 10%.

　Edward Smith, the head of Greenhill University, proposed two solutions. First, he thinks that the university should reduce ineffective expenditures, such as the cost of maintaining an indoor pool. Secondly, he suggested that Greenhill University start offering substantial scholarships to lessen the burden on students and attract excellent students.

　Meanwhile, Ann Rothwell, who runs an NPO that supports students attending college, wrote that collecting donations from many graduates is important to solve the current problem. She also suggested that the university need to expand the scholarship system that helps exceptional students who need financial aid.

　In my opinion, it is best to expand Greenhill University's scholarship system. There are many students who have good grades but cannot go to university because of financial issues. I think it is necessary for the university to give these students a chance. (185 words)

Test 1

解答のプロセス

1. 問題文を読む

問題文は 2 つのグラフと 2 つの文章からなります。各段落の役割と内容をまとめると以下のようになります。

グラフ

位置	役割	内容
左	トピックの導入	グリーンヒル大学の授業料が年々増加している
右	トピックについての補足情報	大学の財源としては、授業料の割合が増えている一方で、寄付金の割合は減っている

文章

位置	役割	内容
左	解決策（大学関係者からの）	①不必要な出費をできる限り抑える ②奨学金の充実を図る
右	解決策（外部からの）	③卒業生から寄付金を集める活動をする ④奨学金制度を拡大する

2. 解答を作る

指示文では「状況の説明」「解決策の要点」「自分の意見」の 3 点を 200 字程度で書くように要求されています。段落についての指定はないので、内容の切れ目で改行して複数の段落で書くとよいでしょう。解答は以下のような構成で作成します。

・状況の説明（グラフの描写）［第 1 段落、40 〜 50 語］

　左のグラフからわかるのは「グリーンヒル大学の授業料が増加している」こと。「授業料は 2013 年は 8000 ドルだったが、2016 年は 12000 ドルになった」というように、具体的な数字を挙げて説明します。
→ The Greenhill University's tuition fee is increasing. In 2013, the fee was 8,000 dollars, but in 2016, it rose to about 12,000 dollars.

　右のグラフからわかるのは「大学の財源としては、授業料の割合が増加している一方で、寄付金の割合は減っている」こと。支援金の割合は変わっていないので、言及する必要はないでしょう。
→ The proportion of the university's financial resources that came from fees increased by 10% of the total, and the proportion from donations decreased by 10%.

151

- **解決策の要点（英文の要約）[第2段落・第3段落、80〜100語]**

　2つの英文で提案されている解決策をまとめます。2人の人物がそれぞれ2つの解決策を提案しているので、解答には2×2＝4つの解決策をもれなく盛り込む必要があります。英文を要約するという点ではTask Aと同様なので、Task Aの解き方をそのまま適用できます。

　ニュース記事では、エドワード・スミス（大学の学長）の意見が述べられていますが、彼の主張は①「不必要な出費をできる限り抑える」ことと②「奨学金の充実を図る」ことの2つです。

→ Edward Smith, the head of Greenhill University, proposed two solutions. First, he thinks that the university should reduce ineffective expenditures, such as the cost of maintaining an indoor pool. Secondly, he suggested that Greenhill University start offering substantial scholarships to lessen the burden on students and attract excellent students.

　手紙では、アン・ロズウェル（NPO団体の代表者）の意見が述べられていますが、彼女の主張は③「卒業生から寄付金を集める活動をする」ことと④「奨学金制度を拡大する」ことの2つです。

→ Meanwhile, Ann Rothwell, who runs an NPO that supports students attending college, wrote that collecting donations from many graduates is important to solve the current problem. She also suggested that the university need to expand the scholarship system that helps exceptional students who need financial aid.

- **自分の意見[第4段落、40〜50語]**

　①〜④のどの解決策に賛成するのかを選び、その理由を述べます。どれを選ぶかは自由ですが、根拠を添えることが必要です。

→ In my opinion, it is best to expand Greenhill University's scholarship system. There are many students who have good grades but cannot go to the university because of financial issues. I think it is necessary for the university to give these students a chance.

> **解答のポイント！**
>
> **グラフを英語で描写する**
>
> 　Task Bでは、グラフからトピックを読み取り、それを英語で説明する必要があります。基本的に、グラフのタイトルにトピックが現れていることが多いので、グラフを見る際にはまずタイトルに着目し、問題全体で扱われているトピックを素早く把握しましょう。
>
> 　グラフの描写については、「増える」「減る」「割合」といった意味の頻出表現を知っていることが大前提です（グラフについての頻出表現は23ページを参照）。その上で、**グラフの要点を把握し、それを具体的な数字で説明することが重要です**。

Test 1

　たとえば上の問題の場合、グラフからまず読み取るべきなのは「授業料が上昇している」ことなので、それをまず解答で表現します。そのあとに、グラフから読み取れる具体的な数値を説明します。このように、英語の文章を書く上では「抽象→具体」という流れを心がけるとよいでしょう。

注

［グリーンヒル・タイムズ］ □ debate　討論する　　□ currently　現在に　　□ internally　内部で　　□ emphasize　強調する　　□ reduce　〜を減らす　　□ expenditure　出費　　□ exceptional　非常に優れた　　□ substantial　相当な量の　　□ bear　〜を負う　　□ burden　重荷　　□ assertion　主張
［編集者への手紙］ □ editor　編集者　　□ donation　寄付　　□ affection　好意　　□ insufficient　不十分な　　□ measure　手段　　□ restrict　〜を制限する　　□ variety of~　さまざまな〜　　□ contribute　貢献する
［解答例］ □ tuition fee　授業料　　□ proportion　割合　　□ lessen　〜を減らす　　□ financial aid　金銭的支援　　□ grades　成績

SPEAKING Part 1

TEST 1 SPEAKING REVIEW ▶ 001　　American male / American female

対話例

Examiner:	First, I'd like to know a little bit about you. <u>Do you often read books?</u>
You:	Yes, I do. I like reading books, so I read a book before going to bed every day.
Examiner:	I see. <u>Have you ever been abroad?</u>
You:	Yes, I have. I went to Australia with my family last summer.
Examiner:	I see. <u>What is your favorite subject?</u>
You:	My favorite subject is English.
Examiner:	Why do you like English?
You:	I like to communicate with my classmates in English, so I enjoy studying English.
Examiner:	Thank you.

解答のポイント！

　最初の質問は「あなたは本をよく読みますか」という Yes/No 疑問文です。まずは Yes/No で答えましょう。そこで答えを終わらせるのではなく、具体例も挙げると効果的です。解答例では I like reading books, so I read a book before going to bed every day.（本を読むのが好きです。だから毎日寝る前に本を読みます）と答えて、実際にどれくらいの頻度で読んでいるか話しています。2つ目の質問は「今までに海外に行ったことがありますか」という Yes/No 疑問文です。まずは Yes/No で応答しますが、この質問文は現在完了ですので、Yes, I have. もしくは No, I haven't. と答えましょう。ここでもそれで終わらせるのではなく、Yes の場合は行った場所に関して詳しい情報も付け加えましょう。解答例では I went to Australia with my family last summer.（家族と昨年夏にオーストラリアに行きました）と具体的に答えています。最後の質問は「好きな教科は何ですか」で、My favorite subject is English.（好きな教科は英語です）と答えています。さらに試験官（面接官）に英語が好きな理由を聞かれていますが、I like to communicate with my classmates in English, so I enjoy studying English. と具体的に答えています。

注

☐ **favorite**　大好きな、お気に入りの

SPEAKING Part 2

Test 1 ▶▶▶

📋 トピックカードの訳

「こんにちは、いくつか質問をしてもよろしいですか？」という文で始めてください。
以下について質問してください。
・医師になった理由
・毎日診察する患者の数
・医師としていちばんうれしい時
・医師としていちばん大変なこと
・（時間があれば、ほかに質問をしてかまいません。）

TEST 1 SPEAKING REVIEW ▶ 002 | American male / British female

Examiner:	You should ask me questions about the topics on this card. You have thirty seconds to read the card and think about what to say. Here is the card. （ここで30秒の準備時間があります）
Examiner:	OK. Please begin the interview.

📖 対話例

You:	Hello, may I ask you some questions?
Examiner:	Yes, please.
You:	Please tell me why you became a doctor.
Examiner:	My brother was sick for a long time, so I wanted to help sick children.
You:	That's great. How many patients do you usually see a day?
Examiner:	It depends on the day. However, on average, I see 20 patients a day.
You:	I see. Would you tell me when you feel happiest as a doctor?
Examiner:	I feel very happy when a child who was sick for a long time recovers.
You:	What is the most challenging thing as a doctor?
Examiner:	Sometimes I have to work from morning to midnight to help my patients, which makes me tired and stressed. That is the most challenging thing.
You:	I see. Can I ask you one more question?

Examiner:	Sure, go ahead.
You:	Thank you. I think many people want to be healthy. Would you give us advice about how to be healthy?
Examiner:	You need to sleep well, do some exercise, and eat a lot of vegetables and fruits.
You:	<u>Thank you very much for the advice.</u>

解答のポイント！

　医師にインタビューをするという設定です。トピックカードにある項目を、たとえば以下のように質問に変えてみましょう。
- The reason why you became a doctor ➡ Please tell me why you became a doctor.
- The number of patients you see each day ➡ How many patients do you usually see a day?
- The happiest moment as a doctor ➡ Would you tell me when you feel happiest as a doctor?
- The most challenging thing as a doctor ➡ What is the most challenging thing as a doctor?

質問をする相手は社会人という設定ですので、できるだけ丁寧に質問しましょう。次から次へと機械的に質問をするのではなく、相手が答えたあとに、That's great. やI see. などの相づちを打つといいでしょう。時間的に余裕があったら、Can I ask you one more question? と尋ねてから、Would you give us advice about how to be healthy? などの質問をしてみましょう。質問を終えたら、お礼を言いましょう。

注

☐ patient　患者　　☐ on average　平均して　　☐ recover　回復する　　☐ challenging　むずかしい、大変な

SPEAKING Part 3

Test 1

トピックカードの訳

「すべての大学生はアルバイトをすべきである」。あなたはこの意見に賛成ですか？　なぜですか？

Examiner: Now I'd like you to talk for about one minute about the topic on this card. You have thirty seconds to read the card and think about what to say. Here is the card. Please begin preparing now.
（ここで30秒の準備時間があります）

Examiner: OK. Please begin the speaking.

TEST 1 SPEAKING REVIEW ▶ 003　　British male

解答例1

(1) I agree with the statement. I think every university student should work part-time. (2) This is because there are some positive things about working part-time while they are university students. (3) Firstly, students can earn money and pay tuition fees on their own. This will enable university students to be independent of their parents. (4) In addition to that, through working part-time, they can gain hands-on experience. This experience will be helpful when they start working after graduating from university. (5) These are the reasons why I think university students should work part-time.

TEST 1 SPEAKING REVIEW ▶ 004　　British female

解答例2

(1) I disagree with the statement. I don't think university students should work part-time. (2) I have two reasons for this. (3) First, if they work part-time, they can have less time for studying. For university students, studying should be the first priority. (4) Second, if they spend a lot of time working part-time, they can't have enough time to do other things. I think they should spend more time traveling, reading books, and making a lot of friends during their time at university. (5) Therefore, I don't think university students should work part-time and think they should spend their time doing what they can do while they are university students.

157

> **解答のポイント！**
>
> 　「解答例1」は、まず(1)で賛成の考えを示しています。そのあと(2)で大学生の時にアルバイトをするのにはいくつかよい点があるとしています。さらに(3)と(4)でそれを支持する理由を1つずつ挙げています。ここでは(3)Firstly, (4)In addition to that で始めている点に注目しましょう。そして理由を述べたあとは、This will enable university students to ... , This experience will be helpful ... と自分の意見をまとめています。
> 　一方、「解答例2」は(1)で反対の考えを示しています。そのあと(2)で反対する理由が2つあると述べています。(3)で1つ目の理由を挙げて、さらに自分の意見を述べています。(4)では2つ目の理由を挙げて、(3)と同様にさらに自分の意見を述べて補強しています。「解答例1」と同じ構成です。最後に(5)では Therefore で始めて自分の意見をまとめています。

注

［解答例1］□ statement　意見、主張　　□ positive　好ましい　　□ tuition fee　学費
□ independent　独立した　　□ hands-on　実践の
［解答例2］□ priority　優先度

SPEAKING Part 4

Test 1

TEST 1 SPEAKING REVIEW ▶ 005 | American male / American female

対話例

Examiner: Now, I'd like to ask you some questions about different topics. First, let's talk about the environment. Should everyone bring a water bottle to school for environmental reasons?

You: (1) Yes, I think we should. (2) By bringing our own bottles of water, we can save water. (3) In addition, if we stop buying bottles of water or tea at vending machines, we can reduce the amount of garbage. (4) That's why I think we should bring our own bottles of water to school.

Examiner: Speaking of the environment, should we stop using air conditioners at school?

You: (1) I don't think we should stop using the air conditioner.
(2) It is very important to have a school environment where students can learn effectively and comfortably.
(3) If it is too hot or too cold in the classroom, students can't concentrate on studying. (4) So I think we should not stop using the air conditioner at school.

Examiner: I see. Speaking of studying, do you think there are any advantages to studying abroad?

You: (1) Yes, there are many advantages. (2) First, if students are exposed to English all the time, they can improve their English. (3) Second, by living in a different country, we can experience and learn the culture of the country. (4) That's why I think there are advantages to studying abroad.

Examiner: I see. Let's change topics. Should children learn how to use a computer from elementary school age?

You: (1) Yes, I think so. (2) Acquiring computer skills from an early age is very important because computer skills are necessary for academic purposes. For example, by looking up information

159

related to various subjects, they can enhance their learning. (3) In addition, computer skills will be essential when they work in the future. So if they can start learnng how to use a computer when they are young, they can acquire a lot of computer related skills. (4) For academic purposes and future work, I think children should start learning how to use a computer from an early age.

解答のポイント！

　まず、Yes/No 疑問文であれば質問に対する答えを明確に述べます。各 (1) のように、質問をちゃんと理解していることが試験官にわかるように答えましょう。つづいてその理由を (2) ～ (4) で述べます。TEAP のスピーキング・テストは話している最中に、時間制限によって止められることはありません（ただし、TEAP CBT は時間制限がありますので、注意しましょう）。よって各質問に対してまず自分の意見を、そのあと少なくとも 2 つの理由を述べましょう。ここでも理由を挙げる際に First ..., Second ... などを使うと効果的です。そして最後に That's why ... や So ... などを使って結論を述べるようにしましょう。

　最初の質問は「誰もが環境のために学校へ水筒を持っていくべきか」です。解答例は Yes と肯定で答えています。そのあと「水筒を持ってくることで、水を節約できるからです」と理由の 1 つを述べて、次に In addition で始めて、「もし自動販売機でボトルの水やお茶を買うことを止めるなら、ごみの量を減らせるからです」ともう 1 つ理由を挙げています。最後に That's why 以下で結論を述べています。なお、No で答える反対の理由としては、We can drink tap water at school.（学校で水道水を飲むことができます）などが考えられます。

　2 番目の質問は「学校でエアコンを使うのを止めるべきか」です。それに対して I don't think we should stop using the air conditioner. と賛成しないことをまず伝えています。そのあと「学生が効率よく、快適に学べる環境を作ることはとても重要です」と理由を述べ、さらに「教室が暑すぎたり、寒すぎたりするなら、学生は勉強に集中できません」と付け加えています。最後に So 以下で意見をまとめています。これに対して Yes で答えるとすれば、If all schools use air conditioners, It will cost a lot of money.（すべての学校がエアコンを使うとお金がかかります）などの理由を挙げることができるでしょう。

　3 番目の質問は「海外で勉強することに利点があると思うか」です。まずは Yes, there are many advantages. と自分の意見を伝えています。次に 1 つ目の理由を First で始めて、「学生がずっと英語にさらされていれば、英語を上達させることができるからです」と述べています。そのあと Second で始めて、「異なった国に住むことによって、その国の文化を体感して、学ぶことができるからです」と 2 つ目の理由を伝えています。最後に、That's why 以下で結論を述べています。No で答え

Test 1

る反対の理由としては We can learn many things on the Internet without studying abroad.（海外留学しなくても、インターネットで多くのことを学ぶことができます）などが考えられます。

　4番目の質問は「子供が小学校からコンピュータの使い方を学ぶべきか」です。まずは Yes, I think so. と賛成の意思を示し、つづいて学問的な目的のために、また将来、仕事でコンピュータのスキルは必須であると2つの理由を述べています。最後に For 以下で結論をまとめています。No で答える反対の理由としては It's not late for children to start learning how to use a computer in junior high school.（中学でコンピュータの使い方を学び始めても遅くはありません）などが考えられるでしょう。

注

- vending machine　自動販売機
- exposed　さらされた
- acquire　～を取得する
- look up　～を調べる
- related　関係のある

TEST 2
リーディング・テスト
リスニング・テスト
正解一覧

Reading		Reading		Listening		Listening	
(1)	1	(31)	4	No. 1	1	No. 31	2
(2)	3	(32)	2	No. 2	4	No. 32	1
(3)	2	(33)	1	No. 3	1	No. 33	4
(4)	3	(34)	3	No. 4	1	No. 34	4
(5)	1	(35)	4	No. 5	3	No. 35	4
(6)	4	(36)	3	No. 6	4	No. 36	3
(7)	2	(37)	3	No. 7	2	No. 37	3
(8)	3	(38)	1	No. 8	2	No. 38	3
(9)	2	(39)	3	No. 9	3	No. 39	2
(10)	4	(40)	4	No. 10	3	No. 40	1
(11)	2	(41)	1	No. 11	1	No. 41	4
(12)	1	(42)	3	No. 12	2	No. 42	2
(13)	3	(43)	2	No. 13	3	No. 43	4
(14)	2	(44)	4	No. 14	4	No. 44	3
(15)	3	(45)	4	No. 15	1	No. 45	3
(16)	2	(46)	2	No. 16	2	No. 46	1
(17)	3	(47)	3	No. 17	3	No. 47	3
(18)	2	(48)	2	No. 18	4	No. 48	2
(19)	2	(49)	3	No. 19	2	No. 49	2
(20)	1	(50)	2	No. 20	1	No. 50	4
(21)	4	(51)	3	No. 21	3		
(22)	4	(52)	2	No. 22	1		
(23)	3	(53)	4	No. 23	4		
(24)	2	(54)	4	No. 24	2		
(25)	2	(55)	3	No. 25	2		
(26)	1	(56)	2	No. 26	4		
(27)	4	(57)	3	No. 27	1		
(28)	3	(58)	4	No. 28	2		
(29)	3	(59)	4	No. 29	2		
(30)	2	(60)	1	No. 30	3		

TEST 2

解答・解説・訳

Reading 164
Listening 212

模範解答・解説・訳

Writing 265
Speaking 273

READING Part 1

(1) 正解 1

設問の訳と解説

奨学金受給者は、少なくとも B の評定平均と 80 パーセントの出席率を維持することが求められている。

1 受給者　2 運搬人　3 大学教師　4 参加者

解答のポイント！

適切な名詞を選択する問題です。空所の前が scholarship（奨学金）ですので、recipients（受給者）が正解となります。

注

☐ scholarship　奨学金　　☐ maintain　〜を維持する　　☐ attendance　出席

(2) 正解 3

設問の訳と解説

バーンズ教授は、講義中の居眠りや食事は容認しないと学生たちに警告した。

1 〜を忘れる　2 〜を思い出す　**3 〜を容認する**　4 〜を選ぶ

解答のポイント！

適切な動詞を選択する問題です。空所のあとの sleeping or eating during his lectures がヒントになります。教授が学生に警告した (warned) ことですから、空所には tolerate（〜を容認する）が入り、「講義中の居眠りや食事を容認しない」となります。

注

☐ warn　警告する

Test 2

(3) 正解 2

📖 設問の訳と解説

専攻を変更したい学生は、事務局で入手可能な申込書に記入しなければならない。
1　～を終える　　**2　～にすべて記入する**　　3　～を受け取る　　4　～を借りる

💡 解答のポイント！

助動詞 must につづく適切な動詞を選択する問題です。「専攻を変更したい学生」がしなければならないことですから、「申込書に記入する」だとわかります。正解は complete（～に記入する）です。

✏️ 注

☐ administration office　事務局

---

(4) 正解 3

📖 設問の訳と解説

喫煙行為のほか、ろうそくやお香などの引火性のものの使用は、学生寮では完全に禁止されている。
1　許される　　2　迫害される　　**3　禁止される**　　4　好まれる

💡 解答のポイント！

are につづく適切な動詞の過去分詞形を選択する問題です。主語は Smoking, and the use of other flammable items such as candles or incense（喫煙行為のほか、ろうそくやお香などの引火性のものの使用）ですので、prohibited（禁止される）を選ぶのが適当と判断できます。

✏️ 注

☐ flammable　可燃性の　　☐ item　物　　☐ incense　お香　　☐ absolutely　完全に

---

(5) 正解 1

📖 設問の訳と解説

この資料はすべて期末試験の範囲に入るので、教科書で関連している部分は必ず

べて読んでおいてください。
1　含まれる　　2　開けられる　　3　関連される　　4　答えられる

解答のポイント！

will be につづく適切な動詞の過去分詞形を選択する問題です。「この資料（の内容）は期末試験に（　）」という内容です。文の後半で「教科書の関連する箇所を読んでおくように」と言っていますので、covered（〜に含まれる）が正解です。

注

☐ the end-of-semester exam　期末試験　　☐ make sure to 〜　必ず〜する　　☐ relevant　関連のある

---

(6)　正解　4

設問の訳と解説

イースタン大学が盗用に対して新たに示した方針によると、出典を明示せずに資料をコピーしたことが判明した学生は、自動的にその授業の評価がゼロとなる。
1　〜を洗練する　　2　〜を回復する　　3　〜を再びはじめる　　4　〜を参考文献として示す

解答のポイント！

前置詞 without につづく適切な動名詞を選択する問題です。「情報源を（　）しないで資料をコピーしたことが判明した学生」という内容から、referencing（〜を参考文献として示す）が正解となります。アメリカの大学では論文などを書く際に情報源を明らかにせずに無断転用する plagiarism（剽窃行為）に対して、非常に厳しい罰則が設けられています。

注

☐ plagiarism　盗用、剽窃行為　　☐ material　素材、資料　　☐ automatic　自動的な

---

(7)　正解　2

設問の訳と解説

新たな学内リサイクル計画において、学生と職員はごみを捨てる前に紙、プラスチッ

ク、アルミニウム、ガラスを分別することが求められる。
1　情報　　**2　計画**　　3　イデオロギー　　4　動機

解答のポイント！

The new campus-wide recycling につづく適切な名詞を選択する問題です。that 節で具体的な取り組みが紹介されていますので、initiative（計画）が正解です。initiative は「主導権、イニシアチブ」のほかに「計画、構想」といった意味でも用いられ、sales initiative（販売戦略）などといった言い方をよくします。

注

□ separate　〜を分ける　　□ aluminum　アルミニウム　　□ disposal　廃棄

---

(8)　正解　3

設問の訳と解説

サウスエンドは学生街として知られているので、25 歳未満の住民の割合がほかの年齢層よりもはるかに大きい。
1　所有者　　2　親戚　　**3　住民**　　4　応募者

解答のポイント！

適切な名詞を選択する問題です。学生の街として知られるサウスエンドの「25 歳未満の（　）の割合」という内容から、residents（住民）が正解です。

注

□ be known as 〜　〜として知られている

---

(9)　正解　2

設問の訳と解説

大学生活に慣れるあいだ、1 年生はキャンパス内の寮で暮らすことが勧められている。
1　屋内に　　**2　寮**　　3　箱　　4　裏返しに

解答のポイント！

live in on-campus につづく適切な名詞を選択する問題です。「キャンパス内の（　）

167

で暮らす」という内容から、dorms（寮）が正解となります。dorm は dormitory（寮）の短縮形です。なお、この It's recommended that ... の構文にも注意しましょう。「提案、主張、勧告、命令」などを表わす動詞につづく that 節では、この構文のように should が省略されて原形動詞が使われることがよくあります。例：I suggest that he stay here for a while.（彼はしばらくここにとどまってはどうかと思う）例：It is desired that she come immediately.（彼女がすぐに来ることが望まれます）

注

□ on-campus　大学内の

---

(10)　正解　4

設問の訳と解説

教授は授業の初日に学生たちに対して、本気で工学を学ぶ気のない者はすぐに履修をやめたほうがいいと言った。
1　〜を回転させる　　2　〜を折る　　3　〜を動かす　　**4　〜をやめる**

解答のポイント！

助動詞 should につづく適切な動詞を選択する問題です。主語は「工学に真剣でない人」で、空所の目的語が the class（授業）ですので、drop（〜をやめる）が正解です。

注

□ engineering　工学　　□ immediately　すぐに

---

(11)　正解　2

設問の訳と解説

その人類学教授は自らのエジプトでの実地調査について非常に面白い話をするので、彼女の授業はとても人気が高い。
1　退屈な　　**2　魅力的な**　　3　面倒な　　4　疲れさせる

解答のポイント！

適切な形容詞を選択する問題です。「彼女の授業をとても人気のあるものにした」とありますので、fascinating（魅力的な）が正解です。

Test 2

注

- anthropology 人類学
- fieldwork 実地調査

(12) 正解 1

設問の訳と解説

生物学専攻の1年生は、2年目のコースを履修するためには優秀な成績と出席率を維持することが求められる。

1 **求められる**　　2 尊敬される　　3 繰り返される　　4 実現される

解答のポイント！

are につづく適切な動詞の過去分詞形を選択する問題です。学生に対して「一貫してよい成績と高い出席率が（　）」という内容から、required（求められる）を選ぶべきです。

注

- consistently 一貫して
- grade 成績
- attendance rate 出席率
- biology 生物学
- major 主専攻学生

(13) 正解 3

設問の訳と解説

ウエストエンド大学のデータによると、中退する学生の数は減ったものの、入学生の全体数も減少している。

1 増加した　　2 広がった　　3 **減少した**　　4 弱まった

解答のポイント！

現在完了形になるように has につづく適切な動詞の過去分詞形を選択する問題です。文の後半で「入学する全学生の数」も「同様に減少している」(has also dropped) と言っていますので、declined（減少した）が正解となります。

注

- drop out 退学する
- overall 全体の
- enroll in~ ～に入学する

169

(14) 正解　2

設問の訳と解説

パソコンの故障は課題提出の遅れに対して正当な理由とは見なされないので、学生はファイルのバックアップに気を配る必要がある。
1　論点　　**2　言い訳**　　3　問題　　4　解決

解答のポイント！

適切な名詞を選択する問題です。「課題を遅れて提出する正当な（　）とは見なされない」という内容から、excuse（言い訳）が正解です。

注

□ consider A B　AをBと見なす

---

(15) 正解　3

設問の訳と解説

小論文やレポートを書く際には、いかなる時も情報の出典を正確に明記することが非常に重要である。
1　現実的な　　2　敏感な　　**3　非常に重要な**　　4　不安な

解答のポイント！

適切な形容詞を選択する問題です。主語 it の内容は空所のあとの to always correctly cite information sources（いかなる時も情報の出典を正確に明記すること）ですから、crucial（非常に重要な）を選ぶのが適当です。

注

□ correctly　正しく　　□ cite　〜に言及する

---

(16) 正解　2

設問の訳と解説

本大学には非常に幸運なことに多額の寄付が集まったので、優秀な学生のための新

たな奨学基金を設けることができた。
1　送り状、請求書　　**2　寄付**　　3　職員　　4　給料

解答のポイント！

適切な名詞を選択する問題です。which 以下は空所部分を含む a large（ ）を修飾し、「援助に値する学生のための奨学基金を設立することを可能にする多額の（ ）」という内容になりますので、donation（寄付）を選ぶのが適当です。

注

☐ fortunate　幸運な　　☐ scholarship fund　奨学基金　　☐ deserving　援助に値する

---

(17)　正解　3

設問の訳と解説

試験を受ける学生は、試験が始まる前に学生証を提示して入室した上で名簿から自分の名前を消すこと。
1　出て行く　　2　照合済みの印をつける　　**3　（搭乗・宿泊などの）手続きをする**
4　辞退する

解答のポイント！

Part 1 はこの (17) から句動詞を選ぶ問題になります。「学生証を持って（ ）することが求められる」という文脈と思われますので、check in（手続きをする）が適切と判断できます。

注

☐ be required to ～　～することが要求される　　☐ ID　身分証明書　　☐ mark off　線を引いて消す
☐ commence　開始する

---

(18)　正解　2

設問の訳と解説

3年生は得られる機会を最大限に生かし、今学期のインターンシップを引き受けて信用を得ることが推奨される。
1　～を延期する　　**2　（仕事などを）引き受ける**　　3　（衣服を）身につける

4　（衣服を）脱ぐ

> **解答のポイント！**
>
> to gain credit by (　) an internship で、「インターンシップを（　）することによって信用を得る」となりますので、taking on（～を引き受ける）が適切と思われます。(9)の問題で触れたとおり、「提案、主張、勧告、命令」などを表わす動詞につづく that 節では、この文のように should が省略されて原形動詞が使われることがよくあります。

注

☐ recommend　勧める　　☐ make the most of~　～を最大限に活用する　　☐ credit　信用

(19)　正解　2

設問の訳と解説

地元の大学生らが、地域に住むホームレスの人びととの支援に貢献するための慈善イベントを企画した。
1　現われた　　**2　～を企画した**　　3　～を除外した　　4　手を差し伸べた

> **解答のポイント！**
>
> A group of students at the local college が主語で、彼らが「慈善イベントを（　）」ということですので、正解は set up（～を企画した）です。

注

☐ contribute　貢献する　　☐ care　世話、保護

(20)　正解　1

設問の訳と解説

多くの学生が卒業後も連絡を取り合うことを約束するが、この心理学調査の目的は、どれくらいの人がその約束を果たしつづけているかを明らかにすることである。
1　最後まで遂行する　　2　（意味などを）わからせる　　3　～に似ている
4　進みつづける

Test 2

解答のポイント！

follow through で、「努力してやり通す、完全に［最後まで］遂行する」の意味になります。I tried to follow through on my plans.（計画を徹底的に実行しようとした）のように使います。

注

□ keep in touch　連絡を取りつづける　　□ psychological　心理学の　　□ aim　めざす

READING Part 2A

(21)　正解　4

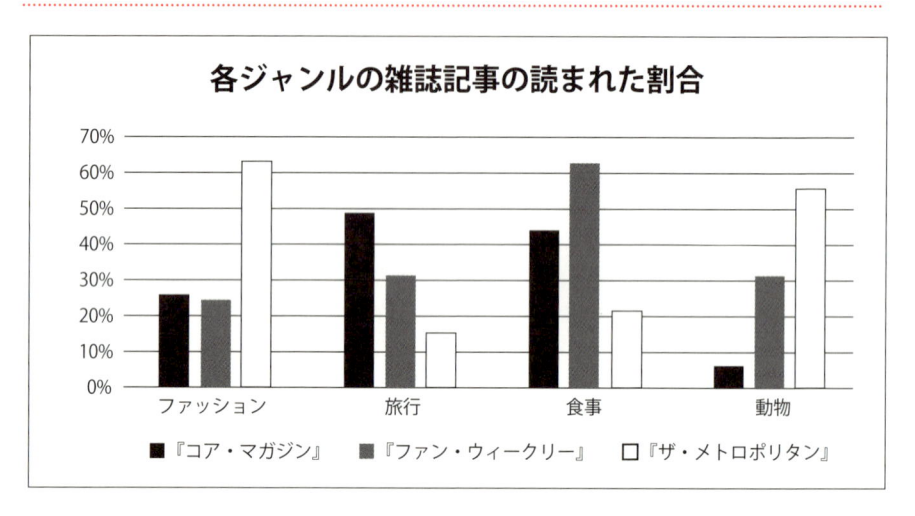

各ジャンルの雑誌記事の読まれた割合

（グラフ：ファッション、旅行、食事、動物の各ジャンルについて『コア・マガジン』『ファン・ウィークリー』『ザ・メトロポリタン』の読まれた割合を示す棒グラフ）

📖 **設問の訳と解説**

3つの異なる雑誌の記事について、各ジャンルで読まれた割合を調べています。上のグラフに基づくと、雑誌『ファン・ウィークリー』で、読者の興味をひくような特集記事を書くとしたら、もっともふさわしいと思われる見出しは次のどれですか？

1　初めてペットを飼う人のために：メリットとデメリット
　➡ペットに関しては、『ファン・ウィークリー』では食事に次いで2番目となっています。
2　海外旅行をする上で知っておくべき5つのポイント
　➡旅行に関しても、読まれた割合は食事と同率で2番目となっています。
3　毎日の生活を楽しくする、着心地のよい服選び
　➡ファッションに関しては読まれた割合がいちばん低くなっています。
4　**手軽に美味しく：30分で作れる絶品料理**
　➡食事に関しては読まれた割合が60%を超えていちばん読まれているのがわかりますので、正解です。

💡 **解答のポイント！**

質問文に「雑誌『ファン・ウィークリー』で、読者の興味をひくような特集を組むとしたら」とあるので、棒グラフで『ファン・ウィークリー』でいちばん読まれた割合

Test 2

が多いものを見つけ、それを頭に入れて、選択肢を1つひとつ吟味しましょう。

注

[図] □ genre　ジャンル
[設問] □ marketing　マーケティング　　□ investigation　調査　　□ a feature article　特集記事
□ cuisine　料理

---

(22)　正解　4

住宅価格と持ち家率

（グラフ：1995年〜2015年の住宅価格（平均）と持ち家率）
■ 住宅価格（平均）　― 持ち家率

設問の訳と解説

ノースパーク・シティの住宅価格と持ち家率の変遷について調べています。次の文で、上のグラフにもっとも一致するのはどれですか？

1　住宅価格が上昇するのに合わせて、持ち家率はゆるやかに減少している。
　➡ 住宅価格が上昇しても持ち家率が大きく下がってはいません。
2　住宅価格の高騰は 2007 年にピークを迎え、それ以降は現在まで減少している。
　➡ 住宅価格がピークになっているのは 2008 年です。
3　持ち家率は、住宅価格が 10 万ドル以下の年代では、上昇する傾向にあった。
　➡ 10 万ドル以下で持ち家率が上昇しているわけではありません。
4　**持ち家率は、住宅価格の増減にそれほど影響されず、60~80％の間で安定している。**
　➡ 持ち家率は 60％ から 80％ の間で安定していて、価格には影響を受けていないことがグラフからわかりますので、正解です。

175

> **解答のポイント！**
>
> グラフの「住宅価格」と「持ち家率」の両方の情報を確認しながら、選択肢を１つひとつ吟味しなければなりません。

注

［図］home ownership　持ち家
［設問］□ decline　減少する　　□ gradually　次第に　　□ jump　（価格などの）急騰　　□ stable　安定した　　□ affect　〜に影響を及ぼす

---

(23)　正解　3

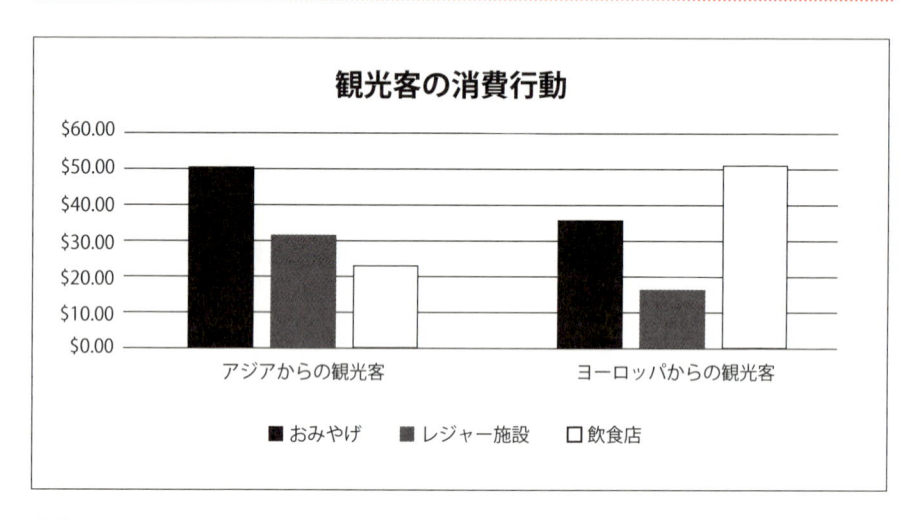

観光客の消費行動

（グラフ：アジアからの観光客 — おみやげ 約$50、レジャー施設 約$31、飲食店 約$23／ヨーロッパからの観光客 — おみやげ 約$35、レジャー施設 約$16、飲食店 約$50）

設問の訳と解説

ビジネスマーケティングの授業のケーススタディとして、観光客の消費行動を調査しています。上のグラフについて、次の文のうち、もっとも適当なものはどれですか？

1　アジアからの観光客は、１度の観光で、複数の飲食店を利用することが多い。
　➡グラフからは利用した飲食店の数がわかりませんので、間違いです。
2　レジャー施設にお金を使うのは、アジアからの観光客よりもヨーロッパからの観光客である。
　➡レジャー施設にお金をより使うのはアジアからの観光客です。
3　**アジアからの観光客は、おみやげを買うのに、飲食店の２倍以上のお金を使っている。**
　➡アジアからの観光客はおみやげに約 50 ドル、飲食店に約 23 ドルなので、正解です。

4 ヨーロッパからの観光客は、レジャー施設には、飲食店の5分の1以下のお金しか使わない。
　➡ヨーロッパからの観光客はレジャー施設に飲食店よりも少ないお金しか使っていませんが、5分の1以下ではありませんので間違いです。

解答のポイント！

「アジアの観光客」と「ヨーロッパの観光客」がそれぞれどんなことにどれくらいお金を使っているかが問題になりますが、金額の比較なども問われますので、棒グラフをしっかり確認しましょう。

注

[図] □ consumption　消費　　□ souvenir　みやげ
[設問] □ a case study　事例研究　□ one-time　1度だけの　□ multiple　複数の
　　　 □ establishment　施設　□ fifth　5分の1

---

(24) 正解 2

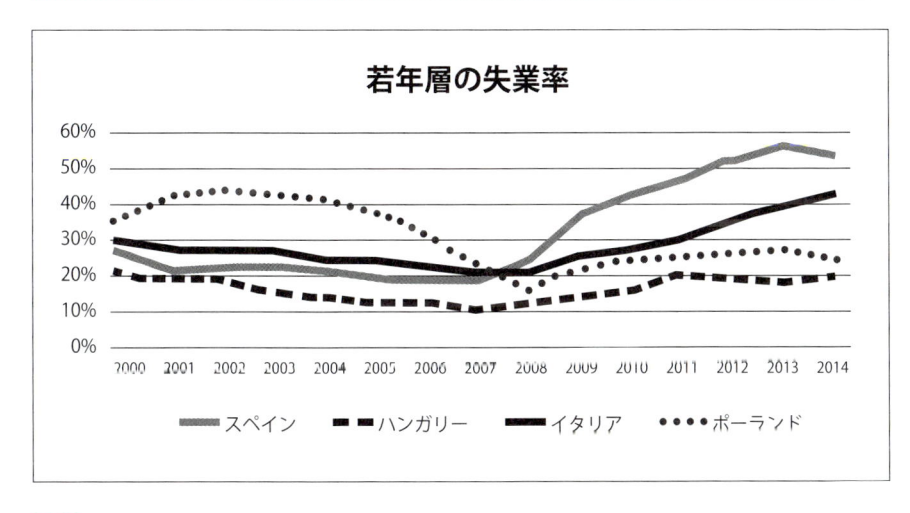

若年層の失業率

（グラフ：スペイン、ハンガリー、イタリア、ポーランドの2000〜2014年の若年層失業率）

設問の訳と解説

ヨーロッパの若年層の失業率について調べています。上のグラフについて、次の文章のうちもっとも適当なものはどれですか？
1　スペインでは2010年、若者の失業率が50%を超えた。
　➡スペインでは2010年に若者の失業率は40%を超えていますが、50%は超えていません。

177

2 ポーランドは、EUに加盟した2004年前後から数年間、若者の失業率は低下していた。
　➡ 2004年前後から数年間は、ポーランドの若者の失業率は下がっていますので、正解です。
3 2010年に財政法が可決されて以来、イタリアの若年層の失業率は徐々に低下している。
　➡ イタリアの若者の失業率は2009年前後から次第に上昇しています。
4 ハンガリーはEUに加盟する2004年以前は、若者の失業率は継続的に上昇していた。
　➡ グラフからはそのように読み取れません。

解答のポイント！

グラフにはスペイン、ハンガリー、イタリア、ポーランドの4か国の情報があります。選択肢も4つですので必ず何かしらすべての国に関して問われるでしょう。

注

[図] □ youth　若者　□ unemployment　失業
[設問] □ exceed　～を超える　□ entry　加入、加盟　□ drop　（価格・温度など）下がる、減少する　□ passage　（議案の）可決、通過　□ finance　財政
□ decline　低下する、減少する

(25)　正解 2

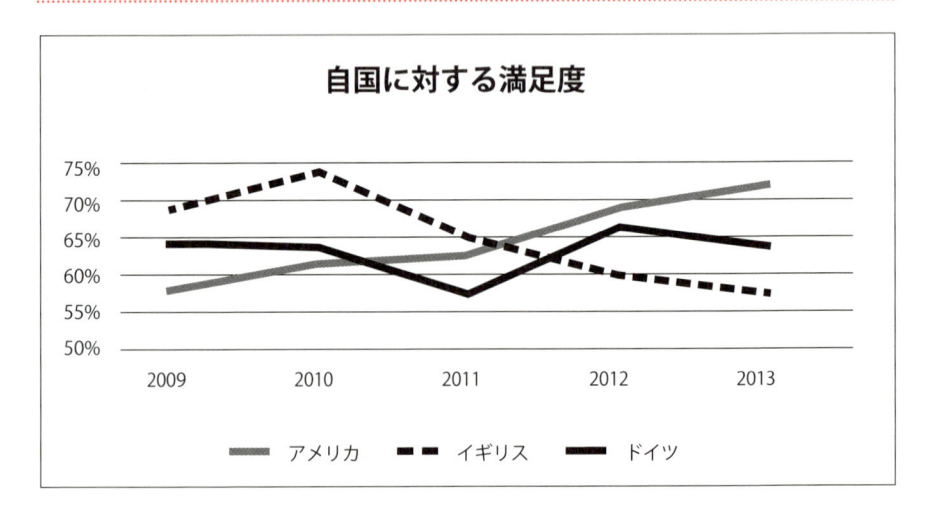

自国に対する満足度

（折れ線グラフ：アメリカ、イギリス、ドイツ　2009～2013年）

Test 2

設問の訳と解説

国際社会の授業の中で、世界の人々の自国に対する満足度について調査しています。次の文のうち、上のグラフに裏付けられるものとしてもっともふさわしいものはどれですか？

1 2012年と2013年は、どの国も満足度が下降している。
　➡ アメリカでは2012年から2013年にかけて満足度が上昇しています。

2 アメリカは2009年の時点では経済的な不況で満足度が低かったが、その後は次第に回復傾向にある。
　➡ グラフからそう読み取れますので、正解です。

3 ドイツでは2010年に移民を巡る問題が表面化し、満足度は3か国の中でいちばん低くなった。
　➡ 2010年に満足度がいちばん低いのはイギリスです。

4 国際関係の改善に伴い、2011年以降のイギリスの満足度は上昇傾向にある。
　➡ 2010年から下降しだしたイギリスの満足度は2011年以降も下降をつづけています。

解答のポイント！

折れ線グラフの問題では、「ある時点からこんな変化があった」という内容の選択肢が多いので、「ある時点」の状況をしっかり確認し、それを基点にどんな変化があるかを見極める必要があります。

注

[図] □ satisfaction 満足
[設問] □ conduct （活動・仕事などを）行なう　□ survey 調査　□ favorable 好意的な、賛成承認〕する　□ favorability rating 満足度　□ as of ~ ~現在で　□ due to ~ ~のために　□ recession 不況　□ thereafter その後　□ immigration 移民　□ surface （問題などが）表面化する

READING Part 2B

(26) 正解 1

英文の訳

光栄なことに、ウェストキャッスル大学は、国際的フットウェアブランド、トミの CEO であるデイブ・ジョンソン氏をキャンパスにお迎えして、企業経営について待望の講演を行なっていただくことになりました。このイベントは一般にも公開されるため、地元の経営者が多数参加することが見込まれます。よって、来賓を席に案内し、参加者全員に軽食を配る手伝いをしてくれる学生ボランティアを募集します。①ボランティアにはこのイベントの間は手があいていることが求められ、協力に対して少額の謝礼が支払われます。興味のある学生は 2 月 1 日までにご応募ください。

設問の訳と解説

講演で学生はどのくらいの時間働く必要がありますか？

1　講演の間じゅう
　➡①の記述に一致します。
2　講演時間の半分
　➡①の記述に一致しません。
3　冒頭のみ
　➡①の記述に一致しません。
4　最後のみ
　➡①の記述に一致しません。

解答のポイント！

学校で何かのイベントがあり、学生にボランティアを求める問題もよく出題されます。

注

[パッセージ]　□ be proud to ~　～することを誇りに思う　□ footwear　履き物　□ highly-anticipated　待望の　□ business management　企業経営　□ attend　～に出席する　□ assist with ~　～を手伝う　□ refreshment　軽食　□ attendee　出席者、参加者　□ duration　継続時間　□ contribution　貢献

Test 2

(27) 正解 4

英文の訳

人類学基礎（ANTH101）を履修している学生への通知

学期間休暇中の実地調査プロジェクトへの参加に興味のある学生は、以下の手続きを行なってください。
1) ①氏名、学籍番号、連絡先電話番号を記載したメールを私に送ってください。
2) ②添付書類に、あなたの研究計画の概要と、プロジェクトへの参加を希望する理由を述べた短文を記入してください。
3) ③上記2点は2月17日までに私に届くようにしてください。
④こちらで8人の参加者を選び、プロジェクト開始の2週間前に、誰を選んだか応募者全員にお知らせします。

S・マーティン教授

設問の訳と解説

プロジェクトへの参加を申し込むために学生がすべきことは何ですか？

1 プロジェクト開始の2週間前に、マーティン教授に個人情報と研究計画をメールで送る。
 ➡③にあるとおり、申し込みの締め切りは「2月17日まで」です。
2 学期間休暇中にマーティン教授に研究計画について伝える。
 ➡③にあるとおり、2月17日までに教授に「メールで送る」ことが求められています。
3 一緒に作業をしたい学生を8人選び、彼らの氏名、学籍番号、連絡先電話番号をマーティン教授にメールで送る。
 ➡④にあるとおり、8人の生徒を選ぶのは教授で、学生自身ではありません。
4 2月17日までに自分の個人情報と応募書類をマーティン教授に提出する。
 ➡①の「氏名、学籍番号、連絡先電話番号」（個人情報）と、②の「添付書類」（応募書類）と、③の「上記2点は2月17日までに私（マーティン教授）に届くようにする」とすべて情報が一致しています。

解答のポイント！

リスト化された、箇条書きの情報をすばやく理解することも求められます。

注

[パッセージ] □ anthropology 人類学　□ field work 現地作業　□ mid-semester 学期間の　□ break 休暇　□ attached 添付された　□ outline 概要　□ proposal 提案、企

181

画案 　□ paragraph　ひとまとまりの文章　　□ state　〜を述べる　　　□ participate in 〜　〜に参加する　　□ participant　参加者
［設問］□ submit　〜を提出する　　　□ application form　申込書　　　□ no later than 〜　〜までに

(28)　正解　3

英文の訳

セントラル・ステート大学は、年に1度の奨学金エッセイ・コンテストの第1回を開催します！　この新しいイベントは国際教養学部が主催するものです。1位、2位、3位入賞者には1学期分の授業料に相当する奨学金が贈られます。エッセイは「世界が現在直面している深刻な問題を解決するには？」というテーマに基づいたものとしてください。①エッセイの長さは1000から3000語で、3月末までに必着とします。

設問の訳と解説

エッセイの提出日はいつですか？
1　3月31日を過ぎてから
　➡①にエッセイの提出は「3月末まで」とあります。
2　3月中
　➡「3月中」も正解のように思えますが、実際は3月前に提出することも可能ですから、選択肢3を考慮すれば、誤りであると判断できます。
3　3月31日以前
　➡①にある no later than the end of March は、「3月31日を含めて、それより前」を表わすので、これが正解となります。
4　いつでもよい
　➡①に提出日は明記されています。

解答のポイント！

「エッセイの提出日」を問う問題です。本文に日付が含まれる文は Essays should be … received no later than the end of March. しかありません。no later than 〜（〜までに）は締切日を示す時によく使われる表現です。

注

［パッセージ］□ announce　〜を発表する　　□ annual　年次の　　□ scholarship　奨学金
□ sponsor　〜を主催する、後援する　　□ semester　学期　　□ tuition fee　授業料

Test 2

(29) 正解 3

英文の訳

『セントラル大学キャンパス・コレクティブ』紙よりお知らせ

この新聞は、学生自治会のメンバーによって新しく発行されることになった月刊の学内新聞です。①紙面では学内のニュースやイベントから学生の意見、学生に対する意見まで、幅広い話題を取り上げます。創刊号印刷の準備はほぼ整っていますが、②告示欄はまだスペースが残っています！ ③もしクラブで新人を募集している、校内の学生にイベントや出し物を知らせたいということがございましたら、以下のアドレスからご連絡ください。スペースはどんどん埋まっていますので、ご連絡はお早めに！

連絡先：advertising@cccc.edu

設問の訳と解説

『セントラル大学キャンパス・コレクティブ』紙は学生に何をしますか？

1 クラブ活動を組織する
   ➡ そのような記述はありません。
2 世界のニュースと政治について書く
   ➡ ①に、「学内のニュースやイベント、意見などを取り上げる」とあります。
3 **告知のページを与える**
   ➡ ②と③からこれが正解と判断できます。
4 学生に資金を調達する
   ➡ そのような記述はありません。

解答のポイント！

Part 2B の問題も高校もしくは大学の生活に関連したものであり、このように学生の課外活動が話題になることもよくあります。

注

[パッセージ] □ notice お知らせ、通知　□ monthly 月ごとの、月刊の　□ variety 多様さ　□ issue （定期刊行物の）号　□ bulletin 告示、掲示　□ get in touch 連絡する　□ fill up 埋まる
[設問] □ organize ～を組織する、編成する

(30) 正解 2

英文の訳

①宛先：経済学（ECON101）を履修している学生
送信者：エリック・シンプソン <e.simpson@mcphu.edu>
日付：2月5日 金曜日
件名：中間課題について

みなさん
今日の授業で予告した中間課題に関して、詳細をお知らせします。レポートは2500語以上とし、②テーマは自由ですが、③これまでに授業で取り上げたトピックに関連したものにしてください。④本メールにレポートのサンプルを添付したので、期待される内容をより深く理解するためにはあらかじめ読んでおくといいでしょう。
何か質問があれば遠慮なくメールしてください。

それでは。
E・シンプソン

設問の訳と解説

学生がレポートのテーマとすべきものは何ですか？
1 何でもよい。
　➡②に「テーマは自由」と記されていますが、③に「授業で取り上げたトピックに関連したもの」とあります。
2 経済学の授業で学んだトピックなら何でもよい。
　➡①のメールの宛先が「経済学（ECON 101）を修復している学生」であることから、経済学の授業とわかります。そして③に「授業で取り上げたトピックに関連したもの」とありますから、これが正解です。
3 サンプルのレポートと同じトピック。
　➡④にあるように、メールに添付されたレポートはあくまでサンプルであり、期待される内容をより深く理解するために読むものです。
4 経済学に関するトピックなら何でもよい。
　➡③に「これまでの授業で取り上げたトピックに関連したもの」とあり、「経済学に関するトピックなら何でもよい」わけではありません。

解答のポイント！

レポートのテーマに関する本文の記述は、「テーマは自由ですが、これまでに授業で

Test 2

取り上げたトピックに関連したもの」とあります。設問の解釈に関わる部分は読み落とすことがないようにしましょう。

注

[パッセージ] □ economics　経済学　　□ assignment　課題　　□ regarding ~　~に関して　□ upcoming　次回の、来たる　　□ mention　~に言及する　　□ be required to ~　~しなければならない　　□ no less than ~　~以上　　□ be related to ~　~に関連している　　□ thus far　これまでに　　□ Regards　敬具、それでは（手紙などの結びの言葉）

READING Part 2C

(31) 正解 4

英文の訳

パシフィック大学商学部は、①韓国の大学との交換留学プログラムへの応募を受け付けています。②成績のよい学生にとっては、国外に出てソウルで1学期を過ごすチャンスです！　③韓国にいるあいだは、語学、歴史、国際教養、文化論、芸術学、社会学の授業を履修できます。④大学には留学生用の寮が建つエリアが特別に設けられており、授業時間には多言語に対応できるスタッフが常駐しています。

設問の訳と解説

次のうち、本文の内容と一致するものはどれですか？
1　学生は多くの言語の中から自分が学ぶものを選べる。
　➡③に「語学、歴史、国際教養、文化論、芸術学、社会学の授業を履修できる」とありますが、多くの言語の中から選べるとは書かれていません。
2　学生は韓国での滞在期間を延長できる。
　➡②に「ソウルで1学期を過ごす」とありますが、滞在期間を延長できるとは書かれていません。
3　学生は韓国のさまざまな大学で学ぶことができる。
　➡①に「韓国の大学との交換留学プログラム」とあり、「さまざまな大学」で学べることはできないと判断できます。
4　学生はほかの海外からの学生たちとともに生活し、学習する。
　➡④から各国からさまざまな言語を話す学生が来るらしいことがわかります。

解答のポイント！

Which of the following is true according to the passage? という形式の質問では、本文の一文一文の精読が必要となります。

注

[パッセージ] □ commerce 商業、商学　□ exchange 交換　□ academic standing 学業成績　□ abroad 海外で　□ cultural 文化の　□ sociology 社会学　□ dorm 寮　□ multi-lingual 多言語の

Test 2

(32) 正解 2

英文の訳

　インフルエンザウイルスの研究者によると、人間に感染する2種類のインフルエンザウイルスであるH1N1型とH3N2型は熱帯地域で発生しているという。①熱帯以外の地域ではいわゆる「インフルエンザの季節」がある一方、熱帯地域ではインフルエンザウイルスは常に存在している。さらに、H1N1型がH3N2型より流行する年もあれば、その逆の年もある。これは②2種類のウイルスが互いに攻撃し合うからだと研究者は考える。その後、勝ち残ったほうのウイルスは個体の体外へ広がり、旅行者や渡り鳥によって運ばれていく。

設問の訳と解説

本文で「インフルエンザの季節」が意味するものは何ですか？

1　熱帯地域でインフルエンザが存在している時期。
➡①の後半部分に「熱帯地域ではインフルエンザウイルスは常に存在している」とあり、これが「インフルエンザの季節」を指しうるとは思えません。

2　熱帯ではない地域でインフルエンザが流行する時期。
➡①の前半部分から、これが正解と判断できます。

3　2種類のインフルエンザウイルスが生存を争う時期。
➡②に2種類のインフルエンザに関する記述がありますが、これは「インフルエンザの季節」の説明ではありません。

4　新型のインフルエンザウイルスが広まる時期。
➡そのような記述はありません。

解答のポイント！

質問は「インフルエンザの季節」に関することですので、flu seasons につづく in non-tropical regions がヒントとなります。

注

［パッセージ］ □ flu　インフルエンザ　□ virus　ウイルス　□ strand　（DNAの）鎖　□ affect　～に影響を及ぼす　□ the tropics　熱帯地方　□ so-called　いわゆる　□ present　存在している　□ furthermore　さらに　□ common　広まっている　□ vice versa　逆もまた同様に　□ compete with ~　～と競争する　□ survive　生き残る　□ spread　広がる　□ outward　外へ　□ migrate　（鳥などが）渡る

187

(33) 正解 1

英文の訳

　キャンパス・グリー・クラブは、月に1度演劇棟で活動をする学生主導の団体です。①当クラブは年に2回発表を行なっており、主な活動は発表に向けた練習です。②入部する学生が演じたい役を得るためにはオーディションを受ける必要がありますが、全員に何らかの役割は与えられます。また、③部員は練習の合間に皆で映画を見たり、週末には参加希望メンバーで旅行に行ったりもしています。

設問の訳と解説

本文によると、入部する学生は
1　**何か希望する役があればオーディションを受けなければならない。**
　➡②にこの情報があり、これが正解です。
2　演技がうまくなければ入部できない。
　➡そのような記述はありません。
3　週末はある程度予定を空けておかなければならない。
　➡③に「週末には参加希望メンバーで旅行に行ったりする」とありますが、そのために予定を空けておく必要があるとは書かれていません。
4　発表のために年に2回練習する。
　➡①に「年に2回発表がある」と書かれており、年に2回練習するわけではありません。

解答のポイント！

「入部する学生」に関する問題です。Students who join the club につづく have to audition for the roles they prefer がヒントとなります。

注

[パッセージ] □ student-led　学生主導の　□ meet　会合する　□ host　〜を主催する
□ role　役　□ prefer　〜を好む　□ guarantee　〜を保証する　□ responsibility　責任、役目　□ break　（仕事などのあいだの）休憩、休み時間　□ optional　任意の
[設問] □ try out for 〜　〜を得るための競争に加わる　□ specific　特定の　□ be good at 〜ing　〜することが得意である　□ act　演じる

Test 2

(34) 正解 3

英文の訳

①社会学は19世紀後半に成立した学問である。②科学者たちにとって社会学は複雑で、研究法において意見が一致しなかったため、実証主義と反実証主義という2つの哲学が生まれた。③実証主義派の考えでは、社会は進化の産物であり、したがって科学による研究と理解が可能である。④反実証主義派は、社会は科学とは切り離されたものだと考える。社会は文化と伝統から成り立っており、それらは自然界で目にすることがないものだからという理由だ。

設問の訳と解説

社会学についてわかることは何ですか？

1 難解すぎたため研究が放棄された。
➡②の前半に「社会学は複雑で、研究法において意見が一致しなかった」とはありますが、「研究が破棄された」とは書かれていません。

2 1900年代に成立した。
➡①に「19世紀後半に成立した」とありますが、これは1850〜1899年を指します。

3 2つの学派に分かれた。
➡②の後半に「実証主義と反実証主義という2つの哲学が生まれた」とあり、これが正解とわかります。

4 反実証主義派は、社会学と社会は関連がないと考える。
➡④に反実証主義派の考えが書かれていますが、社会学と社会は関連がないという情報はありません。

解答のポイント！

「社会学についてわかることは何か」という質問ですから、本文全体の内容をしっかりと理解することが求められます。①が導入文で、②に社会学が2つの哲学に分かれたことについて、③にはそのうちの1つである実証主義について、④にはもう1つの反実証主義について書かれています。

注

[パッセージ] □ field 分野　□ late 後半の　□ complicated 複雑な　□ agree on 〜 〜について意見を一致させる　□ philosophy 思想、哲学　□ positivism 実証主義　□ anti-positivism 反実証主義　□ evolution 進化　□ be separate from 〜 〜から分離している　□ be made up of 〜 〜からできている　□ tradition 伝統
[設問] □ abandon 〜を放棄する　□ divide A into B AをBに分割する　□ school （学問・芸術などの）学派、流派　□ unrelated 関連のない

(35) 正解　4

英文の訳

①ホセ・リサールはフィリピンの国民的英雄である。彼は作家でもあり、フィリピンがスペインの植民地だった時代にはプロパガンダ運動のメンバーでもあった。②最終的に革命によってスペインの支配は終わり、フィリピンは独立を手にした。③この革命はホセ・リサールの著作や政治改革に対する意見に影響を受けたと言われている。そのため、④スペイン植民地政府は彼に革命の責任があるとして、彼を処刑した。

設問の訳と解説

本文によると、スペイン植民地政府は
1　ホセ・リサールを国民的英雄だと考えた。
　➡①に「ホセ・リサールはフィリピンの国民的英雄である」とありますが、スペイン植民地政府がそう考えたわけではありません。
2　ホセ・リサールと協力して政治的なプロパガンダを開始した。
　➡そのような記述はありません。
3　革命によってフィリピンで独立を手にした。
　➡②のとおり、独立を手にしたのはスペイン植民地政府ではなくフィリピンです。
4　ホセ・リサールが政府の支配を積極的に終わらせたと考えた。
　➡③と④からこれが正解と判断できます。

解答のポイント！

質問文にある the Spanish colonial government が出てくる本文の箇所の前後に答えの根拠があるのではないかと予想しましょう。

注

[パッセージ]　□ propaganda　（組織的な）宣伝　　□ colony　植民地　　□ revolution　革命　　□ eventually　最終的に　　□ rule　支配　　□ gain　（人に）〜をもたらす　　□ independence　独立　　□ influence　〜に影響を及ぼす　　□ reform　改革　　□ blame A for B　BのことでAを責める　　□ execute　〜を処刑する
[設問]　□ actively　積極的に

Test 2

(36) 正解 3

英文の訳

①多くの企業がロイヤリティ・プログラム（顧客サービス制度）を用いて、価格の割引や、あとで利用できるポイントの付与などの特典を顧客に与えている。スーパーマーケット、ホテル、航空会社などの企業はロイヤリティ・プログラムを提供しているのが一般的だ。②入会する際、顧客はたいてい紙かプラスチック製のカードを渡される。そこにはクレジットカードのようにバーコードや個別の顧客番号が印刷されており、カードはのちにその企業のサービスを利用する際に使うことができる。また、③多くの企業はこのプログラムを使って利用者の購買傾向に関するデータを集め、それを利用することによって効果的な商品の販売を可能にしている。

設問の訳と解説

本文から、ロイヤリティ・プログラムについて言えることは何ですか？

1　顧客は入会するとクレジットカードも渡される。
　➡②に「紙かプラスチック製のカードを渡される」とあります。
2　多くの企業はプログラムの会員に、購入品について市場調査アンケートに答えるよう依頼する。
　➡③の記述と一致しません。
3　通常、プログラムの会員はふつうより安い価格で商品を購入できる。
　➡①に「価格の割引」とありますので、これが正解です。
4　スーパーマーケット、ホテル、航空会社を利用する人は、ロイヤリティ・プログラムに入会すべきである。
　➡そのような記述はありません。

解答のポイント！

質問はロイヤリティ・プログラムについてです。本文全体がロイヤリティ・プログラムに関することですが、まず要旨である①をしっかりと理解することが大切です。

注

[パッセージ] □ business 企業　□ loyalty 忠実、忠誠　□ provide A with B　AにBを与える　□ discount 割引　□ later あとで　□ airline 航空会社　□ commonly 一般的に　□ unique 唯一の　□ similar to ~ ～と似ている　□ transaction 取引　□ gather ～を集める　□ habit 習慣、傾向　□ then それから、その後　□ effectively 効果的に　□ market ～を販売する
[設問] □ sign up 登録する　□ survey 調査

(37) 正解 3

英文の訳

　小説『戦争の悲しみ』は、ベトナム人作家バオ・ニンのデビュー作である。本作はベトナム戦争時にニン自身が北ベトナム軍に従軍した経験をもとに書かれたフィクション作品である。①初めは1990年に国内で出版され、②つづけて1994年に英語版も刊行された。③そのあと同年に『インデペンデント』紙の外国小説優秀作品賞を受賞し、ニンは賞金を2人の翻訳者と分け合った。この小説は英語以外にも多くの言語に翻訳されている。

設問の訳と解説

この小説がベトナムで出版されたのは何年ですか？

1　1994年前半。
　➡②にあるとおり、1994年は英語版が出版された年です。
2　1994年後半。
　➡③に「そのあと同年（1994年）に『インデペンデント』紙の外国小説優秀作品賞を受賞した」とあります。
3　1990年。
　➡①からこれが正解とわかります。
4　本文では述べられていない。
　➡①に述べられています。

解答のポイント！

「小説がベトナムでいつ出版されたか」という質問です。①にある domestically の意味がわかるかどうかが鍵となります。

注

[パッセージ]　□ debut　デビュー　　□ author　著者　　□ account　話、記述
□ domestically　国内で　　□ subsequently　その後　　□ award　（賞などを）与える
□ prize money　賞金　　□ translate　～を翻訳する

Test 2

(38) 正解　1

英文の訳

①アファーマティブ・アクションとは、教育や雇用などの場で差別をなくすことを目的としたアメリカの政策である。②通常、アファーマティブ・アクションは女性や少数民族などの弱者を対象とし、前述の現場における彼らの地位向上をめざすものである。③この取り組みは、被差別グループを対象とした奨学金や職場での女性登用などの形で行なわれる。④最近では、アメリカ社会が多様化していると見てとれるので、もはやこのような政策は必要ないという声も多い。

設問の訳と解説

本文によると、正しいものは次のどれですか？
1　アファーマティブ・アクション政策は職場での女性の数の増加を促す。
　➡③に「職場での女性登用」とあり、これが正解と判断できます。
2　アファーマティブ・アクション政策により、誰でも大学で学べるようになる。
　➡③に「被差別グループを対象とした奨学金」とありますが、「誰でも大学で学べる」とは書かれていません。
3　アファーマティブ・アクション政策は1つの集団の利益にしかならない。
　➡②に「女性や少数民族などの弱者 (disadvantaged groups)」とありますので、「1つの集団」(one group of people) は誤りです。
4　アファーマティブ・アクション政策は、アメリカ社会にさらなる利益をもたらすため、今後もつづけられるべきだ。
　➡④の記述と一致しませんので、誤りです。

解答のポイント！

Which of the following is true according to the passage? という形式の質問では、本文全体を理解する必要があります。ただし選択肢の英文の主語がすべて Affirmative action policies となっていますので、まずは本文の Affirmative action で始まっている①と②をよく理解しましょう。

注

[パッセージ]　□ affirmative action　アファーマティブ・アクション、差別撤廃措置　□ policy　政策
□ aim to ~　~することをめざす　□ combat　~と闘う　□ discrimination　差別
□ generally　一般的に　□ disadvantaged　不利な　□ minority　少数派、少数民族
□ representation　立場上の権利、代表（権）　□ underrepresented　過小評価された
□ gender　性別　□ quota　割り当て　□ workplace　職場　□ diversity　多様性

(39) 正解 3

英文の訳

①アルベルト・ジャコメッティはパリで芸術を学んだスイス出身の多才なアーティストで、②絵画と彫刻の両方で有名である。③第2次大戦以前、彼の作品はシュールレアリスム的とみなされた。④しかし戦後彼は実存主義に共鳴するようになった。⑤もっともよく知られているのは長身で細身の人物彫刻で、多くの人が抱く疎外感や孤独を表わしていると言われており、それは特に戦後社会で共感を呼んだ。

設問の訳と解説

アルベルト・ジャコメッティについてわかることは何ですか？
1　宇宙人の彫刻を作ったことでもっとも知られている。
　➡⑤の記述と一致しませんので、誤りです。
2　パリで生まれたが、のちにスイスに移った。
　➡①に「パリで学んだスイス出身の多才なアーティスト」とあります。
3　彼の作風は第2次大戦後に変化した。
　➡③と④で第2次大戦の前とあとで作風が変わったことがわかりますので、これが正解です。
4　主にシュールレアリスム的な絵画で知られている。
　➡②に「絵画と彫刻の両方で有名である」とありますが、シュールレアリスム的な絵画とは書かれていません。

解答のポイント！

「アルベルト・ジャコメッティについてわかることは何か」という質問ですので、本文全体を理解する必要があります。however を含む文は強調したい内容であることが多いので、④とその前の③の文に注目しましょう。

注

[パッセージ]　□ multi-talented　多才な　　□ Swiss-born　スイス生まれの　　□ Paris-trained　パリで訓練を積んだ　　□ painting　絵画　　□ sculpture　彫刻　　□ prior to ~　~以前　　□ describe　~を表現する、説明する　　□ Surrealist　シュールレアリスム的な　　□ post-war　戦後　　□ identify with ~　~に共感する、共鳴する　　□ Existentialism　実存主義　　□ represent　~を表わす　　□ alienation　疎外感　　□ resonate with ~　~の共感を呼ぶ
[設問]　□ alien　異星人、宇宙人

(40) 正解 4

英文の訳

　ミート・フリー・マンデーとは、ミュージシャンのポール・マッカートニーと2人の娘が2009年に立ち上げたイギリスの非営利組織である。組織がめざすのは、肉の消費を減らすことがもたらすさまざまな利点について世間の認識を高めることである。その利点としては、①気候の変動に影響を及ぼす温室効果ガスの削減、②心疾患や癌、発作による死亡率の低下、③飢餓に苦しむ人びとに食糧として育てられる家畜ではなく穀物などの主要食糧源を再分配できること、食肉生産に関わる残酷な処理過程を防げることなどがある。

設問の訳と解説

本文によると、食べる肉の量を減らすことの効果として正しいものはどれですか？
1　温室効果ガスの増加によって気候の変動が悪化する。
　➡①に「温室効果ガスの削減」とあります。
2　動物が食べるための穀物などの主要食糧源が増える。
　➡③にあるように、穀物などの主要食糧源は「動物」のためではなく「飢餓に苦しむ人びと」のためです。
3　飢餓に苦しむ人びとがより多くの肉を食べられるようになる。
　➡③の記述と一致しませんので、誤りです。
4　**癌や心疾患などの病気により死亡する確率が下がる。**
　➡②の記述と一致しますので、これが正解です。

解答のポイント！

「肉の摂取量を減らすことの効果」についての質問です。質問文の effects が本文中の benefits の言い換えであることに気づけば、These benefits include で始まる第3文に答えの根拠があると予測できます。

注

[パッセージ] □ non-profit　非営利の　　□ launch　～を立ち上げる　　□ awareness　認識
□ consume　～を消費する　　□ reduction　減少　　□ greenhouse gas　温室効果ガス
□ climate　気候　　□ lessen　～を減らす　　□ likelihood　可能性　　□ due to ～　～による
□ disease　疾患　　□ cancer　癌　　□ stroke　発作　　□ redistribute　～を再配分する
□ grain　穀物　　□ population　（ある地域に住む）人びと　　□ suffer from ～　～に苦しむ
□ hunger　飢え　　□ raise　～を育てる　　□ prevention　阻止　　□ cruel　残酷な
□ procedure　過程
[設問] □ worsen　悪化する　　□ illness　病気

READING Part 3A

英文の訳

アトピー性皮膚炎

　アトピー性皮膚炎をもっとも発症しやすいのは子供だが、最近はこれに悩まされる大人も多い。①この皮膚炎の主な特徴として「肌が乾燥し、慢性的なかゆみを感じるようになる」、「同じ場所に同じ湿疹ができる」、「症状がよくなったり、悪くなったりを繰り返す」といったことが挙げられる。しかし、②はっきりした原因はわかっておらず、程度も軽微から重症まで人によって異なる。

　皮膚科医によると、以下の3つが基本的治療法として効果的であるとされる。まず、炎症を抑えなければならない。医師の処方を受けて、薬を定期的に塗る必要がある。塗り薬はステロイド系のものが中心になる。しかし、これを人体に有害だと考える患者もいるため、最近はまずステロイド系の薬で症状を抑えてから、非ステロイド系の薬に切り替える処置を指示する医者もいる。次に、③痒みそのものを抑えなければならない。④アトピー性皮膚炎の場合、患部を掻いてしまうと一向に症状が改善しないので、痒みを確実に抑える必要がある。よって、抗ヒスタミンの飲み薬を服用することが勧められる。だが、人によってはこの服用で眠気を感じる人もいるので注意が必要だ。3つ目として、肌を毎日の生活で清潔に保つ必要がある。毎日の入浴で肌を清潔に保つように心がけないといけない。しかし、刺激の強い石鹸やシャンプーは避けたほうがよい。

　⑤そのほか、ほこりやダニが原因であると指摘されることもあるので、⑥生活空間を清潔にする必要もある。また、掻いてしまった時に症状の悪化を防ぐために、爪も短くしておくべきである。さらに、肌に余分な刺激を与えないように、金属のアクセサリーを身に着けるのは避けたほうがいいと言われるし、髪が肌にかからないようにするほうがいいだろう。

　⑦ストレスが原因になることもある。⑧労働環境や人間関係などから強いストレスを感じる現代人も少なくない。⑨アトピー性皮膚炎が現代病と言われるのも、このように現代生活のストレスが原因となるからだ。いずれにしろ、アトピー性皮膚炎に悩まされている人は、早めに医師の診断を受けて、適切な治療を進める必要がある。

(41)　正解　1

Test 2

選択肢の訳

1 しかしながら　　2 なぜなら　　3 たとえば　　4 むしろ

解答のポイント！

前後の文の論理的なつながりを判断する問題です。①と②の関係から、逆説の接続詞 However（しかしながら）を選ぶのが適当です。

(42)　正解　3

選択肢の訳

1　〜を与えること　　2　〜を治療すること　　**3　〜を止めること**　　4　〜を上げること

解答のポイント！

文脈から判断して、適切な意味の不定詞を選ぶ問題です。③「痒みそのものを抑えなければならない」、④「アトピー性皮膚炎の場合、患部を掻いてしまうと一向に症状が改善しない」といった情報がつづいたあとに、so it is important (　　) the itching. とつづきますから、「止める」「防ぐ」の意味の不定詞 to stop が入ると判断できます。

(43)　正解　2

選択肢の訳

1　なぜなら　　**2　よって**　　3　次に　　4　〜以外は

解答のポイント！

これも前後の論理的なつながりから適切な接続詞を選ぶ問題です。⑤と⑥は1つの文を作る節であり、文脈からこの2つの節のつながりを判断すれば、順接の接続詞 so（よって、それで）が入ると判断できます。

(44)　正解　4

選択肢の訳

1　ステロイド薬の使用　　2　引っ掻いたことによる炎症　　3　ほこりの中に住むダニ　　4　現代生活のストレス

解答のポイント！

状況から判断して、適切な内容を伝える表現を選ぶ問題です。⑦（アトピーは）「ストレスが原因になることもある」、⑧「労働環境や人間関係などから強いストレスを感じる現代人も少なくない」という情報のあとに、⑨「アトピー性皮膚炎が現代病と言われるのも、このように（　）が原因となるからだ」とつづきますから、「現代生活のストレス」が入ると判断できます。

注

［パッセージ］□ atopic　アトピーの　　□ dermatitis　皮膚炎　　□ frequently　頻繁に　　□ occur　起こる　　□ suffer from~　~に苦しむ　　□ typical　典型的な　　□ symptom　症状　　□ itch　かゆみを起こす　　□ constantly　常に　　□ rash　湿疹　　□ condition　状態　　□ vary　異なる　　□ severe　深刻な　　□ dermatologist　皮膚科医　　□ inflammation　炎症　　□ rub　~をすり込む　　□ steroid　ステロイド　　□ prevent　~を妨げる　　□ recovery　回復　　□ antihistamine　抗ヒスタミン性の　　□ pill　錠剤　　□ harsh　刺激の強い　　□ mite　ダニ　　□ scratch　引っ掻く　　□ irritate　~に刺激を与える　　□ appropriate　適切な　　□ swollen　腫れた　　□ sore　痛い

英文の訳

ラブ＆マーシー

　ブライアン・ウィルソンは、実弟のデニス・ウィルソンとカール・ウィルソン、いとこのマイク・ラブ、そして高校のクラスメート、アル・ジャーディンとともに、1961年にビーチ・ボーイズを結成した。①デビュー曲は地元のマイナーレーベルから発売された「サーフィン」であったが、ウィルソン兄弟の父親でマネージャーのマリー・ウィルソンがキャピトル・レコードと契約を成立させ、以後「サーフィン・サファリ」「サーフィン・U.S.A.」「サーファー・ガール」と全国的なヒットを飛ばし、「サーフ・ミュージック」の立て役者となった。

　グループが演奏する曲の大半はブライアンの手によるものだが、②ビートルズに対抗せよというプレッシャーもあって、1965年に彼は神経衰弱になり、バンドのツアーへの参加をやめ、スタジオ作業に専念するようになった。ビートルズの1965年に発表されたアルバム『ラバー・ソウル』に触発され、歌のテーマもサウンドもさらに実験的な色彩を強めた『ペット・サウンズ』を1966年に発表するも、商業的には成功しなかった。ブライアンはさらに意欲的な『スマイル』の製作にとりかかるが、鬱やドラッグの問題もあって挫折し、このアルバムは

Test 2

ロック史上に残る偉大なる未完成アルバムとして記憶されることになった。

　その後[3]ブライアンは自宅に引きこもって酒やドラッグにおぼれた。肥満化し、バンドの活動にもあまり関わらなくなってしまうなど、その音楽キャリアは低迷することになる。さらには 1983 年にデニスが、1998 年にカールが死亡し、精神状態はますます悪化した。

　[4]だが、仲間や家族の支えもあって、精神状態も落ち着き、1998 年にはソロアルバム『イマジネーション』を発表し、ツアーも行なうようになった。『ペット・サウンズ』は現在ではビートルズの『サージェント・ペパーズ・ロンリー・ハーツ・クラブ・バンド』（1967 年）に並ぶ傑作とされ、2015 年にはこのアルバムの 50 周年を記念したツアーが行なわれた。2004 年には未完成に終わっていた『スマイル』を完成させ、2011 年にはビーチ・ボーイズ 結成 50 周年ツアーにも参加している。2015 年には彼の伝記映画『ラブ＆マーシー 終わらないメロディー』が作られ、大きな話題を集めた。重い精神病を乗り越えて音楽活動をつづけるブライアンの生きざまに、共感の声が寄せられている。

(45)　正解　4

選択肢の訳

1　～を取った　　2　～を終わらせた　　3　～を買った　　4　～に署名した

解答のポイント！

適切な動詞を選び 1 つのイディオムを完成させる問題です。「ウィルソン兄弟の父親でマネージャーのマリー・ウィルソン がキャピトル・レコードとの契約書に（　）」という内容です。前文①とのつながりから、おそらく空所には「サイン［署名］した」という意味の動詞が来ると判断できますから、sign を選ぶのが適当です。

(46)　正解　2

選択肢の訳

1　～の代わりに　　2　～が原因で　　3　～にもかかわらず　　4　～だけれども

解答のポイント！

論理的に前後のつながりを判断し、適切な前置詞を選ぶ問題です。②の文脈から原因・理由を表わす前置詞 because of（～が原因で）が入るのが適当と判断できます。

(47) 正解 3

選択肢の訳

1　その上に、しかしその一方で　　2　そうでなければ　　**3　その後**　　4　〜だけではなく

解答のポイント！

段落のつながりを論理的に判断し、適切な接続表現を選ぶ問題です。第2段落にはブライアン・ウィルソンが大変なプレッシャーの中、野心的な仕事にとりかかったが、うまくいかなかったことが書かれています。つづく第3段落には、空所のあとに③「ブライアンは自宅に引きこもって酒やドラッグにおぼれた」とあり、さらに彼の問題が悪化したという情報が出てきますので、After that（その後）を選ぶのが適当です。

(48) 正解 2

選択肢の訳

1　メディアから忘れ去られて　　**2　傑作と見なされて**　　3　CDショップで売られて　　4　ブライアンによって完成されて

解答のポイント！

適当な意味の表現を選ぶ問題です。第2段落、第3段落ではブライアンが苦しい状況にあったことが書かれていましたが、第4段落ではHowever ではじまる④にあるように、彼の精神状態がよくなり、再び精力的に活動する様子が書かれています。それを踏まえて、「『ペット・サウンズ』は現在ではビートルズの『サージェント・ペパーズ・ロンリー・ハーツ・クラブ・バンド』に並ぶ（　）」という内容であることから、2が正解と判断できます。

注

[パッセージ]　□ mercy　慈悲　　□ contract　契約　　□ founder　創立者　　□ compete with〜　〜と争う、〜に太刀打ちできる　　□ nervous　神経の　　□ experimental　実験的な
□ ambitious　野心的な　　□ setback　挫折　　□ depression　鬱　　□ incomplete　未完の
□ abuse　乱用　　□ overweight　肥満の　　□ slump　低迷する　　□ comparable　比較できる、匹敵する　　□ praise　〜を称賛する　　□ sympathy　共感　　□ overcome　〜を乗り越える
[設問]　□ masterpiece　傑作

READING Part 3B

英文の訳

レスキュー・ロボットとパワード・スーツ

①レスキューロボットは、大きな災害ののちに、人を救助したり、危険物を除去する目的で設計されたロボットである。テロや大災害に襲われる危険性が高まっている今日、②危険な瓦礫や建物の中を移動できる性能を持ち、隠れている被災者たちを発見するセンサーを備えたこうしたロボットに、世界中の人々から大きな期待が寄せられている。

The Center for Robot-Assisted Search and Rescue (CRASAR) はテキサスA&M大学内にある組織で、ロビン・マーフィ博士率いる科学者チームが、ここで③世界中で勃発する災害時の危険に対処する無人ロボットの開発を進めている。この施設はもともと国立都市型捜索救助研究所に属した機関として設立され、④2001年9月11日にニューヨークで起こったテロ事件後の救助活動にも参加した。

CRASARのロボットは、2011年に日本を襲った未曾有の大災害、東日本大震災でも大活躍した。⑤日本の科学者から連絡を受けたロビン・マーフィ博士は、震災の報道情報を確認し、無人ロボットの投入によって救援活動が迅速かつ効果的に行なえると判断した。⑥そして博士は日本を支援するために無償でロボットを提供することを決断し、輸送費はCRASARが寄付金と研究費で賄うことにした。こうして⑦博士とCRASARのチームは被災地入りし、国際レスキューシステム研究機構（ＩＲＳ）とともに、遠隔操作無人探査機（ROV）などの無人ロボットを使用し、日本の海上保安庁の協力も得て、海中に残る危険ながれきの撤去を行ない、東北地方の復興に尽力した。

レスキュー・ロボットには、このように海中で作業を行なうもののほか、がれきを乗り越えて建物内を探索するものや、⑧空中から情報を収集するものなどがある。こうした室内を動き、空中から情報を収集するレスキュー・ロボットが、大変な被害を受けた福島第1原発における作業でも大きな役割をはたした。⑨高放射線量の瓦礫を除去し、危険が伴うため、人間が行なうのはむずかしい作業もやってのけた。そこで災害発生以来、日本の無人ロボットに加えて、アメリカのiRobotの軍事用ロボット「PackBot」や、米ハネウェル社の小型無人ヘリ「RQ-16 T-ホーク」(Honeywell RQ-16 T-Hawk)、米エネルギー省提供の「TALON」や、チェルノブイリでも使われたスウェーデン製の解体ロボット「Brokk 90」「Brokk 330」などが投入され、原発事故の処理にあたった。

だが、細かい作業となると、人間の手作業が求められることもある。そこで、人体にロボットのパワーを与えるパワー・スーツの開発も進められている。パワー・スーツは、たとえば非力な人間でも要介護者を抱きかかえて運べるようにしようと、今も介護・医療機器として開発が行なわれている。同時に、軍事用としても開発が進められ、アメリカ軍はアメリカ特殊作戦軍向けのパワー・スーツ「TALOS」と呼ばれるシステムの実用を目指している。このパワー・スーツが、福島の放射線量の高い原発事故の現場に投入され、その廃炉作業にあたることになった。筑波大学が開発し、つくば市のロボットベンチャー企業サイバーダインが製作した⑩ロボットスーツ「HAL」は、人間の脳から発せられる電気信号をセンサー網によって捕らえ、装着者の手足に合わせてモーターが作動し、軽快に動けるようにするものであるが、その新モデルが2012年10月に発表された。これにより、数十年がかかると見込まれている福島第1原発事故の復興が進むことが期待されている。
　⑪レスキュー・ロボットもパワー・スーツも今後の生活を便利で安全にしてくれるものになると各方面から期待されている。まさしく『スター・ウォーズ』のR2-D2のようなロボット、アイアンマンのようなパワー・スーツを着た人間がわれわれ人類のために活躍する時代が近い将来訪れるかもしれない。

(49)　正解　3

📖 設問の訳と解説

第1段落によると、レスキュー・ロボットができることで人間にできないこととは何ですか？

1　災害後の医療提供。
　➡①に「大きな災害ののちに、人を救助したり、危険物を除去する」とはありますが、「医療の提供」については書かれていません。
2　テロ攻撃の予知。
　➡本文に情報がありません。
3　危険な建物に入ること。
　➡②からこれが正解と判断できます。
4　災害に関する情報収集。
　➡この記述は本文に見つかりません

💡 解答のポイント！

本文にははっきり「レスキュー・ロボットができることで人間にできないこと」とは

書かれていませんが、②の「こうしたロボットに、世界中の人々から大きな期待が寄せられている」ということから、この文の前半に書かれていることは、「人間が自分たちにはできないこととしてロボットに期待していること」と解釈できます。

(50)　正解　2

設問の訳と解説

CRASAR の目的は何ですか？
1　9月11日の事件の被害者を助けること
　➡④の情報はありますが、「テロ事件後の救助活動にも参加した」のであって、被害者たちを助けることが目的ではありません。
2　自律型ロボットを作ること
　➡③からこれが正解と思えます。
3　災害の被災者を支援すること
　➡③にあるとおり、「災害時の危険に対処する無人ロボットの開発」が目的で、被災者を支援することではありません。
4　新しい種類のロボットについて研究すること
　➡③にあるとおり、「無人ロボットの開発」が目的で、新しい種類のロボットを研究することではありません。

解答のポイント！

1や3のようなひっかけの選択肢が必ず含まれていますので、本文をよく読みましょう。

(51)　正解　3

設問の訳と解説

ロビン・マーフィ博士は東日本大震災のあとに何をしましたか？
1　災害でロボットがどのように利用されたか調べた。
　➡本文にこの記述はありません。
2　ロボットについて日本の研究者に連絡をした。
　➡⑤にあるとおり、ロビン・マーフィ博士が日本の科学者から連絡を受けました。
3　チームのメンバーとロボットとともに日本に渡った。
　➡⑥の「博士は日本を支援するために無償でロボットを提供することを決断」、⑦の博士とCRASAR のチームは被災地入りし」から、これが正解と判断できます。
4　日本の研究者たちに情報を提供した。
　➡本文にこの記述はありません。

> **解答のポイント！**
>
> 複数の文に書かれた情報を総合して判断しなければならないこともあるので、注意しましょう。

(52)　正解　2

設問の訳と解説

第4段落によると、福島で人間が行なうには危険すぎる作業とは何ですか？
1　空中からのデータ収集
　　➡⑧にレスキュー・ロボットが空中から情報を収集するとありますが、人間に危険であるとは記されていません。
2　汚染された瓦礫の廃棄
　　➡⑨からこれが正解と判断できます。
3　立ち入り禁止区域内での野生生物の研究
　　➡本文にこの記述は見つかりません。
4　被災地での写真撮影
　　➡本文にこの記述はありません。

> **解答のポイント！**
>
> 設問にある dangerous がキーワードですので、それに注目すれば、名詞形の danger が見つかり（that is difficult for humans because of the danger involved）、正解が引き出せます。

(53)　正解　4

設問の訳と解説

パワード・スーツの HAL はどのようにして動きますか？
1　遠隔操作によって動く。
　　➡⑦にあるように、遠隔操作で動くのは無人ロボットです。
2　人体の上体の動きに反応する。
　　➡⑩に「装着者の手足に合わせてモーターが作動し」とありますが、上体の動きに反応するわけではありません。
3　特定の動きがプログラムされている。
　　➡本文にこの記述はありません。
4　利用者の脳の働きを読む。
　　➡⑩からこれが正解と判断できます。

Test 2

> **解答のポイント！**
>
> HAL がキーワードですから、この語が出てくる文をまず探しましょう。それをよく読めば、正解が引き出せます。

(54)　正解　4

設問の訳と解説

近い将来に何が期待されていますか？
1　その調査はほぼすんでいる。
　➡本文にこの記述は見つかりませんし、質問の答えになっていません。
2　すべての人がロボットやパワード・スーツを持つようになる。
　➡本文には記されていません。
3　ロボットが交通手段として使われるようになる。
　➡本文には見つかりません。
4　**ロボットによって、世界が人類にとってより安全な場所になる。**
　➡⑪からこれが正解と判断できます。

> **解答のポイント！**
>
> future がキーワードです。本文にその語、もしくはそれを言い換えた表現が出てくるはずです。

注

[パッセージ] □ disaster 災害　□ terror attack テロ攻撃　□ navigate しっかり進む　□ rubble 瓦礫　□ unmanned 無人の　□ establish 設立する　□ participate 参加する　□ extensively 大規模に　□ unprecedented 未曽有の　□ earthquake 地震　□ contact ～に連絡をする　□ confirm ～を確認する　□ determine ～を決定する　□ operation 業務、活動　□ carry out ～を実行する　□ swiftly 迅速に　□ effectively 効果的に　□ free of charge 無料で　□ transportation fee 交通費　□ donation 寄付　□ budget 予算　□ cooperation 協力　□ wreckage 残骸　□ endeavor 努力する　□ gather ～を集める　□ work on ～に従事する、取り組む　□ severely 深刻に　□ reactor 原子炉　□ radioactive 放射能を発する　□ nuclear 原子力の、核の　□ detailed 細かい　□ wearable 装着可能な　□ decommission （原子力発電所などを）閉鎖する　□ startup 新興企業　□ via ～を通じて　□ decade 10 年
[設問] □ victim 被害者　□ dispose 廃棄する　□ contaminated 汚染された　□ wildlife 野生生物　□ exclusion zone 立ち入り禁止区域　□ remote 遠隔の

> 英文の訳

アメリカの大学生の人気専攻

　大学において何を勉強するか？　もちろん、①自分が興味のある学問を大学で専門的に勉強すべきである。しかし、②卒業後にどんな職に就けるか、そしてどれだけ高い給料がもらえるか考えて専攻を選ぶ学生も当然多いだろう。最近、Us News & World Report のサイトに、「最も高い給料を得られる専攻トップ10」のリストが掲載された。(2016年5月17日)

　このリストによると、最も取得する価値がある学位の第1位は石油工学だ。この調査によると、大卒でこの職についた人たちの平均収入（25歳から59歳）は13万6000ドルであり、2位は薬学、薬科学、薬事行政学で11万3000ドル、3位は金属工学で9万8000ドル、③4位は鉱山・鉱物工学（9万7000ドル）、5位は化学工学（9万6000ドル）となっている。

　これらの分野での成功が立派な功績であることは確かで、高い見返りにも見合うものである。製薬研究者は命を救う新薬を開発することができる。化学技術者は、われわれを取り巻く世界のあらゆる場所で使われる様々な物質を作り出す。今なお、われわれの社会はエネルギー需要のほとんどを鉱山労働者や石油産業の労働者に頼っている。よって、これらの専攻は、常に多くの学生を集めることになる。しかし、④一般的にこのような給与の高い職業は、数学や科学における並外れた能力を必要とする。また、鉱山工学と石油工学の分野では、作業員は鉱山の近くや、海にある石油採掘プラットフォームの近くに住まなければならないこともある。その場合、高い給料とともに危険や不便さもつきまとう。⑤さらに、科学、技術、工学、数学を専攻する学生のうちには、学位を取得できない者も多く存在する。⑥誰もが科学技術の分野で成功できるわけではないし、誰もがそうしたいと思うわけでもないのだ。

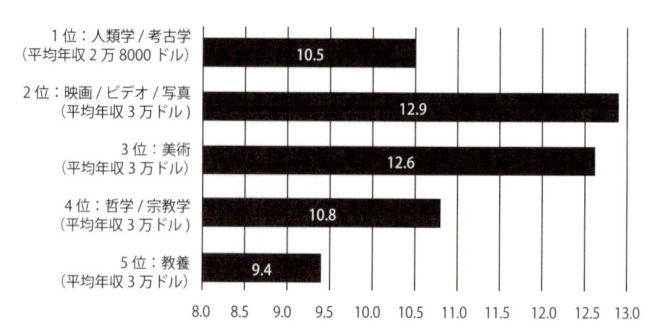

図1
大学の専攻ワースト（22歳から26歳）失業率

専攻	失業率
1位：人類学/考古学（平均年収2万8000ドル）	10.5
2位：映画/ビデオ/写真（平均年収3万ドル）	12.9
3位：美術（平均年収3万ドル）	12.6
4位：哲学/宗教学（平均年収3万ドル）	10.8
5位：教養（平均年収3万ドル）	9.4

Test 2

　これに対して、アメリカの有力ビジネス誌『フォーブス』は大学の専攻ワースト10(22歳から26歳)なるものを発表した。これによると、1位から5位までは、順に、1位は人類学／考古学（失業率：10.5%　平均年収：2万8000ドル）、2位は映画／ビデオ／写真(失業率：12.9%　平均年収：3万ドル)、3位は美術(12.6%　平均年収：3万ドル)、4位は哲学／宗教学（失業率：10.8%　平均年収：3万ドル）、⑦5位は教養（失業率：9.4%　平均年収：3万ドル）となっている。

　しかし、教養の学位など役に立たないという固定観念に反論する声もある。『タイム』誌などの雑誌は、「ソフトな」学部出身の成功者たちをリストにして掲載している。その中にはスターバックスのCEOであるハワード・シュルツ、ディズニーの前CEOであるマイケル・アイズナー、YouTubeのCEOであるスーザン・ウォシッキー、大きな成功を収めているオンライン・マーケット運営会社アリババの創設者のひとりであり会長のジャック・マーなどがいる。彼らの多くは、自らの「悪い」専攻が実際は役立ったと主張する。ヒューレット・パッカードの前CEOであるカーリー・フィオリーナは、中世史という専攻は就職市場に向けての備えとはならなかったが、「人生に対する備えにはなった」と言う。また、⑧ジャック・マーは、学業で成功することを重視しすぎないようにと従業員に話した。スピーチの中で彼はこう語った。「⑨成績は真ん中くらいでいいんだ、悪すぎなければね。⑩ただ、そういう人には他の能力を得るために使える時間があるということだ」

　結局、成功は専攻によって決まるものでなく、その人自身にかかっているのかもしれない。⑪これまでに挙げたような給与の高い仕事に就いていても、ストレスを感じていてキャリアに満足していない人もいるし、失業する人もいる。⑫専攻やキャリアをなかなか決められなかった結果、さまざまなものを試すことで多くの能力を身につける人もいる。少しの創造性があれば、こういった幅広い種類の能力を生かして、すばらしいキャリアパスを築けるだろう。どの専攻を選ぼうと、情熱とやる気を持って取り組むことが何より大事なのかもしれない。

(55) 正解 3

設問の訳と解説

第1段落によると、多くの学生はどのように学問の専攻を選びますか？
1 自分の好き嫌いで選ぶ。
　➡①「自分が興味のある学問を大学で専門的に勉強すべき」とは言っていますが、「好き嫌いで選ぶ」とは書かれていません。
2 学校の評判をもとに選ぶ。
　➡この記述は本文にありません。
3 将来のキャリアを見込んで選ぶ。
　➡②からこれが適当と判断できます。

4 ビジネス雑誌の情報をもとに選ぶ。
   ➡本文にこの記述はありません。

> **解答のポイント！**
> 選択肢1がひっかけになっているので、3とあわせて判断しましょう。

(56) 正解 2

設問の訳と解説

もっとも習得する価値がある第4位の学位を専攻した人の平均収入は？
1 9万6000ドル。
   ➡5位の化学工学の平均収入です。
2 9万7000ドル。
   ➡③からこれが正解です。
3 9万8000ドル。
   ➡3位の金属工学の平均収入です。
4 11万3000ドル
   ➡これは2位の薬学、薬科学、薬事行政学の平均収入です。

> **解答のポイント！**
> 第2段落をよく読んで判断しましょう。

(57) 正解 3

設問の訳と解説

もっとも選ぶ価値のある専攻で学ぶことを避けるべき人もいる理由は何ですか？
1 学生を受け入れる枠が十分にないから。
   ➡本文にこの記述は見つかりません。
2 将来的に就職市場は変化するかもしれないから。
   ➡本文にこの記述はありません。
3 誰もが数学や科学を得意とするわけではないから。
   ➡④と⑤と⑥あたりの情報から、これが正解と判断できます。
4 失業率が高いから。
   ➡この記述は本文にありません。

Test 2

解答のポイント！

情報量の多い第 3 段落をよく読めば、選択肢 1, 2, 4 は明らかにそこにはない情報とわかりますので、消去法でも正解が得られます。設問の Why should some people avoid studying the most valuable majors?（もっとも選ぶ価値のある専攻で学ぶことを避けるべき人もいる理由は何ですか？）に対し、④と⑤の情報を踏まえた上で、⑥ Not everyone can succeed in science and technology, and not everyone would want to.（誰もが科学技術の分野で成功できるわけではないし、誰もがそうしたいと思うわけでもないのだ）と答えていると判断できます。

(58)　正解　4

設問の訳と解説

図 1 によると、職を得る可能性が最も高いのは、どの「最悪な学部」の卒業生ですか？
1　美術の卒業生
　➡失業率は 12.6%です。
2　人類学の卒業生
　➡失業率は 10.5%です
3　写真の卒業生
　➡失業率は 12.9% です。
4　教養の卒業生
　➡⑦にあるとおり、失業率は 9.4%といちばん低く、これがいちばん「職を失わない」、すなわち「職を得る」可能性がいちばん高いと判断できます。

解答のポイント！

設問が which graduates with the "worst majors" are most likely to be employed?（職を得る可能性が最も高いのは、どの「最悪な学部」の卒業生ですか？）とややもってまわったような言い方ですが、第 4 段落および表に記された Unemployment rate（失業率）がいちばん低いものと判断すれば、正解が得られます。

(59)　正解　4

設問の訳と解説

第 5 段落によると、ジャック・マーの考えをもっともよく説明しているのはどれですか？
1　何を専攻していても、いい成績を得るため頑張るべきだ。

➡︎⑨で「成績は真ん中くらいでいいんだ、悪すぎなければね」と言っています。
2 科学者になるためには、科学の学位は厳密に言えば必要ではない。
➡︎本文にこの記述はありません。
3 教養専攻の学生は、科学専攻の学生より創造的な考え方ができる。
➡︎この記述は本文に見つかりません。
4 **学業成績を重視するより、幅広いスキルを身につけるべきだ。**
➡︎⑧と⑨と⑩を総合して判断すれば、これが正解と判断できます。

解答のポイント！

キーワードは Jack Ma ですので、この人物名が出てくる部分をよく読みましょう。

(60)　正解　1

設問の訳と解説

第6段落によると、「もっとも価値のある」学部のいずれかを専攻したときに起こり得ることは何ですか？
1 **仕事を楽しめないかもしれない。**
➡︎⑪からこれを正解とするのが適当です。
2 大金持ちになるかもしれない。
➡︎本文にこの記述はありません。
3 結局は別の分野の仕事に就くかもしれない。
➡︎⑪に「失業する人もいる」とありますが、「別の分野の仕事に就く」とは書かれていません。
4 幅広い種類の能力を身につけるかもしれない。
➡︎⑫にあるとおり、これができるのは「専攻やキャリアをなかなか決められなかった」人たちです。

解答のポイント！

リーディング最後の問題となると受験生は相当疲れていると思います。しかし、最後の問題であっても急に難易度が上がるわけではありません。時間があれば解けるはずですから、時間を上手に使って問題は最後まで落ち着いて解くようにしましょう。

注

[パッセージ] □ major （〜を）専攻（する）　□ graduation 卒業　□ salary 給料　□ earn （お金を）稼ぐ　□ valuable 価値のある　□ petroleum 石油　□ median 平均の　□ annual 年間の　□ wage 賃金　□ pharmacy 薬学　□ pharmaceutical 薬学の　□ administration 行政　□ metallurgical 冶金の　□ mining 鉱山の　□ mineral 鉱物の　□ succeed 成功する　□ achievement 業績　□ deserve 〜にふさわしい　□ compensation 対価　□ medication 薬　□ substance 物質　□ rely on〜 〜に頼る

Test 2

□ exceptional 非常に優れた   □ inconvenience 不便さ   □ counterpoint 対比
□ influential 影響力のある   □ anthropology 人類学   □ archeology 考古学
□ unemployment rate 失業率   □ philosophy 哲学   □ religious 宗教の   □ liberal arts 教養学   □ strike back 反撃する   □ chairman 会長   □ founder 創立者
□ wildly 激しく、非常に   □ medieval 中世の   □ academic 学業の   □ dissatisfied 不満な   □ indecisive 優柔不断な   □ eventually 最終的に   □ versatile 多彩な
□ passion 情熱
[設問] □ reputation 評判   □ prospect 見通し   □ strictly 厳密には   □ a range of~ 広範囲の~   □ end up ~ing 結局~することになる

LISTENING Part 1A

> **ディレクション**
>
> Part 1A. In this part, you will hear 10 short conversations. Each conversation will be followed by one question. For each question, you will have 10 seconds to choose the best answer and mark your answer on your answer sheet. The conversations and questions will be played only once. Now, let's begin.

No. 1　正解　1　TEST 2 LISTENING REVIEW ▶ 001　American male / British female

> **スクリプトと設問**
>
> ★：Hi, Susan. Did you hear about the dorms being closed this summer?
> ☆：Yes, I did. I'm rather upset because I need to take summer classes.
> ★：Me too. I wanted to take Chinese, but I can't if I have to go all the way home.
> ☆：① What do you think we should do?
> ★：Maybe ② we should talk to the professors and see if they could help us.
> ☆：That's a good idea. ③ Perhaps they can get us permission to stay at the dorm.
> ★：Let's talk to each of our professors together to make a bigger impact.
> ☆：Good idea.
>
> **Question: What will the students ask the professors to do for them?**
>
> ★：やあ、スーザン。この夏は寮が閉まるって聞いた?
> ☆：ええ、聞いたわ。夏季の授業も取らなきゃいけないからちょっと困ってるの。
> ★：僕もだよ。中国語の授業を取りたかったんだけど、遠くの実家まで帰らなきゃならないなら取れないよ。
> ☆：① どうすればいいと思う?
> ★：② 教授たちに話してみて、力になってくれるか確かめてみるのがいいかも。
> ☆：いい案ね。③ もしかしたら寮に残るための許可をもらってくれるかもしれないわ。
> ★：教授1人ひとりに僕らで一緒に話して、より強い印象を与えよう。
> ☆：いい考えね。
>
> **質問：学生たちは教授に何をしてくれるように頼むつもりですか?**

> **選択肢の訳**
>
> 1　夏のあいだ寮に住むための許可を得る。　　2　学生たちと一緒に寮の職員に話を

Test 2

する。　3　ほかの教授たちの助けを求める。　4　より強い印象を与えるため、学生たちと一緒に行く。

解答のポイント！

①の What do you think we should do? のあと、②で we should talk to the professors と答えています。それに対して③で Perhaps they can get us permission to stay at the dorm. と言っていますので、正解は1です。

注

[パッセージ]　□ upset　戸惑っている　　□ all the way　はるばる　　□ permission　許可
□ impact　影響

No. 2　正解　4　TEST 2 LISTENING REVIEW ▶ 002　British male / American female

スクリプトと設問

★：Hello, Jessica. Could you give me some advice?
☆：Sure, Mike.
★：My professor asked me to participate in a conference where I could learn how to organize volunteer teams that support victims in disaster-stricken areas. ① I want to go, but I've already said yes to another volunteer job.
☆：Well, it sounds like you could learn a lot from the conference.
★：Yes, that's true.
☆：You can apply what you learn to future volunteer work, and then share your knowledge with other volunteers.
★：That's a really good point.
☆：② I think you should go to the conference.
★：③ Thanks a lot!

Question: What is Mike concerned about?

★：やあ、ジェシカ。ちょっとアドバイスをくれるかい？
☆：もちろんよ、マイク。
★：被災地の被害者を支援するボランティアチームを組織する方法を学べる会議に参加するよう、教授に言われたんだ。①僕は行きたいんだけど、すでに別のボランティアの仕事に参加を表明しちゃってるんだよね。
☆：うーん、その会議ではたくさんのことが学べそうね。

213

★：うん、確かにそうだよね。
☆：学んだことを将来のボランティア活動に生かして、ほかのボランティアの人たちと知識をシェアできるんじゃないかな。
★：君の言うとおりだ。
☆：②会議に出るのがいいと思うよ。
★：③どうもありがとう！

質問：マイクが悩んでいることは何ですか？

選択肢の訳

1　2つのボランティア活動に参加したくはない。　2　会議がいつ開かれるのかわからない。　3　会議に行きたいが、十分にお金がない。　**4　会議に行くためにボランティアの仕事をキャンセルすることを心配している。**

解答のポイント！

男性は①で教授に行くように言われた会議に I want to go, but I've already said yes to another volunteer job. と言って困っています。さらに女性が② I think you should go to the conference. とアドバイスしているのに対して、Mike は③ Thanks a lot! と言っています。以上のことから、会議に行くために仕事をキャンセルすることを心配していたことがわかりますので、正解は 4 と判断できます。

注

[パッセージ] □ participate in ~　~に参加する　□ conference　会議　□ organize　~を組織する　□ victim　被害者　□ disaster-stricken area　被災地　□ apply　~を応用する
[設問] □ be concerned about ~　~について心配している

No. 3　正解　1　TEST 2 LISTENING REVIEW ▶ 003　American male / British female

スクリプトと設問

★：Hi, Mrs. Smith. Do you have a minute?
☆：Sure, Bill. What can I do for you?
★：I don't know what I can do about my grades. I study hard, but I'm not doing well on the exams.
☆：I've noticed that you take a lot of notes. Maybe that's your problem.
★：What do you mean?
☆：There's no need to write down everything I say. ① You are studying more

Test 2

information than you need for the exam. Just write down the most important points.
★ : Don't we need to read the textbook too?
☆ : Yes, but you should highlight the most important parts of the text for easy review.
★ : I see.
☆ : I'd also suggest taking 30 minutes to review what you've written down and highlighted after each class.

Question: According to Mrs. Smith, what is wrong with Bill's study habits?

★：こんにちは、スミス先生。少しお時間ありますか？
☆：もちろんですよ、ビル。どうしたの？
★：成績について、どうしたらいいかわからなくて。頑張って勉強しているのですが、テストでいい点が取れないんです。
☆：あなたはたくさんメモを取っているようですね。それが問題かもしれません。
★：どういうことですか？
☆：私が話すことをすべて書き取る必要はないんです。①あなたはテストに必要な情報より多くのことを勉強してしまっています。もっとも重要なポイントだけ書き取ればいいんです。
★：教科書も読まなければいけないのでは？
☆：ええ、でもあとで見直しやすいように、教科書でもっとも重要なところに印を付けるといいでしょう。
★：わかりました。
☆：また、毎回授業後に時間を30分取って、書き取ったメモや印を付けた部分を見直すのもいいですね。

質問：スミス氏によると、ビルの勉強法の問題点は何ですか？

選択肢の訳

1 一度に勉強する情報量が多すぎる。　**2** 授業中に書きものをしていて、教師の話を聞いていない。　**3** メモを取らずに本を読む。　**4** 勉強が足りない。

解答のポイント！

教授は①で You are studying more information than you need for the exam. と言っていますので、その箇所を言い換えた **1** が正解となります。

215

注

[パッセージ] □ notice　〜に気づく　　□ mean　〜を意味する　　□ highlight　〜を目立たせる
[設問] □ habit　習慣

No. 4　正解　1　　TEST 2 LISTENING REVIEW ▶ 004　　American female / British male

スクリプトと設問

☆：Thanks for letting me ask you some questions today, Mr. Benson.
★：No problem.
☆：① How has the growth of the city affected your business?
★：② In the beginning our customer base expanded, but things got tough last year when a large chain opened up down the street.
☆：I imagine that hurt quite a few local businesses.
★：It did, but using the Internet has helped a lot. Business is improving now that we can sell our products online to people all over the country.
☆：That's good to hear.

Question: What was the initial impact of the expansion of the city on Mr. Benson's business?

☆：今日は質問を受け付けていただけるとのことで、ありがとうございます、ベンソンさん。
★：とんでもない。
☆：①この町の発展はあなたの事業にどのような影響を及ぼしましたか？
★：②初めは顧客基盤が拡大しましたが、昨年になって通りに大きなチェーン店がオープンすると、状況は厳しくなりました。
☆：地元の事業の多くがダメージを受けたでしょうね。
★：そのとおりです。でもインターネットを利用したことが大きな効果を生みました。ネットを介して全国の人びとに商品を販売できるようになったので、現在売り上げは伸びています。
☆：それはよかったです。

質問：初めのうち、町の発展はベンソン氏の事業にどのような影響を与えましたか？

選択肢の訳

1　事業の成長を促した。　　2　事業の拡大を阻んだ。　　3　ベンソン氏がインターネットにアクセスできるようになった。　　4　競合相手を呼び込み、売り上げにダメージを与えた。

Test 2

解答のポイント！

①の How has the growth of the city affected your business? に対して、②で In the beginning our customer base expanded と言っています。この In the beginning が質問文では initial で言い換えられています。

注

[パッセージ] □ growth　発展　　□ affect　〜に影響を及ぼす　　□ in the beginning　初めは
□ customer base　顧客基盤　　□ expand　拡大する　　□ tough　厳しい　　□ chain　（レストラン、スーパーなどの）チェーン（店）　　□ hurt　〜にダメージを与える　　□ quite a few　かなりの数の
[設問] □ initial　最初の　　□ keep A from ~ing　A が〜するのを妨げる
□ competitor　競合相手

No. 5　正解　3　TEST 2 LISTENING REVIEW ▶ 005　American male / American female

スクリプトと設問

★：Excuse me, Professor? Can I talk to you about my research paper?
☆：Sure.
★：I want to write about comparative literature.
☆：Great! What is your thesis?
★：Well, I want to discuss Vietnamese and Chinese literature. ① What sort of points should I pay attention to?
☆：② You'll find the most similarities if you go far back into history, since Vietnam has been influenced by other countries in more recent years.
★：I see.
☆：Also, it may be a good idea to focus more on religious writings.

Question: What advice does the professor give to the student?

★：教授、ちょっとよろしいですか？　研究論文についてお話ししてもいいでしょうか？
☆：もちろん。
★：比較文学について書きたいんです。
☆：いいですね！　論文のテーマは何ですか？
★：ええと、ベトナムと中国の文学について論じたいんです。①どういった点に注意したらよいでしょうか？
☆：②歴史を遠く遡れば類似点のほとんどが見つかってくるでしょう。ベトナムが他国の影響を受けたのはもっと最近のことですからね。
★：わかりました。

☆：また、宗教書にもっと注目してみるのもいいかもしれません。
質問：教授はどのようなアドバイスを学生に与えていますか？

選択肢の訳

1　中国がベトナムに与えた影響は無視しないほうがよい。　　2　ベトナムと中国の文学を比較すべきだ。　　**3　遠い過去に目を向けることがもっとも賢明なやり方だ。**
4　最近の歴史だけを考察すればよい。

解答のポイント！

質問文は① What sort of points should I pay attention to? の言い換えとなっています。したがってこのあとにつづく② You'll find the most similarities if you go far back into history を言い換えた 3 が正解となります。

注

［パッセージ］□ comparative literature　比較文学　　□ thesis　論文　　□ discuss　〜について論じる　　□ sort　種類　　□ pay attention to 〜　〜に注意をはらう　　□ similarity　類似点
□ influence　〜に影響を与える　　□ religious　宗教の
［設問］□ ignore　〜を無視する　　□ compare　〜を比較する　　□ distant　（時間的に）遠い
□ wise　賢い　　□ approach　手法　　□ consider　〜を考慮する

No. 6　正解　4　　TEST 2 LISTENING REVIEW ▶ 006　　British male / American female

スクリプトと設問

★：Excuse me. My name is Jordan Ellis, and I'm interested in working as a teaching assistant.
☆：I see. Have you taken the two Introduction to Teaching courses?
★：Well, I took the first one last semester, and I'm planning to take the second one next year.
☆：Usually ① teaching assistants need to have taken both courses before they apply, so I recommend that you do that first.
★：I see. Are there any other requirements?
☆：Yes, ② you also need to get a written recommendation from your advisor. Actually, there aren't any vacant positions at the moment, but if you'd like to give me your contact information, I can let you know about any future vacancies.
★：That would be great, thank you very much.

Test 2

Question: What two things do students usually need to do before they can become a teaching assistant?

★：すみません、ジョーダン・エリスと申します。教育助手の仕事に興味があるのですが。
☆：わかりました。2つの教育概論の講座は履修しましたか？
★：ええと、1つめは前学期に履修済みで、2つめは来年履修する予定です。
☆：通常は、①教育助手に応募する前に両方の講座を履修している必要があります。先にそちらを済ませることをお勧めします。
★：わかりました。ほかにも必須要件はありますか？
☆：はい、②アドバイザーからの書面での推薦状も必要です。実を言うと現在はどこも求人を出していないのですが、あなたの連絡先を教えていただければ将来的に求人情報をお知らせできます。
★：それはとても助かります、ありがとうございます。
質問：通常、教育助手になる前に学生がしなければならない2つのことは何ですか？

選択肢の訳

1　応募書類を提出することと、アドバイザーに話すこと。　2　求人が出るのを待つことと、2年生以上であること。　3　連絡先を提出することと、2つの講座を修了すること。　**4　必要な講座を修了することと、推薦を得ること。**

解答のポイント！

①の teaching assistants need to have taken both courses before they apply と、②の you also need to get a written recommendation from your advisor から、正解は **4** となります。

注

[パッセージ]　□ introduction （学問の）入門　□ semester 学期　□ recommend 〜を勧める　□ requirement 必須要件　□ vacant position 欠員　□ vacancy 空き

No. 7　正解　2　TEST 2 LISTENING REVIEW ▶ 007　American male / British female

スクリプトと設問

★：Hi Nadia, did you hear about the cafeteria closing on Saturday mornings from next month?

☆：Yeah, I think it's a terrible idea. They said that only a few students regularly use it, but there are actually lots of students on campus during the weekends. ①There aren't any other affordable places to eat nearby!

★：Well that's true, but did you hear that a new cafe just outside of campus will be opening next week?

☆：Oh, really? I didn't know that. What kind of food will they serve?

★：I'm not sure, but I think it'll be similar to the cafeteria, and for a similar price.

☆：I see. Sounds like it could be a good replacement for the cafeteria then. I'll have to check it out once it opens.

Question: Why is Nadia upset about the school cafeteria closing on Saturday mornings?

★：やあ、ナディア、来月から土曜の朝は食堂が閉まるって聞いたかい？

☆：ああ、とんでもないと思うよ。その時間にいつも使ってる学生は数人しかいないからってことらしいけど、実際は週末にもたくさんの学生がキャンパスにいるのに。①近くには安く食べられる場所なんて１つもないし！

★：まったくだね。でも来週にはキャンパスのすぐ外に新しくカフェがオープンするって聞いた？

☆：え、本当？　知らなかったよ。どんなメニューがあるの？

★：それはわからないけど、食堂と同じような感じで、価格も近いんじゃないかな。

☆：なるほどね。それなら食堂の代わりとしてよさそうね。オープンしたら行ってみなきゃ。

質問：学校の食堂が土曜の朝に閉まることについて、ナディアが腹を立てているのはなぜですか？

選択肢の訳

1　そこで食べられる食事が大好きだから。　　**2　近くにあるほかのカフェは高すぎるから。**　　3　そこで働いているから。　　4　多くの学生がいつもそこを使っているから。

解答のポイント！

①に There aren't any other affordable places to eat nearby! とありますので、正解は2となります。aren't ～ affordable が 2 では expensive で言い換えられています。

注

[パッセージ]　□ terrible　ひどい　　□ regularly　いつも、頻繁に　　□ affordable　手ごろな価格

の □ nearby 近くに　□ serve （食事を）出す　□ similar 似ている　□ replacement 代わりになるもの
[設問] □ upset 動揺した、腹を立てている

No. 8　正解　2　TEST 2 LISTENING REVIEW ▶ 008　American male / American female

スクリプトと設問

★：Excuse me, Ms. Carson, could I get your advice on something?
☆：Sure Tim, how can I help?
★：Well, I'm hoping to be chosen to study in England next year, but I need to submit a research proposal along with my study abroad application.
☆：I see. What's your field of interest?
★：Well, since I'm a political science major, I'd like to do some in-depth research on British politics while I'm in England.
☆：That sounds interesting. ①I can help you develop your proposal so you have a good chance of being selected, if you'd like?
★：That would be great. Thank you very much!
☆：Okay, bring your draft proposal to my office next Monday and we'll talk about what to do next.

Question: What will Ms. Carson do to help Tim?

★：すみませんカーソンさん、ちょっとアドバイスをいただいてもよろしいですか？
☆：もちろんですよ、ティム。どうしましたか？
★：あの、来年にイギリスへの留学生として選抜されたいと思っているのですが、留学申請書とともに研究計画書も提出しなければならないんです。
☆：なるほど。どのような分野に興味があるのですか？
★：専攻は政治学なので、イギリスにいるあいだはイギリス政治を徹底的に掘り下げて研究したいと思っています。
☆：面白そうですね。もしよければ、選抜の可能性を上げるために①計画書を磨き上げるお手伝いをしましょうか？
★：とても助かります。ありがとうございます！
☆：それでは、次の月曜日に計画書の下書きを私の事務室に持参していただき、次に何をすべきか話し合いましょう。
質問：ティムに手を貸すためにカーソン氏は何をする予定ですか？

選択肢の訳

1　研究計画書の下書きを書いてあげる。　　**2　研究計画書をよりよいものにするために手伝う。**　　3　留学に関してアドバイスをする。　　4　政治学に専攻を変更するための手伝いをする。

解答のポイント！

①に I can help you develop your proposal とありますので、正解は 2 となります。

注

[パッセージ]　□ proposal　提案（書）　□ political science　政治学　□ major　専攻、専攻学生
□ in-depth　徹底的な　　□ draft　下書き、草稿

No. 9　正解　3　　TEST 2 LISTENING REVIEW ▶ 009　　British male / American female

スクリプトと設問

★：Hey Ellen, what do you think we should do about the school newspaper? ①The editor said we're really low on funds at the moment.
☆：I know, James. ②If it keeps going like this, we might have to stop production.
★：That would be a real shame. It's really popular with the students.
☆：Well, what about asking local businesses if they would be interested in advertising in the paper?
★：That's a good idea! I'm sure there'd be some businesses that would like to market to students.
☆：I'll start looking into it and let you know how I get on.
Question: What is the problem with the school newspaper?

★：ねえ、エレン、学内新聞についてどうしたらいいと思う？　①編集者によると、今は資金がかなり乏しい状態らしい。
☆：知ってるわ、ジェームス。②このままだと発行をストップしなきゃいけないかもしれない。
★：そんなことになったらすごく残念だな。学生たちには大人気なのに。
☆：そうね、紙面で広告を出すことに興味がないか、地元の企業に聞いてみるのはどうかしら？
★：それはいい考えだ！　学生に向けて宣伝したい企業がきっとあるはずだよ。
☆：ちょっと調べてみてから、進捗状況を知らせるね。
質問：学内新聞が抱える問題は何ですか？

Test 2

選択肢の訳

1 学生にあまり人気がない。　2 編集者が突然辞めた。　**3 発行をつづけるために十分なお金がない。**　4 紙面に広告を出したい地元企業が多すぎる。

解答のポイント！

①の The editor said we're really low on funds at the moment. と、②の If it keeps going like this, we might have to stop production. から、正解は 3 とわかります。

注

[パッセージ] □ editor 編集者　□ fund 資金、基金　□ at the moment 今現在　□ shame 残念であること　□ advertise 宣伝する　□ market 売り込む　□ look into ~ ~を詳しく調べる　□ get on （仕事などが）進む
[設問] □ quit 辞める、辞職する

No. 10　正解 3　TEST 2 LISTENING REVIEW ▶ 010　American male / British female

スクリプトと設問

★：Hi, Professor Chalmers. Do you have a moment?
☆：Sure, Marcus. How can I help you?
★：Well, I've written a short story and ① I'd really appreciate it if I could get your feedback on it. I'm hoping to get it published in a literary magazine.
☆：That's great, I'll be happy to take a look at it. I'm a friend of the editor of *Creative Writing Monthly*. Would you like me to send her your work?
★：That would be wonderful! ② But I'd like to hear what you think of my story first before it gets submitted.
☆：I see. I'll look it over and let you know what I think.
★：Thank you so much!
☆：You're very welcome, Marcus.

Question: What does Marcus want Professor Chalmers to do?

★：こんにちは、チャルマーズ教授。ちょっとお時間よろしいですか？
☆：もちろんですよ、マーカス。どうしましたか？
★：あの、短い物語を書いたので、①教授の感想をいただければとてもうれしいのですが。文芸雑誌に載ることをめざしているんです。
☆：それはすばらしい、喜んで拝見しますよ。『クリエイティブ・ライティング・マンスリー』で編集をしている友人がいるのですが、あなたの作品を彼女に送りましょうか？

223

★：それはとてもありがたいです！　②でも投稿前に、まずは教授から物語の感想をうかがいたいです。
☆：わかりました。目を通して感想をお伝えします。
★：ありがとうございます！
☆：大歓迎ですよ、マーカス。
質問：マーカスがチャルマーズ教授にしてもらいたいことは何ですか？

選択肢の訳

1　自分のために短い物語を書いてほしい。　2　『クリエイティブ・ライティング・マンスリー』に自分の短編を投稿してほしい。　**3　自分の書いた物語を読んで、感想を教えてほしい。**　4　文章創作の課題を手伝ってほしい。

解答のポイント！

①の I'd really appreciate it if I could get your feedback on it と、②の But I'd like to hear what you think of my story first before it gets submitted. から、正解は 3 となります。

注

［パッセージ］□ appreciate　〜をありがたく思う　□ feedback　反応、意見　□ literary magazine　文芸雑誌　□ look over　〜に目を通す

LISTENING Part 1B

Test 2

ディレクション

Part 1B. In this part, you will hear 10 short passages. Each passage will be followed by one question. For each question, you will have 10 seconds to choose the best answer and mark your answer on your answer sheet. The passages and questions will be played only once. Now, let's begin.

No. 11　正解　1　TEST 2 LISTENING REVIEW ▶ 011　American female

スクリプトと設問

Our university library was established about 100 years ago by a man named Joe Garcia, who was a close friend of the university's founder. As a writer and poet, ① Mr. Garcia wanted to give students who couldn't afford to buy school books a chance to study as much as they wanted. He especially cared about supporting students who had jobs. In the basement of the library, students can find important letters and notes written by the library founder in those days.

Question: What was the purpose of the library?

本学の図書館は、大学創立者の近しい友人であったジョー・ガルシア氏という人物によって約100年前に建てられたものです。作家であり詩人でもあった①ガルシア氏は、お金がなくて教科書を買えない学生に、好きなだけ勉強ができる機会を与えたいと考えました。特に仕事をしている学生のサポートを重視していました。図書館の地下では、当時ガルシア氏が記した貴重な手紙やメモが学生に公開されています。
質問：図書館が建てられた目的は何ですか？

選択肢の訳

1　お金のない学生に無料で本を読ませるため。　2　夜に働いている学生に、勉強するための静かな場所を提供するため。　3　大学の創立100周年を祝うため。　4　図書館の設立者のもっとも有名な著作や詩を展示するため。

解答のポイント！

①に Mr. Garcia wanted to give students who couldn't afford to buy school books a chance to study as much as they wanted とありますので、1が正解です。

注

[パッセージ] □ establish ～を設立する　□ founder 設立者、創立者　□ poet 詩人
□ afford to ~ ～することができる　□ basement 地下室
[設問] □ display ～を展示する

No. 12　正解　2　TEST 2 LISTENING REVIEW ▶ 012　American male

スクリプトと設問

In the 1970s, several countries began using nuclear energy. ①Many people agree that the disadvantages of nuclear energy outweigh the advantages. Nuclear energy creates waste that is extremely toxic. The most toxic nuclear waste takes around 40 years to be touchable again. There are also safety concerns. If a nuclear reactor leaks or breaks down, the nearby air and water will become toxic, causing many of the living things in the area to die.

Question: What does the speaker imply about nuclear energy?

1970年代、いくつかの国が核エネルギーを使いはじめた。①多くの人たちが核エネルギーは利点より不利益をもたらすことが多いと考えている。核エネルギーは極めて有害な廃棄物を作り出す。最大に有害な核廃棄物は再び手をつけられるまでに40年ほどかかる。安全面の懸念もある。原子炉から放射能が漏れ出したり、それ自体が壊れるようなことがあれば、近隣の大気や水は汚染され、地域の多くの生物が死滅することになる。

質問：話し手は、核エネルギーについてどんなことをほのめかしていますか？

選択肢の訳

1　それほど有害でない核廃棄物は手に触れることができる。　**2　核エネルギーは利点よりも不利益をもたらすことが多い。**　3　多くの国が1970年代に石油を使うことをやめた。　4　原子炉は普通は水の近くにある。

解答のポイント！

①に Many people agree that the disadvantages of nuclear energy outweigh advantages. とありますので、2が正解です。

注

[パッセージ] □ nuclear 核の、原子力の　□ outweigh ～より勝る、～より重い　□ extremely

226

極度に、極めて　□ toxic 有害な　□ waste 廃棄物　□ touchable 触れることができる
□ concern 懸念、心配　□ leak 漏る、漏れる　□ break down 壊れる
[設問] □ imply 〜をほのめかす

No. 13　正解 3　TEST 2 LISTENING REVIEW ▶ 013　American male

スクリプトと設問

Penang Island, which is called the Pearl of The Orient, is one of the biggest tourist areas in Malaysia. Tourists are attracted by the high-class beach resorts in the north, like Batu Feringghi and Telok Bahang, and by ①George Town, which recently became a World Heritage Site. ②Many Japanese tourists can be seen in the area. ③The island is home to many retired Westerners and Japanese who are living their final years in paradise. ④Many people also live in summer vacation homes during the winter.

Question: What is true about Penang Island?

「東洋の真珠」とも呼ばれるペナン島は、マレーシア随一の観光地である。観光客の目当ては、バトゥ・フェリンギやテロック・バハンといった北部の高級リゾートビーチや、①近年世界遺産に登録されたジョージタウンである。②日本人観光客の姿も多く見られる。③欧米諸国や日本などから多くの定年退職者も島を訪れ、楽園での余生を過ごしている。④また、冬のあいだにやってきてペナン島の夏用の別荘で過ごす人も多い。

質問：ペナン島について正しいものはどれですか？

選択肢の訳

1　多くの欧米人が仕事を求めて移住している。　2　日本人の運動競技者に人気のスポーツ施設がある。　**3　最近、島の中のある地域が世界遺産に登録された。**　3　冬のあいだは寒くなる。

解答のポイント！

①から3が正しいと思われます。1に関しては、③の情報にあるとおり、定年退職者が多いのであって、仕事を求めてやって来るとは書かれていません。2については、②にあるとおり、日本人の観光客が訪れるのであって、運動競技者の人気スポーツ施設があるわけではありません。④に Many people also live in summer vacation homes during the winter. とあり、ペナン島は冬のあいだもおそらく暖かいと考えられますので、4も正しくありません。

227

注

[パッセージ] □ Orient 東洋　□ tourist 観光客　□ high-class 高級な　□ World Heritage Site 世界遺産登録地　□ home 生活の場　□ retired 退職した
[設問] □ destination 目的地

No. 14　正解 4　TEST 2 LISTENING REVIEW ▶ 014　British female

スクリプトと設問

The IT company, ABC Tech, located down the street from Stonewall University is hiring students to intern there during the summer. ① <u>Students who are interested in this great opportunity need to hand their resumes in to the ABC Tech office by 6:00 PM on May 2</u>. Please also include a short cover letter that includes your summer class schedule. For more information about this intern program, please visit ABC Tech's website at www.abctech.com.

Question: What should students who want to intern at ABC Tech do?

ストーンウォール大学と同じ通りにある IT 企業の ABC テックが、夏のあいだにインターンをする学生を募集しています。①<u>このすばらしい機会に興味のある学生は、5月2日の午後6時までに ABC テック社に履歴書を提出してください</u>。また、夏の授業のスケジュールを記載した添え状も付けてください。インタープログラムの詳細については、ABC テックのウェブサイト www.abctech.com をご覧ください。

質問：学生が ABC テックでインターンをするためにすべきことは何ですか？

選択肢の訳

1　5月2日の午後6時まで待ってから履歴書を提出する。　2　ABC テックに履歴書を送る。　3　ABC テックに手紙を書く。　**4　直接 ABC テックに履歴書を持っていく。**

解答のポイント！

①に Students ... need to hand their resumes in at the ABC Tech office by 6:00 PM on May 2. とありますので、正解は 4 となります。

注

[パッセージ] □ intern インターン（として働く）　□ hand in 〜を提出する　□ resume 履歴書　□ cover letter 添え状

No. 15　正解　1　TEST 2 LISTENING REVIEW ▶ 015　American female

スクリプトと設問

New research has found that caffeine and tea may be good for your health. ①Drinking caffeinated tea as often as every day could help fight many common diseases. Caffeine can help protect your nervous system, which means that you will be less likely to get diseases like MS. Also, the antioxidants in green tea, for example, help to prevent cancer. Many teas also have other natural chemicals in them that can fight off cancer, heart attacks, and diabetes.

Question: What is the speaker trying to tell us?

カフェインやお茶が健康にいいかもしれないということが、新たな研究によりわかった。①毎日カフェインの入ったお茶を飲むことで、多くの一般的な疾患を予防できる可能性がある。カフェインには神経系を守る働きがあるので、多発性硬化症にかかるリスクが減少する。また、たとえば緑茶に含まれる抗酸化物質は癌の予防に役立つ。ほかにも、多くの種類のお茶には癌や心臓発作や糖尿病を防ぐ天然の化学物質が含まれている。

質問：話し手は何を伝えようとしていますか？

選択肢の訳

1　私たちはお茶を頻繁に飲むべきだ。　2　化学物質が添加されたお茶はより多くの疾患を防ぐ。　3　お茶にはたくさんの砂糖を入れてよい。　4　ノンカフェインのお茶には健康へのメリットがまったくない。

解答のポイント！

①に Drinking caffeinated tea as often as every day could help fight many common diseases. とありますので、1が正解となります。

注

[パッセージ]　□ caffeinated　カフェイン入りの　□ common　一般的な　□ disease　病気　□ nervous system　神経系　□ be likely to ~　~する可能性がある　□ MS = multiple sclerosis　多発性硬化症　□ antioxidant　抗酸化物質　□ diabetes　糖尿病
[設問]　□ frequently　頻繁に　□ decaffeinated　カフェイン抜きの

No. 16　正解　2　TEST 2 LISTENING REVIEW ▶ 016　American male

スクリプトと設問

① The *tabula rasa* theory says the way we're raised determines the kind of adults we will become. However, after comparing groups of brothers and sisters, modern psychologists began to almost completely disagree with the theory. ② Brothers and sisters from the same parents act the same at a young age, but they grow to be different from each other later in life. This means that people's personalities can change despite their upbringing.

Question: What is implied about human personality by the speaker?

①「タブラ・ラーサ」説によると、人は育てられ方によってどのような大人になるかが決まるという。しかし、兄弟姉妹のグループを比較した現代の心理学者たちは、この説にほぼ真っ向から異議を唱え始めた。②同じ親のもとで育った兄弟姉妹は、幼い頃は同じ行動をとるが、その後の人生を送る中で互いに異なる点が生まれてくる。つまり、人間の性格は親の教育にかかわらず変化しうるということである。

質問：話し手によって、人間の性格について、どのようなことがほのめかされていますか？

選択肢の訳

1　親と同居している大人は若い頃と同じ行動をとる。　**2　人の性格は育ち以外のものに影響を受ける。**　3　性格の面から人を説明することは意味がない。
4　人が親と似た性格を持つことは決してない。

解答のポイント！

①で「タブラ・ラーサ」説の「人は育てられ方によってどのような大人になるかが決まる」と言っていますが、兄弟姉妹のグループを比較した現代の心理学者たちがこの説に異議を唱え、②「同じ親のもとで育った兄弟姉妹は、幼い頃は同じ行動をとるが、その後の人生を送る中で互いに異なる点が生まれてくる」という説を主張しています。よって、最後の文の「人間の性格は親の教育にかかわらず変化しうる」というのは、2の「人の性格は育ち以外のものに影響を受ける」ということを言っていると判断できます。消去法でも正解が引き出せるでしょう。

注

[パッセージ]　□ theory　学説　　□ raise　〜を育てる　　□ determine　〜を決定する
□ modern　現代の　　□ psychologist　心理学者　　□ disagree with 〜　〜に反対する

□ personality　性格　　□ upbringing　（親から受ける）教育、しつけ
［設問］□ describe　〜を説明する　　□ meaningless　無意味な

Test 2

No. 17　正解　3　TEST 2 LISTENING REVIEW ▶ 017　British male

📖 スクリプトと設問

Rodgers University is now offering an Online English Delivery Service to students learning English as a second language. ① Students who are interested in getting their English writing checked by native speakers can do so by e-mail. The native checkers include people such as university teachers, journalists, and editors. All checked writing will be returned to students within 48 hours. ② If you have any questions about the service, please contact Marcel Morita in the School Affairs Department.

Question: What should students first do to get their English writing checked?

ロジャーズ大学は、英語を第2言語として学ぶ学生向けにオンライン英文添削サービスを提供することになりました。①希望する学生は、メールを通じてネイティブスピーカーに自分の英文を添削してもらえます。ネイティブ添削者の職業は、大学教師、ジャーナリスト、編集者などです。提出された英文は添削して48時間以内にお戻しします。②本サービスについて質問のある方は、教務室のマーセル・モリタまでお問い合わせください。
質問：英文を添削してもらうために、学生はまず何をすべきですか？

📖 選択肢の訳

1　大学の英語教師にメールを書く。　　2　どのネイティブ添削者がよいか選ぶ。
3　英文を添削者にメールで送る。　　4　マーセル・モリタ氏にメールをする。

💡 解答のポイント！

②に「サービスに質問のある人は教務室のモリタ氏に連絡するように」とありますが、メール添削を希望する人は、①にあるようにまず「添削者にメールを送る」ことをすべきと判断できます。

✏️ 注

［パッセージ］□ second language　第2言語　　□ native speaker　ネイティブスピーカー、母語話者　　□ editor　編集者

[設問] □ prefer 　〜を好む

No. 18　正解　4　　TEST 2 LISTENING REVIEW ▶ 018　　British female

📖 スクリプトと設問

Welcome to Science 203. I am your professor, Laura Boyd. ① The title of the book you need for this class is written on the board. ② It's for sale at all university bookstores. ③ You'll have a reading assignment for every class. ④ All assigned readings must be done in advance. ⑤ If you forget, it'll be difficult to understand my lectures, and you'll have to take a lot of notes. If you have any questions, feel free to ask me after class.

Question: What should students do in order to do well in the class?

科学 203 の授業へようこそ。私が教授のローラ・ボイドです。①この授業で必要な教科書の書名は黒板に書いてあります。②大学内の書店ならどこでも手に入ります。③毎回授業では読書課題を出します。④事前に課題部分を読んできてもらうことになります。⑤忘れると講義を理解するのがむずかしくなりますし、メモをたくさん取らなければならなくなります。何か質問があれば、授業後に遠慮なく聞いてください。
質問：きちんと授業を受けるために、まず学生がすべきことは何ですか？

📖 選択肢の訳

1　メモをたくさん取る。　　2　授業後に質問をする。　　3　地元の書店に本を買いにいく。　　4　宿題として課題部分を読む。

💡 解答のポイント！

①と②から 3 の「本を買いにいく」ことは考えられますが、②にあるようにそれは大学構内の書店で手に入るのであって、3 の「地元の本屋」ではありません。③と④と⑤から、正解は 4 となります。

✏️ 注

[パッセージ] □ for sale　販売されている　　□ in advance　前もって　　□ feel free to ~　遠慮なく〜する
[設問] □ local　現地の、地元の

# Test 2

No. 19　正解　2　TEST 2 LISTENING REVIEW ▶ 019　American male

📖 スクリプトと設問

We'll continue our discussion about planets today starting with Jupiter. Jupiter has many bright spots and lines of color. The dark and light red lines that we see are caused by warm air rising and cool air falling. Gases rise with the warm air, creating the lighter colors, and the cool air falls to create the dark colors. Because of Jupiter's fast rotation, and because it doesn't have any land masses like Earth, ① a large hurricane called the Great Red Spot seems to have been there for hundreds of years.

Question: What is the Great Red Spot?

本日も引きつづき惑星について論じていきます。まずは木星から。木星にはいくつもの明るい斑があり、縞模様に色が入っています。暗い赤と明るい赤の縞に見えるものは、暖かい空気が上昇して冷たい空気が下降することで作られています。暖かい空気とともにガスが上昇して明るい色を作り出し、冷たい空気が下降することで暗い色を作っています。木星は自転の速度が速く、地球のような大陸がないので、①大赤斑と呼ばれる巨大な台風が数百年前から存在していると思われます。

質問：話によると、大赤斑とは何ですか？

📖 選択肢の訳

1　冷たい空気が作る雲。　**2　非常に強力な台風。**　3　木星が非常に速く自転する理由。　4　木星にもっとも古くから存在する場所。

💡 解答のポイント！

①に a large hurricane called the Great Red Spot と説明されていますので、2 が正解です。a large hurricane が、2 では a very powerful storm と言い換えられています。

📝 注

[パッセージ]　□ Jupiter　木星　　□ rotation　自転　　□ land mass　大陸
[設問]　□ rotate　自転する

No. 20　正解　1　TEST 2 LISTENING REVIEW ▶ 020　American female

スクリプトと設問

The university's theatre museum has been under construction for the past two months, but it's almost finished! ① <u>The rebuilt museum will open at the beginning of next month on Thursday, June 2.</u> It will house many important documents written by a prominent dramatist who studied at the university. A ceremony will be held when the museum opens on June 2. We hope all students will celebrate the opening of this new addition to the campus on this day.

Question: What is true about the museum?

この2か月間つづいていた本学の演劇博物館の工事がまもなく完成します！① <u>建て直された博物館は来月初めの6月2日木曜日に開館します。</u> 博物館には、本学で学んだ著名な劇作家が残した貴重な文書がいくつも所蔵されます。6月2日の開館日には式典が開かれる予定です。当日は、キャンパスに加わる新たな施設の開館を学生のみなさんが祝福してくれることを期待しています。

質問：博物館について、話の内容と一致するものはどれですか？

選択肢の訳

1　古い博物館は取り壊された。　2　キャンパス内に建てられた初めての博物館である。　3　新たな名前がついた。　4　利用できるのは在学生のみである。

解答のポイント！

古い演劇博物館が取り壊されたとは述べられていませんが、①の The rebuilt museum will open から博物館が再建されたことがわかりますので、1 が正解です。

注

[パッセージ]　□ under construction　工事中の　□ rebuild　〜を再建する　□ prominent　著名な　□ dramatist　劇作家　□ addition　追加されるもの
[設問]　□ tear down　〜を取り壊す

LISTENING Part 1C

Test 2

ディレクション

Part C1. In this part, you will hear 5 short passages. Each passage will be followed by one question. For each question, you will see four graphs or charts in your test booklet. You will have 10 seconds to choose the best graph or chart to answer the question. Mark your answer on your answer sheet. The passages and questions will be played only once. Now, let's begin.

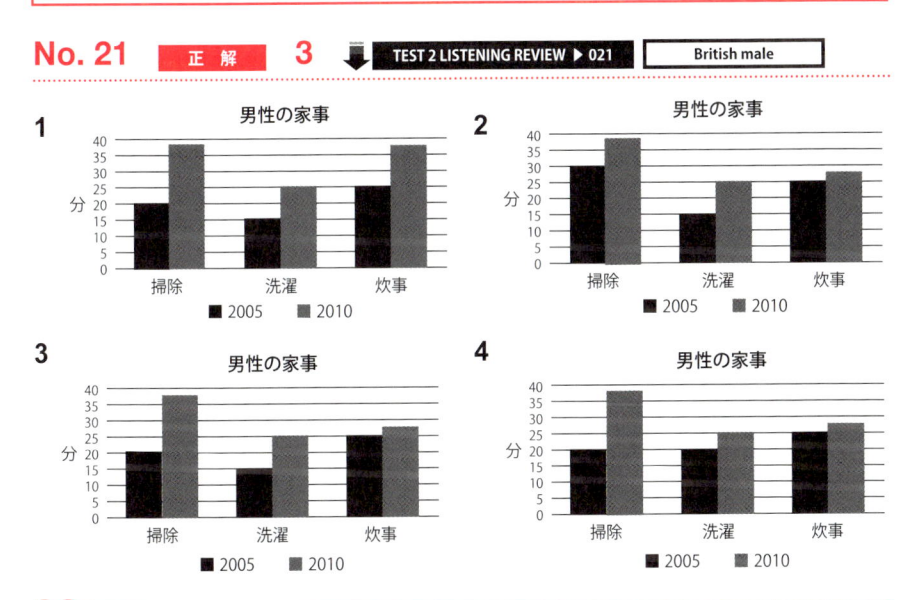

No. 21　正解　3　TEST 2 LISTENING REVIEW ▶ 021　British male

スクリプトと設問

It appears that in recent years progress has been made on the division of labor between couples. According to surveys, married men are now spending more time on housework compared to 2005. In particular, ① the time spent on cleaning has almost doubled. ② Time spent on laundry has also greatly increased, by 10 minutes compared to 2005. On the other hand, ③ the amount of time spent on cooking has only increased slightly.

Question: Which graph best matches the description given?

近年は、夫婦での家事労働の分担が進みつつあるようです。調査によれば、

2005年と比較すると、結婚している男性は家事により多くの時間を費やすようになっています。①時間が特に増加しているのは掃除で、ほぼ2倍の数字になっています。②洗濯も大きな増加を見せ、2005年に比べて約10分増加しています。一方で、③炊事に割かれている時間の増加はやや鈍くなっています。
質問：どのグラフがこの説明にもっとも対応していますか？

解答のポイント！

テーマは「男性が家事に割く時間の増減」です。①「掃除の時間は2倍」、②「洗濯の時間は10分増加」、③「炊事の増加は鈍い」と述べられているので、3が正解です。③の前にある On the other hand は、対比関係を表す接続語としてよく使われ、内容理解のヒントになります。

注

- division　分担
- housework　家事
- double　2倍に増える
- slightly　わずかに

No. 22　正解　1　TEST 2 LISTENING REVIEW ▶ 022　American male

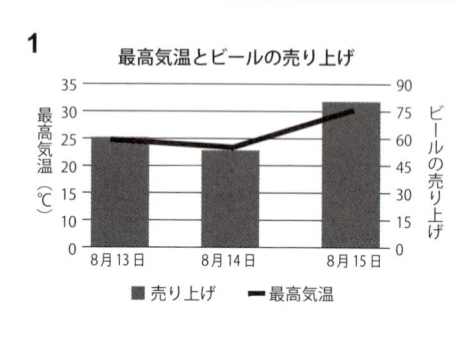

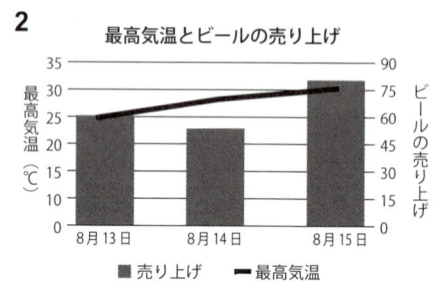

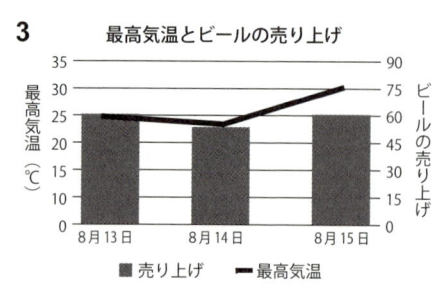

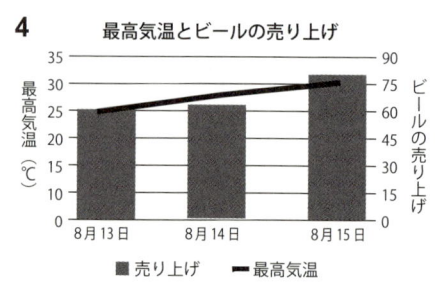

Test 2

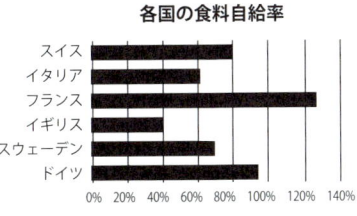

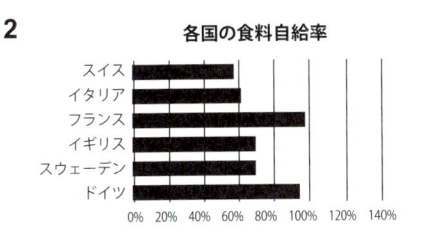

📖 スクリプトと設問

It is said that there is a close relationship between temperature and beer sales. As an example, let's look at beer sales at a certain supermarket and the daily high temperature. ① On August 13th last year, the high temperature was 25 degrees, and beer sales were fairly good. ② The next day, the temperature fell by 2 degrees, and beer sales also decreased from the previous day. But ③ on the 15th, almost 80 bottles of beer were sold, and the high temperature was close to 30 degrees.

Question: Which graph best matches the description given?

気温とビールの売り上げとは密接な関係があると言われている。具体例として、あるスーパーでのビールの売り上げと最高気温について見てみよう。①去年の8月13日は、最高気温は25度ほどで、ビールの売り上げはかなりよかった。②その次の日は、最高気温が2度ほど下がり、ビールの売り上げも前日よりは少なくなった。だが③15日には、80本近くのビールが売れ、最高気温は30度近かった。

質問：どのグラフがこの説明にもっとも対応していますか？

💡 解答のポイント！

テーマは「気温とビールの売り上げの関係」です。①「8月13日は最高気温25度＆ビールの売り上げはかなりよい」、②「8月14日は最高気温2度低下＆ビールの売り上げは減少」、③「8月15日は最高気温30度＆ビールの売り上げは80本」と述べられているので、1が正解です。グラフ問題では複数の項目を比較するようなフレーズがよく使われるので、文脈を理解することが大切です。

注

- temperature　温度
- fairly　かなり

No. 23　正解　4　TEST 2 LISTENING REVIEW ▶ 023　American female

1　各国の食料自給率

スイス / イタリア / フランス / イギリス / スウェーデン / ドイツ
0%　20%　40%　60%　80%　100%　120%　140%

2　各国の食料自給率

スイス / イタリア / フランス / イギリス / スウェーデン / ドイツ
0%　20%　40%　60%　80%　100%　120%　140%

3　各国の食料自給率

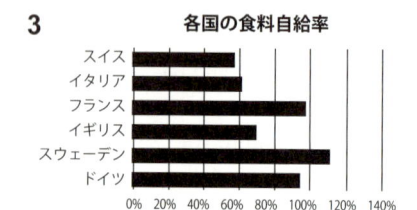

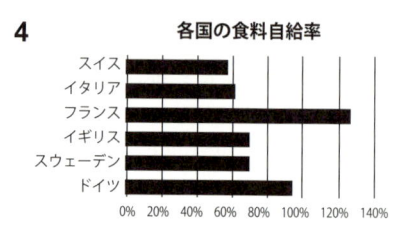

国	
スイス	▇▇▇ (~60%)
イタリア	▇▇▇ (~65%)
フランス	▇▇▇▇▇ (~100%)
イギリス	▇▇▇ (~70%)
スウェーデン	▇▇▇▇▇▇ (~115%)
ドイツ	▇▇▇▇▇ (~95%)

0%　20%　40%　60%　80%　100%　120%　140%

4　各国の食料自給率

国	
スイス	▇▇▇ (~60%)
イタリア	▇▇▇ (~65%)
フランス	▇▇▇▇▇▇ (~130%)
イギリス	▇▇▇ (~70%)
スウェーデン	▇▇▇ (~70%)
ドイツ	▇▇▇▇▇ (~100%)

0%　20%　40%　60%　80%　100%　120%　140%

スクリプトと設問

In today's Agricultural Science class, we will look at the food self-sufficiency rate for six European countries. There are large differences between each country. ①The countries with the highest figures are France and Germany, and France in particular is exceeding its self-sufficiency rate by over 100%. ②The UK's rate is in the middle of the range, which is almost equal to Sweden's rate. ③Out of these six countries, Switzerland and Italy are ranked at the bottom.
Question: Which graph best matches the description given?

本日の農学の授業では、ヨーロッパの6ヶ国の食糧自給率を見てみます。国ごとに大きな違いがあります。①高い数字を示しているのはフランスとドイツで、特にフランスは、自給率が100%をゆうに超えていますね。②イギリスの自給率は中くらいで、スウェーデンの自給率とほぼ同じ値です。③この6ヶ国では、スイスとイタリアは下位にランク付けされています。
質問：どのグラフがこの説明にもっとも対応していますか？

解答のポイント！

テーマは「各国の食糧自給率」です。①「フランスとドイツは自給率が高く、フランスは100%超え」、②「イギリスの自給率は中くらいで、スウェーデンとほぼ同じ」、③「スイスとイタリアは下位」と述べられているので、4が正解です。be equal to ~「~と同じ」が聞き取れるかどうかがポイントです。

注

☐ agricultural　農業の　　☐ food self-sufficiency rate　食糧自給率　　☐ figure　数字
☐ exceed　超える　　☐ range　幅、範囲

Test 2

No. 24　正解　2　　TEST 2 LISTENING REVIEW ▶ 024　　British male

1　基礎講座 → スピーキング / ライティング → ディスカッション → 振り分けテスト

2　基礎講座 → 振り分けテスト → スピーキング / ライティング → ディスカッション

3　基礎講座 → スピーキング / ライティング → 振り分けテスト → ディスカッション

4　基礎講座 → 振り分けテスト → スピーキング / ライティング → ディスカッション

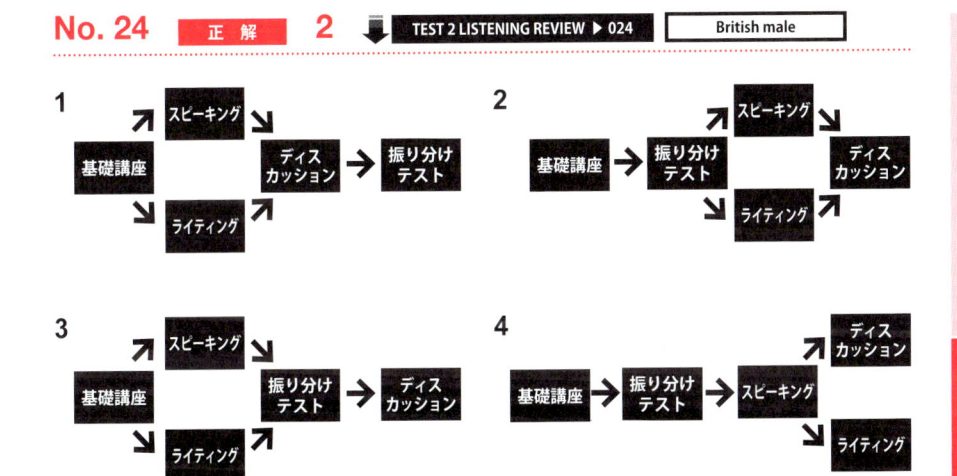

📖 スクリプトと設問

Welcome to the 12 week intensive English class! Let me explain the schedule. ①First there will be a basic lecture where you can learn basic language skills. ②Then you will split into two groups for speaking and writing classes, but before that, you will take an exam that will be used to divide you into groups. ③After each class has ended, the groups will come together for a discussion class.
Question: Which chart best matches the description given?

12週間の英語集中授業へようこそ！　この授業のスケジュールを説明します。①まず、最初に基礎講座があり、そこで基本的な語学力を身につけます。②それが終わると、スピーキングクラスとライティングクラスの2つのグループに分かれてもらいますが、その前に皆さんには振り分けをするためのテストを受けてもらいます。③各クラスで授業を受けた後、グループは合流して、ディスカッションの授業を受けることになります。
質問：どのグラフがこの説明にもっとも対応していますか？

💡 解答のポイント！

テーマは「授業のスケジュール」です。①「最初は基礎講座がある」、②「その後にテストを受けて、スピーキング・ライティングクラスにそれぞれ振り分け」、③「最後に合流してディスカッションの授業」と述べられているので、2が正解です。②のbut before that ~ で、説明の順番が逆になっていることを聞き取れるかがポイント。

注

- intensive 集中的な
- split 分かれる
- divide 分ける

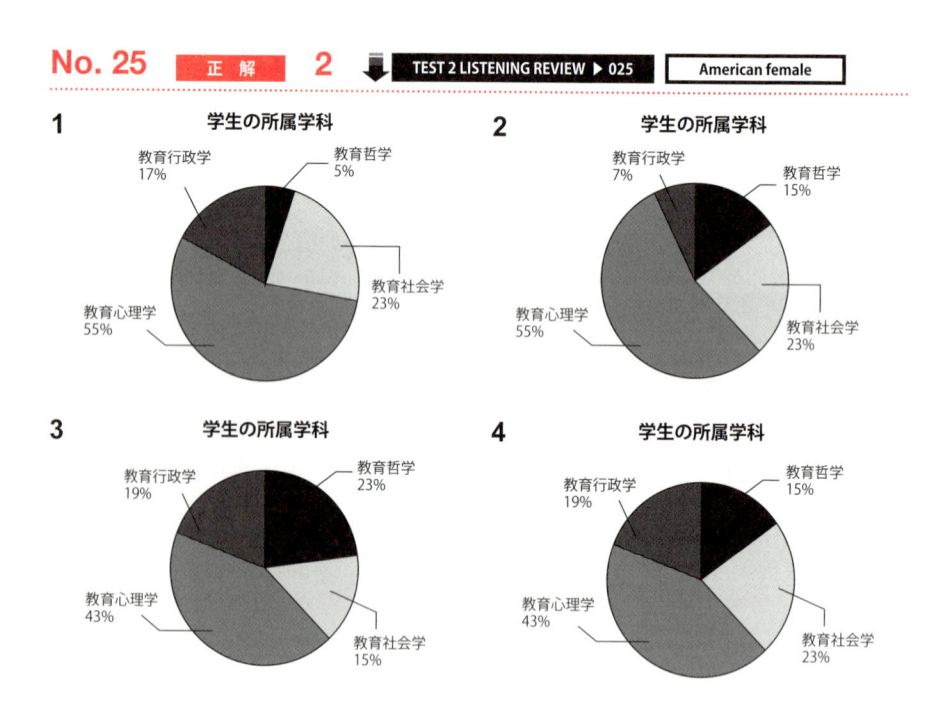

No. 25 正解 2 TEST 2 LISTENING REVIEW ▶ 025 American female

1 学生の所属学科
- 教育行政学 17%
- 教育哲学 5%
- 教育社会学 23%
- 教育心理学 55%

2 学生の所属学科
- 教育行政学 7%
- 教育哲学 15%
- 教育社会学 23%
- 教育心理学 55%

3 学生の所属学科
- 教育行政学 19%
- 教育哲学 23%
- 教育社会学 15%
- 教育心理学 43%

4 学生の所属学科
- 教育行政学 19%
- 教育哲学 15%
- 教育社会学 23%
- 教育心理学 43%

スクリプトと設問

There are 260 students in the Faculty of Education at Waterton University, which amounts to 15% of the total number of students. The Faculty of Education is divided into four majors. ①The number of students majoring in educational psychology is 143, which is more than half of the students in the faculty. ②Educational sociology is also popular, with 23% of the students, followed by educational philosophy. ③Educational administration has the least students, just 7%.

Question: Which chart best matchets the description given?

ウォータートン大学の教育学部に所属する学生の数は260人で、これは全学生の15%に当たる。教育学部は4つの専攻に分かれている。①143人の学生が教育心理学を専攻しており、これはこの学部の半数以上に達する。②教育社会学も

人気で、学生の 23% が属し、教育哲学がそれにつづく。③教育行政学はもっとも所属する学生の数が少なく、7% にとどまった。
質問：どのグラフがこの説明にもっとも対応していますか？

解答のポイント！

テーマは「学科別の所属学生の割合」です。①「教育心理学は全体の半分以上の学生が所属」、②「教育社会学は 23%の学生が所属し、教育哲学はその次に多い」、③「教育行政学はもっとも少なく 7%」と述べられているので、2 が正解です。グラフには％の値の表示しかありませんが、スクリプトでは具体的な人数についても言及されているので、その聞き分けが大切です。

注

- faculty　学部
- amount to~　～に達する
- major　専攻
- sociology　社会学
- follow　～に続く
- philosophy　哲学
- administration　行政

LISTENING Part 2A

> **ディレクション**
>
> Part 2A. In this part, you will hear three long conversations, A, B, and C. Before each conversation, you will hear a short description of the situation. The situation is also printed in your test booklet. Each conversation will be followed by three questions. The questions are also printed in your test booklet. For each question, you will have 10 seconds to choose the best answer and mark your answer on your answer sheet. The conversations and questions will be played only once. Now, let's begin.

A

TEST 1 LISTENING REVIEW ▶ 026-028 | American male / British female

スクリプトと設問

Situation: A student is talking with a tutor at the Student Support Center.

★：Thank you for your time today. I was wondering if you had time to look at the essay draft I sent you.

☆：Yes, of course. If I'm not mistaken, you're applying for a one-year study abroad course in China. Is that right?

★：Yes, exactly. ①The essay is part of the application that I need to submit. If it's good enough, I can get to the next round which is an interview. Only five people can go to China, so I want to make sure that my essay is really good.

☆：I read your draft, and I didn't find any serious problems with the length and your wording. However, ②some parts seemed too abstract to me, so I think it would be much better if you could make it more specific.

★：OK. Exactly what part do you think I need to work on?

☆：Your reason for studying abroad was a little weak, so you need to explain that in more detail. Why do you want to study abroad?

★：I want to study Chinese, and I especially want to improve my speaking skills.

☆：I see. Is that related to your future career plans?

★：Yes. I was fascinated by Chinese artifacts when I was in middle school. Since then, I've been interested in China, and ③ someday I want to work at a trading company there. To make that dream come true, I'm hoping to

improve my Chinese while I'm still in college.
☆：That's a great reason. Why don't you add what you just told me to your essay? That would make your reasons for applying much more specific.
★：All right. I'll take your advice and revise my draft today.
☆：Why don't you e-mail your draft to me once you've revised it? I'd like to take another look at it.
★：I will. Thank you so much for all your help.
☆：I hope you succeed.

Questions:
No. 26　Why is the student writing an essay?
No. 27　What does the tutor say about the student's essay?
No. 28　What does the student want to do in the future?

状況：大学の学生支援課で、学生が指導教官と話している。
★：今日はお時間をいただきありがとうございます。先日お送りしたエッセイの原稿は読んでいただけたでしょうか。
☆：ええ、もちろん読みました。わたしの理解が間違っていなければ、あなたは中国へ1年間留学するコースに応募するのですね？
★：その通りです。留学コースに応募するためには、エッセイを提出する必要があります。エッセイの内容がよければ、2次試験の面接に進めます。中国に留学できるのはたったの5人です。だから、エッセイはなるべく良いものに仕上げたいんです。
☆：あなたのエッセイの原稿は読みました。長さや言葉づかいにはまったく問題はなかったです。ただ、わたしには内容が抽象的すぎると思われる部分があったので、そこをより具体的にすれば、さらによいものになると思います。
★：わかりました。どのような箇所を修正すべきでしょうか？
☆：留学を希望する理由がやや弱いと感じましたので、そこを詳しく説明すべきだと思います。あなたが留学を望んでいる理由は何ですか？
★：中国語を勉強するためですし、特に話す能力を伸ばしたいと考えています。
☆：なるほど。それはあなたが将来就きたい職業と関連がありますか？
★：ええ。私は中学生の頃に中国の工芸品に感銘を受けて、以来、中国という国に興味をもつようになり、いつか中国の貿易会社で働きたいと考えています。その夢を実現するため、大学生のうちに中国語のスキルを磨いておきたいと考えています。
☆：とても立派な理由だと思います。では、今話してくれたことをエッセイの中に加えてはどうですか？　それで留学を希望する理由がより明確になると思います。
★：わかりました。アドバイスいただいた通りに、今日中に原稿を書き直してみます。
☆：書き直しができたらそれをまたEメールで送ってもらえませんか？　もう一度拝見したいです。

★：そうします。いろいろとありがとうございます。
☆：ご成功を祈っています。

No. 26　正解　4

設問の訳

学生は何のためにエッセイを書いていますか？
1　奨学金を獲得するため。　　2　中国語の授業に参加するため。　　3　中国のお祭りに参加するため。　　**4　中国留学コースに応募するため。**

解答のポイント！

質問は Why is the student writing an essay? とありますので、学生がエッセイを書いている理由を述べている箇所をよく聞きましょう。学生が①で「留学コースに応募するためには、エッセイを提出する必要があります」と言っていますので、正解は4です。

No. 27　正解　1

設問の訳

学生のエッセイについて指導教官は何と言っていますか？
1　内容をより明確にすべきだ。　　2　分量を減らすべきだ。　　3　もっと正しい言葉づかいにすべきだ。　　4　書き出しをもっと工夫すべきだ。

解答のポイント！

質問は What does the tutor say about the student's essay? とありますので、学生の書いたエッセイの出来に関する箇所をよく聞きましょう。指導教官は②で「わたしには内容が抽象的すぎると思われる部分があったので、そこをより具体的にすれば、さらによいものになると思います」と言っていますので、1が正解になります。

No. 28　正解　2

設問の訳

学生は将来、何をすることを望んでいますか？
1　中国の大学で日本語を教える。　　**2　中国の企業で働く。**　　3　中国の工芸品について研究する。　　4　中国の文化を日本に紹介する。

Test 2

解答のポイント！

質問は What does the student want to do in the future? とありますので、学生が将来したいと考えていることが言及される部分をよく聞きましょう。学生が③で「いつか中国の貿易会社で働きたいと考えています」と言っていますので、2 が正解になります。

注

[パッセージ] □ essay 小論文　□ draft 下書き　□ apply 申し込む　□ interview 面接　□ abstract 抽象的な　□ specific 具体的な　□ detail 詳細　□ fascinate 魅了する　□ artifact 工芸品　□ trading company 貿易会社　□ revise 改訂する　□ succeed 成功する
[設問] □ scholarship 奨学金　□ participate 参加する　□ handicraft 手工芸品

B

TEST 1 LISTENING REVIEW ▶ 029-031　　British male / American female

スクリプトと設問

Situation: A student is talking with an advisor about her major.

★: Oh, hi Risa. What brings you here today?

☆: Actually, I'm having a hard time deciding between two majors. I was wondering if you could give me some advice.

★: I see. You need to decide your major by the end of your sophomore year, so you only have one more semester. What are the two majors you're considering?

☆: Psychology and environmental studies.

★: They're both unique fields of study with their own challenges. What makes you want to major in them?

☆: Psychology is a well-established field, and there are a lot of things I can learn about the human mind. On the other hand, environmental studies has a short history, but ① it's going to be big in the future, and I think it has career potential. I'm very interested in both.

★: Oh, I see. Ummm, it's a tough decision. Are you going to attend the School Department Fair next month?

☆: Yes, I'm planning to.

★: ② At the Fair, students in each department will talk about what got them

245

interested in their majors and what they're studying. You can ask them for advice on how to choose a major. There will also be some graduates discussing work and job opportunities in their field.
☆：Okay, I'll do that. Thank you very much.
★： You could also observe a class in the department you want to study in. I'm sure it'll help a lot.
☆：I didn't know about that. How can I sign up?
★：③You just need to submit an application to each department, and you can observe up to three classes. You'll be able to learn a lot more about the majors if you take actual classes.
☆：All right. I'll do that. Thank you very much for all your help.
★： You're welcome. You can come and talk to me anytime.

Questions:
No. 29　What does the student find attractive about environmental studies?
No. 30　What will take place at the School Department Fair?
No. 31　What does a student need to do to observe a class?

状況：学生が自分の専攻についてアドバイザーと話している。
★：ハイ、リサ。今日はどうしました？
☆：実は2つの専攻の間で迷っているんです。何かアドバイスをいただけないかと思って。
★：そうですか。2年の末までに自分の専攻を決めないといけないので、あと1学期しかありませんからね。どれとどれで迷っているんですか？
☆：心理学と環境学です。
★：どちらもやりがいのある、特徴的な学問ですね。どうしてその2つを専攻しようと思ったのですか？
☆：心理学はすでに学問として確立されている分野なので、人間の心理について学べることがたくさんあります。一方、環境学はまだ歴史が浅いですが、①これから先とても大きくなっていくはずなので、就職において可能性があると思います。どちらにもとても関心があるんです。
★：なるほど。うーん、それは迷うでしょうね。来月に開催される学科紹介フェアには参加するんですか？
☆：はい。その予定です。
★：②フェアでは、各学科の学生たちがその学科に興味を持った理由や今勉強していることについて話してくれます。彼らにどうやって専攻を選んだらいいかアドバイスを求めるのもいいでしょう。また、何人かの卒業生がその分野における仕事や就職機会について話してくれます。

Test 2

☆：わかりました、そうしてみます。ほんとうにありがとうございます。
★：希望する学科の授業も体験で受けられますよ。きっととても参考になります。
☆：それは知りませんでした。どうすれば受けられるんですか？
★：③各学科に申請書類を提出するだけで、好きな授業を3つまで受講できますよ。実際に授業を受けてみれば、その専攻についてより詳しく知ることができると思います。
☆：わかりました。ぜひやってみます。色々とありがとうございました。
★：どういたしまして。また何か話したいことがあったら、いつでも来てください。

No. 29　正解　2

設問の訳

学生は環境学のどこに魅力を感じていますか？
1　優れた研究者が多い。　　**2　大いに将来性がある。**　　3　長い歴史を持っている。　　4　研究のための設備が充実している。

解答のポイント！

質問は What does the student find attractive about environmental studies? とありますので、学生が環境学の魅力について語っている箇所をよく聞きましょう。学生が①で「これから先とても大きくなっていくはずなので、就職において可能性があると思います」と言っていますので、正解は2と判断できます。

No. 30　正解　3

設問の訳

学科紹介フェアでは何が行われますか？
1　卒業予定の学生がスピーチをする。　　2　論文の書き方についての講座が開かれる。　　**3　学生が学科を紹介する。**　　4　学力診断テストが行われる。

解答のポイント！

質問は What will take place at the School Department Fair? ですので、キーワードの the School Department Fair について言及がある箇所をよく聞きましょう。アドバイザーが②で「フェアでは、各学科の学生たちがその学科に興味を持った理由や今勉強していることについて話してくれます」と言っていますので、3が正解であると判断できます。

No. 31　正解　2

設問の訳

体験授業を受けるために必要なことは何ですか？
1　学部長の許可を得る。　　**2　申請書を提出する。**　　3　前年の成績表を提出する。　　4　教授から推薦状をもらう。

解答のポイント！

質問は What does a student need to do to observe a class? ですので、学生が体験授業を受けるためにすることについて言われている箇所をよく聞きましょう。アドバイザーが③で「各学科に申請書類を提出するだけで、好きな授業を3つまで受講できますよ」と言っていますので、2が正解です。

注

[パッセージ]　□ major 専攻科目　□ sophomore 大学2年生　□ semester 学期　□ psychology 心理学　□ established 確立された　□ potential 可能性　□ tough 難しい　□ attend 出席する　□ department 学部　□ graduate 卒業生、大学院生　□ actual 実際の
[設問]　□ attractive 魅力的な　□ exceptional 非常に優れた　□ facility 施設　□ take place 起こる、行なわれる　□ thesis 論文　□ aptitude 能力　□ permission 許可　□ result 結果、成績表　□ recommendation 推薦

C

TEST 1 LISTENING REVIEW ▶ 032-034　American female / British male / British female

スクリプトと設問

Situation: Two students are talking with a professor in the university hallway about an event.

☆：Professor White, do you have a few minutes? We're wondering if you could take part in an event we're planning to hold next month.

★：What kind of event is it?

☆☆：We have ten new international students in our department this semester, and we want to make them feel welcomed, and to help them get oriented. ① It would be great if you could join us and talk to the students about the classes and programs our department offers.

248

Test 2

★ : Okay, that sounds like a wonderful plan. I'd love to take part. What else are you planning on doing at the event?

☆ : The students will introduce themselves to each other, and we'll give a tour around the campus. We're also going to prepare a light meal, and we'll have time for students to talk freely and get to know each other. Is there anything else you think we should do?

★ : Well, studying in college is important for international students, but I think they also need help with living away from home in a foreign country. Living abroad can be quite stressful, so ② <u>it might be good to take some time to answer their questions about any problems they're facing in their daily lives.</u>

☆☆ : That's a great idea. We'll set aside some time for that.

★ : Has the day of the event been set? I'll need to make preparations.

☆ : It'll be on the 14th of next month starting at 5:00, and it's going to be in the cafeteria. We expect the event to last about two hours.

★ : OK. I hope a lot of people can attend.

☆☆ : ③ <u>By the end of this week, we'll send out an e-mail to all the students in our department and invite them to come.</u> We want as many people there as possible.

★ : Let me know if you need anything. I'll be happy to help if I can.

☆ : Thank you. We'll do the best we can to make the event a success.

Questions:
No. 32 What will the professor do at the event?
No. 33 What did the professor suggest the students do to improve their plan?
No. 34 What will the students most likely do this week?

状況：大学の廊下で、2人の学生がイベントについて教授と話している。

☆ : ホワイト教授、少しお時間いいですか？　来月に私たちが開催する予定のイベントに参加していただきたいのですが。

★ : どのようなイベントですか？

☆☆ : この学部に、今学期から新たに留学生が10人加わりました。彼らを歓迎し、案内をしたいと思っています。①<u>先生にも参加していただいて、この学部で行われている授業やプログラムを紹介してもらえればと思いまして。</u>

★ : わかりました、素晴らしい試みですね。私もぜひ参加したいです。イベントでは他にどのようなことを予定していますか？

☆ : 学生同士で自己紹介をしたり、キャンパスを案内したりする予定です。また、簡単な食事も用意して、雑談の時間も設けて学生たちにお互いを知ってもらうつも

りです。これらの他に、何かしたほうがいいことはありますか？
★：そうですね……留学生にとって、大学での勉強ももちろん大事ですが、母国から離れて暮らす上で手助けを必要としていると思います。外国での生活はストレスがたまりますからね。だから、②<u>彼らが日常生活で抱える問題について、質問に答えてあげるような時間も設けてあげるといいのではないでしょうか。</u>
☆☆：それはとてもいいアイディアです。ぜひそうした時間を設けたいと思います。
★：イベントの日程は決まっているのですか？　私も準備をしておきたいので。
☆：日時は来月14日の午後5時からで、場所はカフェテリアです。時間はだいたい2時間ほどを予定しています。
★：わかりました。たくさんの人が集まってくれるといいですね。
☆☆：③今週中に学部生みんなにメールで告知をして、誘ってみます。なるべく多くの人に参加してもらいたいです。
★：もし困ったことがあったら、ぜひ相談してくださいね。私にできることなら喜んで手伝いますよ。
☆：ありがとうございます。イベントがうまくいくように最大限努力します。

No. 32　正解　1

設問の訳

教授はイベントの中で何をする予定ですか？
1　学部について紹介する。　　2　司会を務める。　　3　英語以外の言語で話す。
4　自分の研究内容について説明する。

解答のポイント！

質問は What will the professor do at the event? とありますので、教授がイベントでする予定のことについて言われている箇所をよく聞きましょう。学生の1人が①で「先生にも参加していただいて、この学部で行われている授業やプログラムを紹介してもらえればと思いまして」と言っていますので、1が正解です。

No. 33　正解　4

設問の訳

教授は学生たちに計画を改善するためにどんな提案をしましたか？
1　軽食をとりながら雑談する時間を設ける。　　2　学生同士が自己紹介する時間を設ける。　　3　大学の施設を案内する時間を設ける。　　**4　学生の日常生活にお**

Test 2

ける問題についての質問に答える。

> **解答のポイント！**
>
> 質問は What did the professor suggest the students do to improve their plan? とありますので、教授が学生に提案したことに関する部分を特に注意して聞きましょう。教授が②で「彼らが日常生活で抱える問題について、質問に答えてあげるような時間も設けてあげるといいのではないでしょうか」と言っていますので、正解は 4 です。it might be good to ～で始まる提案表現に注意しましょう。

No. 34　　正解　4

設問の訳

学生たちは今週、何をすると考えられますか？
1　他の教授にも出席の依頼をする。　2　イベントの会場を予約する。3　イベントを知らせるチラシを作る。　**4　メールでイベントの告知をする。**

> **解答のポイント！**
>
> 質問は What will the students most likely do this week? とありますので、学生が今週すると思われることを注意しながら聞きましょう。学生の1人が③で「今週中に学部生みんなにメールで告知をして、誘ってみます。」とありますので、正解は4です。

注

［パッセージ］□ hallway　廊下　　□ take part in~　～に参加する　　□ orient　順応させる　　□ meal　食事　　□ stressful　ストレスの多い　　□ daily life　日常生活　　□ set aside　確保する　　□ preparation　準備
［設問］□ emcee　司会　　□ chat　おしゃべりをする　　□ day-to-day　日々の　　□ reserve　予約する、確保する　　□ leaflet　チラシ　　□ inform　知らせる

LISTENING Part 2B

> ディレクション
>
> Part 2B. In this part, you will hear four long passages, D, E, F, and G. Before each passage, you will hear a short description of the situation. The situation is also printed in your test booklet. Each passage will be followed by four questions. The questions are also printed in your test booklet. For each question, you will have 10 seconds to choose the best answer and mark your answer on your answer sheet. The passages and questions will be played only once. Now, let's begin.

D

TEST 2 LISTENING REVIEW ▶ 035-038 　　American female

スクリプトと設問

Situation: You will listen to a professor introducing a class on economics.

　　Economic growth is often used as an indicator for countries. We are often told that countries in which the economy is growing are flourishing, and countries in which it isn't are heading towards ruin. But is that really the correct view? Some economists have suggested that we examine a wider range of indicators to gain a broader view. For example, what is the standard of living that people in the country have. ①In this class, I will talk about using quality of life as a substitute indicator for economic growth.

　　This class is being held in this classroom today, but ②from the next class, the location will change. So please make sure to go to Room B203 starting from next time. Also, ③the light from smartphones and computers can make it hard to see the screen, so use of those kinds of electronic devices is banned during class. Please make sure to put your phones and computers in your bag.

　　There's just one more thing. ④The textbook for this class will be uploaded to the class website, so please print it out and bring it to class. My writings will be used as supplementary materials, so if you are interested, please take them.

Questions:
No. 35　What will be the main theme of this class?
No. 36　What is the speaker saying about the next class?
No. 37　Why is the use of electronic devices banned during class?
No. 38　What did the professor say about the study materials?

Test 2 ▶▶▶

状況：経済学の授業を紹介する教授の話が流れます。

　経済成長は、しばしば国の指針として使われています。経済成長をしている国は栄えていて、そうでない国は没落に向かっている、と言われることが多いです。しかし、それは本当に正しい見方でしょうか？　より広い視点を得るためには、より大きな範囲の指標を検討すべきだと言う経済学者もいます。たとえば、この国の人たちの生活水準はどうでしょうか？　①この授業では、経済成長の代替となるような指標として、「生活の質」について話していきます。

　今日はこの教室で授業を行っていますが、②次回からは場所が変わります。次回からはB203教室に来るようにしてください。また、③スマートフォンやコンピュータの光があるとスクリーンが見にくくなるので、授業中はそうした電子機器の使用は禁止します。必ずカバンの中にしまっておいてください。

　最後に1つだけ。④テキストはこの授業のWebサイトにアップロードするので、それをプリントアウトして授業に持参してください。私が書いた著作は副教材なので、もし興味があれば手にとってみてください。

No. 35　　正解　4

設問の訳

この授業の主なテーマは何になりますか？
1　経済成長のメリットとデメリット。　　2　国の経済成長を高める手段。
3　経済成長を示す指標の正しい読みとり方。　　**4　経済成長の変わりとなるしるし。**

解答のポイント！

質問はこの講義の主なテーマについてですので、classやlectureといった語が出てこないか、注意しましょう。①で In this class, I will talk about using quality of life as a substitute indicator for economic growth. と言っていますので、正解は4です。このように、In this class, I will talk about に続く箇所には授業で話される内容について言われることが多いので、注意して聞きましょう。

No. 36　　正解　3

設問の訳

次回の授業について、話者は何といっていますか？
1　小テストが課される。　　2　課題がチェックされる。　　**3　場所が変更される。**
4　ゲスト講師が招かれる。

> **解答のポイント！**
>
> 次回の授業について尋ねていますので、the next class に関連した語を意識しながら音声を聞きましょう。②で from the next class, the location will change. と言っていますので、正解は 3 です。

No. 37　正解　3

設問の訳

授業中、電子機器の使用が禁止されるのはなぜですか？
1　映像を撮影することを防ぐため。　　2　機器の電波が悪影響を与えるため。
3　発する光が映像の邪魔になるため。　4　教授の声が聞こえにくくなるため。

> **解答のポイント！**
>
> なぜ電子機器の使用が禁止されているかについて尋ねられていますので、キーワード electronic devices を意識しつつ、音声をよく聞きましょう。③に the light from smartphones and computers can make it hard to see the screen, so use of those kinds of electronic devices is banned during class とありますので、正解は 3 です。

No. 38　正解　3

設問の訳

教授は教材について何と言っていますか？
1　毎回、教授が教科書のコピーを配布する。　2　教授の著作が教科書なので、買っておく必要がある。　3　Web サイトにテキストを掲載する。　4　研究室の前に教材を置いておく。

> **解答のポイント！**
>
> 教材についての質問です。④に The textbook for this class will be uploaded to the class website とありますので、正解は 3 です。

注

［パッセージ］□ growth　成長　　□ indicator　指標　　□ flourish　繁栄する　　□ ruin　崩壊　　□ examine　検討する　　□ broad　（範囲が）広い　　□ standard of living　生活水準　　□ quality　質　　□ substitute　代替の　　□ electronic device　電子機器　　□ ban　禁止する　　□ supplementary　補助的な　　□ material　素材、材料
［設問］□ theme　テーマ　　□ pros and cons　メリットとデメリット　　□ measure　方策　　□ alternative　代替の　　□ pop quiz　小テスト　　□ prevent　防ぐ　　□ radio wave　電波　　□ emit　（光・音などを）発する　　□ harmful　有害な　　□ give off　（光・音などを）発する　　□ distribute　配布する

Test 2

E

TEST 2 LISTENING REVIEW ▶ 039-042 **British female**

スクリプトと設問

Situation: You will hear part of a lecture from an art class.

① Today I will talk about an artist called Paul Gauguin. ② Gauguin is known for being an artist who lived a very strange life. When he was young, he worked for a company, and had a successful life. He had five children with his wife and earned a good salary. ③ However, in his mid-30s, he threw away that stable life, and entered the art world. He lost his steady income, and became separated from his wife and children. He distanced himself from the glamorous lifestyle in Europe, and became fascinated by life on the island of Tahiti in the southern Pacific Ocean. He traveled there countless times, and eventually moved there and remained there until he died.

During his life, his paintings were not widely accepted by the world. Gauguin said that he spent most of his life in poverty. But now his works are accepted as masterpieces representative of 20th century art, and ④ many people are particularly drawn to the mystic themes of his paintings.

⑤ For homework, I want everyone to research Gauguin's friendships, and summarize them. He had exchanges with many other artists, such as van Gogh. Next week, I'd like to talk more about Gauguin's life on Tahiti.

Question:
No. 39 What is the main topic of this passage?
No. 40 What is the speaker saying about Gauguin?
No. 41 What feature of Gauguin's art does the speaker say is popular?
No. 42 What does the speaker want the students to do?

状況：美術の授業の一部が流れます。

①今日は、ポール・ゴーギャンという画家について話します。②ゴーギャンはとても変わった人生を送った画家として知られています。彼は若い頃はサラリーマンとして働き、順調な生活を送っていました。妻と5人の子を持ち、高い収入がありました。③しかし、30代半ばに、彼はそうした安定した生活を捨てて芸術の世界に飛び込みます。定収入を失ったゴーギャンは、妻と子と別れることになりました。彼はヨーロッパの華やかな生活には距離を置き、南太平洋に浮かぶタヒチ島での生活に魅力を感じていました。彼は何度もその地に赴いて絵を描き、最終的にはタヒチ島に移住し、その地で亡くなりました。

255

生前、彼の作品が広く世間には受け入れられることはありませんでした。ゴーギャンはその人生の多くの時間で貧困に苦しんでいたと言います。しかし今では、彼の作品は20世紀の美術を代表する傑作として受け入れられ、④特にその神秘的なテーマが多くの人々を魅了しています。
　⑤課題として、みなさんにはゴーギャンの交友関係について調べてまとめてもらおうと思います。彼は、たとえばゴッホなど、他の多くの画家と交流を持っていました。来週は、ゴーギャンのタヒチ島での生活について詳しく説明をしたいと思います。

No. 39　正解　2

設問の訳

この話の主なテーマは何ですか？
1　ゴーギャンの絵の特徴。　**2　画家ゴーギャンの人生。**　3　ゴーギャンが与えた影響。　4　ゴーギャンが描いたうちもっとも有名な作品。

解答のポイント！

全体のテーマを尋ねているので、おそらく冒頭にそれに関する情報が出てくるはずです。①に Today I will talk about an artist called Paul Gauguin. とあり、続いて②に Gauguin is known for being an artist who lived a very strange life. とありますので、正解は2になります。

No. 40　正解　1

設問の訳

話し手はゴーギャンについて何と言っていますか？
1　安定した生活を捨てて画家となった。　2　高い収入があったが独身だった。
3　妻と共にタヒチ島に移住した。　4　画家として成功してからもサラリーマンとして働いた。

解答のポイント！

話し手（教授）がゴーギャンに関して言っていることを尋ねています。③に However, in his mid-30s, he threw away that stable life, and entered the art world. とありますので、正解は1です。However の後は話し手が強調したいことについて言われることが多いので、注意しましょう。

Test 2

No. 41　正解　4

設問の訳

話し手は、ゴーギャンの作品がどのような点で人々に親しまれていると言っていますか？
1　独特な色使い。　　2　大胆な構図。　　3　日常のありふれた生活を描いていること。　　**4　神秘的なテーマ。**

解答のポイント！

ゴーギャンの作品が人々に親しまれている理由を尋ねています。④に many people are particularly drawn to the mystic themes of his paintings とありますので、正解は4です。

No. 42　正解　2

設問の訳

話し手は学生にどんな課題をこなすよう求めていますか？
1　セザンヌの生涯について調査する。　　**2　ゴーギャンの交友関係を調べる。**
3　ゴッホが現代絵画に与えた影響を調べる。　　4　美術館でゴーギャンの絵を見る。

解答のポイント！

話し手が学生にしてほしいことについて尋ねています。⑤に For homework, I want everyone to research Gauguin's friendships, and summarize them. とありますので、正解は2です。

注

[パッセージ]　□ earn　稼ぐ　□ salary　給料　□ stable　安定した　□ steady　安定した　□ separated　分かれた　□ distance　距離を置く　□ glamorous　魅力的な　□ fascinate　魅了する　□ southern　南の　□ countless　数えきれないほどの　□ eventually　最終的に　□ remain　とどまる　□ painting　絵画　□ poverty　貧困　□ masterpiece　傑作　□ representative　代表　□ be drawn to ~　~に惹かれる　□ mystic　神秘的な　□ summarize　まとめる　□ exchange　やりとり
[設問]　□ characteristic　特徴　□ composition　構図　□ scene　シーン　□ investigate　調べる　□ contemporary　現代の

257

F

TEST 2 LISTENING REVIEW ▶ 043-046　　American male

📖 スクリプトと設問

Situation: You will listen to an instructor discuss visual effects in movies.

　"Visual effects" refers to the use of computers to process images. ① They are unique in that they are implemented after filming. Visual effects are used in a lot of what are referred to as "Hollywood movies."

　② These visual effects have many appealing features. ③ The biggest is that the power of computers can be used to create scenes that normally would not exist. For example, if dragons and magic appear in a fantasy world, those can be created with the help of visual effects. In recent years, technology has progressed to the point where it is possible to create effects that are so natural and real that the viewer does not notice that they are effects.

　④ On the other hand, there are people who think visual effects have a bad influence on movies. ⑤ They complain that movies rely on visual effects and neglect the story. Certainly, there are movies where the power of the story is damaged by an excessive focus on impressive visuals. And many famous movies from the past demonstrate that it is possible to grab the audience's hearts even without relying on visual effects.

　But personally, I don't think that visual effects are a bad thing. Visual effects have become an established technology, and if they are used effectively, they add a lot to the movie. ⑥ Today's discussion theme is what role visual effects will play in future movies.

Questions:
No. 43　What did the speaker mention is unique about visual effects?
No. 44　What did the speaker say is the biggest appeal of visual effects?
No. 45　What did the speaker say will happen if film makers rely too much on special effects?
No. 46　What did the speaker say the discussion theme is?

状況：映画における視覚効果についての講師の話が流れます。
　「視覚効果」とは、コンピュータを使って映像を加工する技術を指します。①これは撮影後に行われるというのが独特です。ハリウッド映画と呼ばれる映画の多くには、視覚効果が使用されています。
　②こうした視覚効果には様々な魅力があります。③そのうちでもっとも大きい

Test 2

のは、普通であれば見ることができないような光景を、コンピュータの力を借りて作ることができるということです。たとえば、ファンタジーの世界では竜や魔法が登場しますが、それは視覚効果の助けを借りることで成立します。近年では視覚効果の技術も発達してきたので、視聴者が視覚効果だと気づかないぐらいに、自然でリアルな表現が可能になっています。

一方で、視覚効果が映画にとって悪影響だと考える人々もいます。彼らは、映画が視覚効果に依存することによって物語が疎かにされていると主張します。たしかに、映像の迫力を高めることに専念しすぎたせいで、物語の力が損なわれてしまっている映画がないわけではありません。過去の数々の名作が示すように、映画は視覚効果に頼らずとも人々の心を掴むことは充分に可能なのです。

ただ、私自身は視覚効果が悪いものだとは思いません。視覚効果は一つの手段として確立しており、有効に用いれば大きな効果をもちます。今後の映画における視覚効果の役割はどうなっていくのか、それが今回のディスカッションのテーマです。

No. 43　正解　4

設問の訳

話し手は視覚効果の何が独特だと述べていますか？
1　コンピュータを使用すること。　　2　ハリウッド映画で使用されていること。
3　最近の映画でよく使われだしたこと。　　4　撮影後に行われること。

解答のポイント！

話し手（教授）は視覚効果の何が独特であると言っているか、それについて尋ねています。①で They are unique in that they are implemented after filming. と言っていますので、正解は 4 です。in that 〜「〜という点で」という表現に注意しましょう。

No. 44　正解　3

設問の訳

視覚効果の最大の魅力は何だと言われていますか？
1　セットを作らずに効率的に映像が撮影できること。　　2　撮影時のミスを簡単に修正できること。　　3　現実では見られない映像を作れること。　　4　加工を行うプロの技術者が数多く存在すること。

解答のポイント！

視覚効果の最大の魅力について尋ねられています。②で「視覚効果には様々な魅力

がある」と言ったあと、③「その一番の魅力は〜」と続けています。そしてこの③に to create scenes that normally would not exist とありますので、3 が正解と判断できます。

No. 45　正解　3

設問の訳

視覚効果に依存しすぎると、どうなると言われていますか？
1　制作者の個性が失われる。　　2　映像が非現実的なものになる。　　3　ストーリーが貧弱になる。　　4　撮影に緊張感が失われる。

解答のポイント！

質問は視覚効果に依存しすぎた場合の結果についてです。④で「一方」(On the other hand) で始めて「視覚効果が映画にとって悪影響だと考える人々もいる」と述べたあと、続く⑤で具体例として movies rely on visual effects and neglect the story を示しています。正解は 3 と判断できます。

No. 46　正解　1

設問の訳

話者は、何がディスカッションのテーマだと言っていますか？
1　視覚効果の今後の役割。　　2　視覚効果の効果的な使い方。　　3　視覚効果を使用しない映画作り。　　4　視覚効果のこれまでの歴史。

解答のポイント！

ディスカッションのテーマについての質問です。キーワードは discussion theme ですので、この表現に注意して聞いていれば、⑥に Today's discussion theme is what role visual effects will play in future movies. とありますので、正解は 1 と判断できます。

注

[パッセージ]　□ refer to~　〜を指す　　□ process　処理する　　□ unique　独特な
□ implement　実行する　　□ filming　撮影　　□ appealing　魅力的な　　□ feature　特徴
□ normally　通常は　　□ exist　存在する　　□ progress　進歩する　　□ complain　不満を言う　　□ rely on~　〜に頼る　　□ neglect　軽視する　　□ excessive　過度な　　□ impressive　印象的な　　□ demonstrate　立証する　　□ grab　つかむ　　□ personally　個人的には
□ established　確立された　　□ add　加える　　□ role　役割
[設問]　□ mention　言及する　　□ assistance　補助　　□ commonly　一般的に　　□ shoot　撮影する　　□ construct　構築する　　□ imagery　映像　　□ individuality　個性

Test 2

G

TEST 2 LISTENING REVIEW ▶ 047-050　　**British male**

📖 スクリプトと設問

Situation: You will hear a news report about the main causes of car accidents.

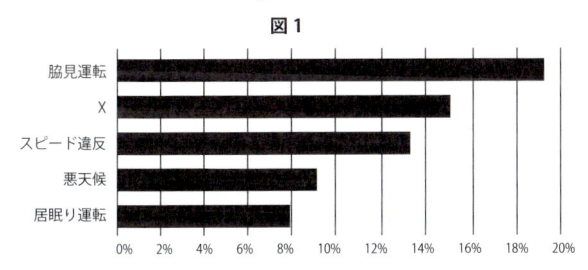

図 1

脇見運転	~19%
X	~15%
スピード違反	~13%
悪天候	~9%
居眠り運転	~8%

(0% – 20%)

　　Next week is Road Safety Week. As part of that, information was published yesterday on the causes of automotive accidents. ① This information was taken from an investigation by the Road Safety Bureau, and detailed data will be posted on the website. I'd like to look at the main causes of traffic accidents based on these statistics.

　　The most common cause of traffic accidents was distracted driving, which accounted for almost 20% of all accidents. Many car accidents are caused by people who are distracted because of using their cellphones while driving, or operating their GPS. ② Distracted driving is thought to be particularly common among the unexperienced drivers, such as teenage drivers. ③ The next most common cause was drunk driving. Accidents caused by drunk driving usually happen after 9:00 PM, the reason being that there are many people who get dinner on their way home from work and drink alcohol with their meal. Other causes of car accidents were speeding, and poor weather conditions.

　　As you can see, most car accidents are due to an error on the driver's part. ④ During Road Safety Week next week, an educational program to prevent accidents will be shown on television. ⑤ There are also plans to place advertisements about traffic safety in newspapers.

Questions:
No. 47　Which organization published these statistics?
No. 48　What is the speaker saying about distracted driving?
No. 49　Please look at the graph. Which of the following is represented by the letter X?
No. 50　What is going to be conducted during Road Safety Week?

状況：交通事故の主な原因についてのニュースが流れます。

　来週は交通安全週間です。それに併せて昨日、自動車による交通事故の原因をまとめた資料が発表されました。①これは交通安全局の調査によるもので、詳しいデータはそのウェブサイトに掲載されます。ここではその統計に基づき、交通事故の主要な原因について見ていきたいと思います。

　交通事故の原因としてもっとも多かったのは脇見運転で、全体の約20%を占めています。運転中に携帯電話を使ったり、カーナビを操作するといった行動に気を取られることによって、多くの事故が生じています。②脇見運転は、運転に慣れていないドライバー、たとえば10代のドライバーに特に多いとされます。③次いで原因として多いのは、飲酒運転です。飲酒運転による事故は午後9時以降に生じることが多く、その理由は、仕事帰りに夕食の席で飲酒をしたあと車に乗る人が多いためです。他の事故原因には、スピード違反や、雨や雪の影響などがあります。

　このように、交通事故はその多くがドライバーの過失によるものです。④来週の交通安全週間では、テレビで事故防止のための啓発番組が放送されます。⑤さらに、新聞には交通安全を訴える広告が掲載される予定です。

No. 47　正解　3

設問の訳

この統計はどの機関が発表したものですか？
1　統計局。　　2　自動車保険会社。　　**3　交通安全局。**　　4　警察。

解答のポイント！

この統計をどの機関が発表したかについて尋ねられています。①に This information was taken from an investigation by the Road Safety Bureau とありますので、正解は3です。

No. 48　正解　2

設問の訳

脇見運転について、話者は何と言っていますか？
1　運転に自信をもっているドライバーに多い。　　**2　若いドライバーに多い。**
3　60歳以上の高齢者のドライバーに多い。　　4　長距離を移動しているドライバーに多い。

Test 2

解答のポイント！

脇見運転については②に情報が記されています。正解は2です。the inexperienced drivers, such as teenage drivers が、設問では drivers who are young に言い換えられています。

No. 49　正解　2

設問の訳

グラフを見てください。X が示しているものは次のうちのどれですか？
1　10代のドライバー。　**2　飲酒運転。**　3　携帯電話の使用。　4　信号無視。

解答のポイント！

グラフの X が何を表しているか尋ねられています。グラフの X は一番の原因である distracted driving の次の主な原因です。③に The next most common cause was drunk driving とありますので、正解は 2 です。

No. 50　正解　4

設問の訳

交通安全週間では何が行われますか？
1　交通事故防止のための TV コマーシャルが放送される。　2　ドライバーのマナー向上を目的とするウェブサイトが開設される。　3　特別なイベントが各地で開催される。　**4　新聞に交通安全をアピールする広告が掲載される。**

解答のポイント！

交通安全週間に行われることについて尋ねられています。キーワードは Road Safety Week ですので、この表現を意識しつつ、音声を聞きましょう。④に During Road Safety Week next week, an educational program to prevent accidents will be shown on television とこの表現が出てきますので、つづく⑤の There are also plans to place advertisements about traffic safety in newspapers. の内容をしっかり聞き取りましょう。正解は 4 です。

注

[パッセージ]　□ accident　事故　□ automotive　自動車の　□ investigation　調査　□ bureau　(官庁などの) 局　□ detailed　詳細の　□ statistics　統計　□ account for~　~の割合を占める　□ distracted　注意散漫な　□ inexperienced　経験の浅い　□ drunk　酔っぱらった　□ meal　食事　□ speeding　スピード違反　□ weather condition　天候状況

- ☐ due to~ ～が原因で ☐ error 過失 ☐ educational 教育の ☐ advertisement 広告
- ［設問］☐ organization 組織 ☐ insurance 保険 ☐ confident 自信がある
- ☐ elderly 高齢の ☐ represent 表す ☐ ignore 無視する ☐ conduct 実行する
- ☐ broadcast 放送する ☐ aim 目的 ☐ raise 高める ☐ awareness 意識、気付き

WRITING

Test 2

Task A

あなたは教師に以下の文を読み、自宅出産について著者が言いたいことを要約するように言われました。要約文は1段落で構成し、70語程度で作成しなさい。

問題文の訳

　出産は、女性にとって人生の大きなイベントの一つである。子どもを生むというのは、かけがえのない感動的な経験である。一般的に出産というと、病院で医師の主導のもとに行われるというイメージがある。①しかし近年、病院ではなく自宅で出産することを選択する女性が増えているという。

　メアリー・ブラウンは、最近、自宅での出産を経験した女性である。彼女によれば、②自宅での出産の利点は、落ち着いた環境で出産できることにあると言う。病院と違い、自宅は心地よい場所で、自分が呼びたい人だけを入れることができる。さらに、③自宅での出産は、一般的に、経済的な負担が少ない。病院で出産する場合は、入院期間が長くなると、その分支払う金額も多くなる。

　一方で、自宅出産に否定的な意見をもつ人もいる。④予期せぬ事態が生じた場合に、自宅出産では対応が難しい。もちろん、自宅出産でも、助産婦や医師が同伴するケースがほとんどなので、母子が危険に陥るということはほとんどないと思われる。しかし、たとえば出産中に母体の出血が激しいような場合には、医療機器がそろった病院での出産の方が安全であることは確かである。また、⑤自宅出産では、出産前や出産後に、手厚いケアを受けることが難しい。病院だと、たとえば出産前の陣痛の痛みの緩和や、生まれてきた子どものケアなど、細やかな配慮を受けることができるのだが、自宅出産では、なかなか実現しづらいだろう。

　自宅出産には長所と短所がある。この先どうなるかが興味深いところだ。

解答例

　In recent years, more women are choosing to give birth at home. Supporters of home births say that it is easier for mothers to relax in a familiar place with people they know. They can also save money on hospital fees. However, it is safer to give birth at a hospital. Hospitals have medical equipment for emergencies, and can give the baby thorough care. (64 words)

> **解答のプロセス**

1. 問題文を読む
問題文は4段落構成。各段落の役割と内容をまとめると以下のようになります。

段落	役割	内容
1	トピックの導入	①近年、病院ではなく自宅で出産する女性が増えている
2	トピックについての賛成意見	②落ち着いた環境で出産できる ③経済的な負担が少ない
3	トピックについての反対意見	④予期せぬ事態に対処しづらい ⑤手厚いケアを受けられない
4	まとめ	中立的な内容なので、要約に盛り込む必要なし

要約には、①〜⑤の内容を解答に盛り込みます。

2. 解答を作る
指示文には**「内容の要約」**を1段落70語程度で書くように要求されています。解答は、問題文の内容に沿って、以下のような構成で作成します。

トピックの導入［1文目、10〜20語］
問題文の第1段落の役割は「文章全体のトピックの導入」。①の内容をまとめると、「近年、病院ではなく自宅で出産する女性が増えている」こと。
→ In recent years, more women are choosing to give birth at home.

トピックについての賛成意見［2〜3文目、20〜30語］
問題文の第2段落では自宅出産についての賛成意見が書かれている。その要点は②「落ち着いた環境で出産できる」ことと③「経済的な負担が少ない」ことの2つ。要約ではこの2点を盛り込む。
→ Supporters of home birth say that it is easier for mothers to relax in a familiar place with people they know. They can also save money on hospital fees.

トピックについての反対意見［4〜5文目、20〜30語］
問題文の第3段落にはCHOについての反対意見が書かれている。その要点は④「予期せぬ事態に対処しづらい」ことと⑤「手厚いケアを受けられない」ことの2つ。
→ However, it is safer to give birth at a hospital. Hospitals have medical equipment for emergencies, and can give the baby thorough care.

Test 2

解答のポイント！

要約では最初の 1 行目で「トピック」を提示する

　要約問題では、1 行目に文章全体の「トピック」を書くことが必須です。トピックを最初に導入することで、何についての文章なのか明確に示すことができます。
　Task A で取り上げられるのは「賛否のある事柄」です。それはたとえば「電子書籍」や「職場にペットを連れてくること」、「自宅出産」などが挙げられます。こうしたトピックの共通点は、「最近生まれた新しいテクノロジーやサービス、慣習」であるということです。したがって、Task A の問題文は、「過去にはなかった新たなもの」に注目しつつ読むとトピックが見えやすくなり、素早く論旨をつかめるようになります。

注

☐ give birth　子供を産む　　☐ unique　独特な　　☐ emotional　感情的な　　☐ childbirth　出産　　☐ advantage　利点　　☐ tend to do~　~する傾向にある　　☐ economical　安価な　　☐ negative　マイナスの　　☐ respond　対応する　　☐ attend　~に付き添う　　☐ rarely　めったにない　　☐ bleeding　出血　　☐ severe　深刻な　　☐ definitely　確実に　　☐ equipment　設備　　☐ labor pain　陣痛　　☐ newborn　新生児の　　☐ treatment　処置　　☐ pros and cons　メリットとデメリット

Task B

　あなたは教師に授業のために以下の情報を使ってエッセイを書くように言われました。ホワイト・リバー大学に関する状況を説明し、提案されている解決策の要点をまとめなさい。結論では、どの解決策がもっとも有効だと思うかを示し、理由を述べなさい。およそ 200 語で作成すること。

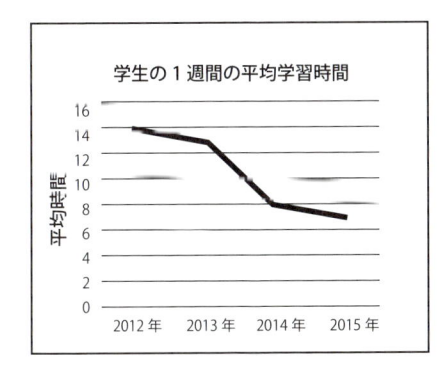

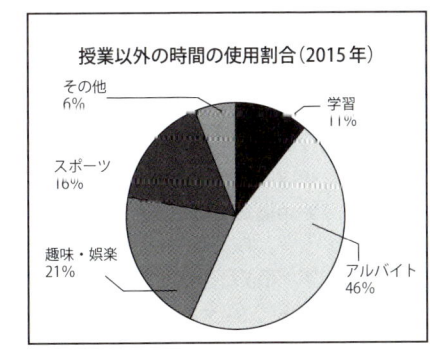

学生の 1 週間の平均学習時間

授業以外の時間の使用割合（2015 年）
- その他 6%
- 学習 11%
- スポーツ 16%
- 趣味・娯楽 21%
- アルバイト 46%

問題文の訳

教育ニュース

　ホワイト・リバー大学の問題を解決するために、いくつかの手段が考えられている。クリス・ジョーンズ氏は、ホワイト・リバー大学の学長を務めている人物だが、昨日開かれた会議の中で、以下のように意見を述べた。①彼はまず、改善の第一歩として、大学の教育カリキュラムを改善することが必要だと述べた。学生の授業評価シートを分析したジョーンズ氏は、慣例にとらわれることなく、現代の学生が興味をもつようなテーマの授業を積極的に増やしていくことを約束した。「学生を魅了するような授業が少なく、それが、学生の勉学への意欲を削いでいるのかもしれない」と彼は言う。こうしたカリキュラムの改善には、1年当たりに学生が受講すべき授業数の増加も含まれる。新たな教育カリキュラムの創出のために、今後、数回に分けて会議を開き、教師や学生の意見を聞いていく予定だという。

　ジョーンズ氏はまた、別のやり方も思案している。授業以外の時間をアルバイトに割く学生が増えていることを受けて、②彼は、学生を経済的に支援するような制度を立ち上げる必要があると述べる。たとえば、勉学において優秀な成績を収めた学生に対して、学費の返還という特典を与えるような制度である。こうした制度は、学費を稼ぐためにアルバイトをしなければならないような学生を救い、勉学に集中できる環境を作るだろう。「近年は、経済的に苦しい状況にある学生が増えています」とジョーンズ氏は言う。「そうした学生たちには、経済的な負担を少しでも軽くするように、大学側は援助の手をさしのべていかなければなりません」彼は、他の大学で実施されている学費免除制度などを参考にしながら、学生に勉強に集中してもらえるような制度作りに努めていくつもりだと説明した。

編集者への手紙

編集者様

　私は、ホワイト・リバーで小さな会社を運営している者です。ホワイト・リバー大学の卒業生を毎年雇用している者として、現状を改善するための解決策を提示しなければいけないと思い、この手紙を書いています。個人的には、大学生の日常生活をサポートするような制度が少ないことが、彼らが勉学に集中できない環境を作っているのだと思います。もちろん、大学生には自立の精神が求められるのでしょうが、ある程度は、大学生の日々の暮らしをサポートするような努力を、大学側もすべきだと思います。ですので、③大学生が生活の中で直面する問題を相談できるようなスタッフを雇用することが、問題解決に向けて第一に行うべきことだと思います。学生にとっても、経済的な悩みが解消されれば、思う存分、学習に時間を割くことができるようになるはずです。

　また、私は、最近の学生が、経済的な理由からアルバイトに時間を使っている

という話を聞いていますので、①奨学金制度をさらに充実させて、経済的なハンデを負っている学生を支援する必要があると考えています。たとえば、私の会社や、地元を拠点にしている企業が協力して、奨学金制度のために資金援助をするということも、可能であれば検討していく予定です。ホワイト・リバー大学出身の方々に、奨学金のための資金をカンパしてもらうというのも、実現可能な案の一つでしょう。奨学金制度を充実させないと、学生は今後もアルバイトに多大な時間を使うことになってしまい、勉学のための時間はさらに減少していくでしょう。

　それでは最後に、ホワイト・リバー大学には、素晴らしい学生たちを育てていることに、感謝したいと思います。
　　敬具
　　レイチェル・ディアズ

解答例

　The students of White River University are spending less time studying. In 2012, the average time they spent on their studies was about 14 hours a week, but in three years the number has dropped by half to seven. Now they spend about 50% of their free time on working, while they spend only 11% of their free time on studying.

　Chris Jones, the president of White River University, made two suggestions. First, he said that the curriculum needs to be improved to interest students. His second suggestion is to establish a system to provide financial support to students who need to work to pay tuition.

　Meanwhile, Rachael Diaz, who runs a small business in White River, suggested that White River University should hire staff to listen to students and give them advice on money-related problems. Diaz, like Jones, also suggested that the school should provide more scholarships to support students because a lot of students are in financial need.

　I believe that good scholarship programs would be the best way to solve the problem. It would encourage students to study more, and at the same time reduce their financial burden. (191 words)

解答のプロセス

1. 問題文を読む

　問題文は2つのグラフと、2つの文章からなる。各段落の役割と内容をまとめると以下のようになる。

グラフ

段落	役割	内容
左	トピックの説明	ホワイト・リバー大学の学生の学習時間の減少
右	トピックについての補足情報	学習よりも、仕事（アルバイト）に割く時間が増えている

文章

段落	役割	内容
左	解決策（大学関係者からの）	①大学のカリキュラムの改善 ②学生を経済的に支援する
右	解決策（外部からの）	③大学生の相談相手を務めるスタッフを雇用する ④奨学金制度の充実

2. 解答を作る

　指示文には「状況の説明」「解決策の要点」「自分の意見」の3点を200字程度で書くように要求されています。段落についての指定はないので、内容の切れ目で改行して複数の段落で書くとよいでしょう。解答は以下のような構成で作成します。

・**状況の説明（グラフの描写）**［第1段落、40〜50語］
　左のグラフからわかるのは「ホワイト・リバー大学の学生の学習時間が減少している」こと。「2012年の平均学習時間は約14時間だったが、2015年にはそれが約7時間まで減少した」というように、具体的な数字を挙げて説明する。
→ The students of White River University are spending less time studying. In 2012, the average time they spent on their studies was about 14 hours a week, but in three years the number has dropped by half to seven.
　右のグラフからわかるのは「学生は学習よりも、アルバイトに割く時間が増えている」ということ。数値とともに説明する。
→ Now they spend about 50% of their free time on working, while they spend only 11% of their free time on studying.

・**解決策の要点（英文の要約）**［第2段落・第3段落、80〜100語］
　2つの英文で提案されている解決策をまとめる。2人の人物がそれぞれ2つの解決策を提案しているので、解答には 2 × 2 = 4つの解決策をもれなく盛り込む必要がある。この部分はTask Aと解答の要領は変わらない。

Test 2

　ニュース記事では、クリス・ジョーンズ（大学の学長）の意見が述べられているが、彼の主張は①「大学のカリキュラムを改善する」ことと②「学生を経済的に支援する」ことの2つ。
→ Chris Jones, the president of White River University, made two suggestions. First, he said that the curriculum needs to be improved to interest students. His second suggestion is to establish a system to provide financial support to students who need to work to pay tuition.

　手紙では、レイチェル・ディアズ（地元企業の経営者）の意見が述べられているが、彼女の主張は③「大学生の相談相手を務めるスタッフを雇用する」ことと④「奨学金制度を充実させる」ことの2つ。
→ Meanwhile, Rachael Diaz, who runs a small business in White River, suggested that White River University should hire staff to listen to students and give them advice on money-related problems. Diaz, like Jones, also suggested that the school should provide more scholarships to support students because a lot of students are in financial need.

・自分の意見［第4段落、40～50語］
　①～④のどの解決策に賛成するのかを選び、その理由を述べる。どれを選ぶかは自由だが、必ず根拠を添える。
→ I believe that good scholarship programs would be the best way to solve the problem. It would encourage students to study more, and at the same time reduce their financial burden.

解答のポイント！

下書きでは設計図を作ることを意識する
　英作文の下書きでは、書くべき内容を箇条書きにしておくのが大事です。たとえば、上のTask Bの問題であれば、

```
============================================
トピック　学生の学習時間減少
Jones　①カリキュラム改善　②経済的に支援
Diaz 　①スタッフ雇用　②奨学金制度
自分　　奨学金制度
============================================
```

というように、全体の構成がわかるようなメモを最初に作っておくと、解答が書きやすくなります（メモは日本語でもかまわない）。あとは、この設計図をもとに、解

答を作っていけばいいでしょう。もちろん、その際には英作文の定型フレーズ(23ページを参照)の知識が必要となります。

　TEAPではアカデミックな英語の文書を書くことが要求されますが、アカデミックな英文は型が決まっている(最初にトピックを提示し、そのあとに理由を述べる、内容の切れ目で段落を変えるなど)ため、問題演習を通じてそうした型を身につけておくと、解答をスムーズに作成できるようになります。

注

[教育ニュース]
☐ solution　解決策　　☐ curriculum　カリキュラム　　☐ evaluation　評価
☐ unconventional　慣例に従わない　　☐ desire　欲求　　☐ work part-time　アルバイトをする
☐ financial　金銭的な　　☐ partially　部分的に　　☐ refund　払い戻す　　☐ tuition　授業料
☐ exemption　免除
[編集者への手紙]　☐ graduate　卒業生　　☐ living expense　生活費　　☐ daily life　日常生活
☐ donation　寄付　　☐ appreciation　感謝

SPEAKING Part 1

Test 2

TEST 2 SPEAKING REVIEW ▶ 001　　British female / British male

対話例

Examiner:	First, I'd like to know a little bit about you. What do you usually do in your free time?
You:	I play sports such as soccer and baseball with my friends.
Examiner:	I see. What do you want to do in the future?
You:	I want to be a vet (veterinarian) in the future.
Examiner:	Why do you want to be a vet in the future?
You:	I really like animals, so I want to help sick animals.
Examiner:	What is your best memory from junior high school?
You:	My best memory from junior high school is the school trip. We went to Kyoto and had a great time.
Examiner:	Thank you.

解答のポイント！

　最初の質問は「時間がある時には何をするのが好きですか」という質問です。What で始まる質問文ですので、具体的に何をするのが好きかを答えましょう。解答例では I play sports such as soccer and baseball with my friends. のように such as ~ 以下で具体例を示しています。2つ目の質問は「将来、何になりたいか」です。将来してみたいと考えていることを具体的に言いましょう。ここでは I want to be a vet (veterinarian) in the future. と答えています。次に試験官（面接官）に「なぜ、獣医になりたいのですか」と聞かれていますが、これに対しては明確に理由を述べましょう。解答例では I really like animals, so I want to help sick animals. と答えていますが、I really like animals. で終わらせるのでなく、さらに so 以下でより具体的な理由を述べるとより説得力が増します。最後の質問は「中学での一番の思い出は何ですか」です。まずは直接の答えとなる My best memory from junior high school is the school trip. と答え、なぜ修学旅行が一番の思い出について、We went to Kyoto and had a great time. と具体的に述べています。

273

SPEAKING Part 2

📋 トピックカードの訳

「こんにちは、いくつか質問をしてもよろしいですか？」という文でインタビューを始めてください。
以下について質問してください。
・教えている学年
・教えている科目
・その科目の教師になった理由
・教師としての最高の思い出
・（時間があれば、ほかに質問をしてかまいません。）

TEST 2 SPEAKING REVIEW ▶ 002　　American male / British female

Examiner:	You should ask me questions about the topics on this card. You have thirty seconds to read the card and think about what to say. Here is the card. （ここで 30 秒の準備時間があります）
Examiner:	OK. Please begin the interview.

📖 対話例

You:	Hello, may I ask you some questions?
Examiner:	Yes, please.
You:	What grade do you teach?
Examiner:	I teach second-year students.
You:	What subject do you teach?
Examiner:	I teach Japanese.
You:	Why did you become a Japanese teacher?
Examiner:	When I was at university, I really liked to read Japanese novels.
You:	I see. What is your best memory as a teacher?
Examiner:	Last year all of the students passed the entrance examinations for high school. That is my best memory as a teacher.
You:	Wow. That is great. Can I ask you one more question? What is your future dream as a Japanese teacher?
Examiner:	I want all of my students to enjoy learning Japanese.
You:	That's great. Thank you very much.

Test 2

解答のポイント！

　中学校の先生にインタビューをするという設定です。トピックカードにある項目を以下のような質問に変えてみましょう。トピックカードにある項目を質問に変える必要があります。
・The grade he / she teaches ➡ What grade do you teach?
・The subject(s) he / she teaches ➡ What subject do you teach?
・The reason why he / she became a teacher of the subject ➡ Why did you become a Japanese teacher?
・The best memory as a teacher ➡ What is your best memory as a teacher?
　質問をする相手はみなさんより年上なので、以下のような丁寧な言い方を心掛けましょう。
・Would you tell me what grade you teach?
・Please tell me what subject you teach.
・Would you tell me why you became a Japanese teacher?
・Would you share the best memory as a teacher?
　時間的に余裕があれば、追加の質問もしてみましょう。その際には , Can I ask you one more question? で始めて、たとえば What is your future dream as a Japanese teacher? というようなことを質問してみましょう。質問を終えたら、お礼を言ってインタビューを終えましょう。

SPEAKING Part 3

> **トピックカードの訳**
>
> 「すべての大学生は携帯を持つべきである」。あなたはこの意見に賛成ですか？ なぜですか？

TEST 2 SPEAKING REVIEW ▶ 003 — American male

Examiner: Now I'd like you to talk for about one minute about the topic on this card. You have thirty seconds to read the card and think about what to say. Here is the card. Please begin preparing now. （ここで 30 秒の準備時間があります）

Examiner: OK. Please begin speaking.

解答例 1

解答例 (同意)

(1) I agree with the statement. I think every student should have a cellphone. (2) I have two reasons to support this. (3) First of all, they can contact their parents when there is an emergency. For example, if there is a natural disaster, parents may be worried about their children. However, when they contact their children with a cellphone and know that they are safe, they can feel relieved. (4) Secondly, if students have a cellphone, they can use it in the classroom for study. For instance, they can collect information from the Internet with a cellphone. (5) Therefore, I think every student should have a cellphone.

TEST 2 SPEAKING REVIEW ▶ 004 — American female

解答例 2

解答例 (否定)

(1) I disagree with the statement. I don't think every student should have a cellphone. (2) There are two reasons to support this. (3) First, it costs a lot of money to have a cellphone. So, students' parents may have to pay money for the bill. (4) Second, students may be so *absorbed into SNS that they can't stop using their cellphones. This may cause students not to concentrate on studying. (5) That's why I don't think every student should have a cellphone.

Test 2

*absorbed　夢中になる

解答のポイント！

　「解答例1」では、「すべての学生が携帯を持つべきである」という意見に対して、まず(1)で賛成の意見を明確に述べています。その後(2)で理由が2つありますと答えてから、(3)で理由の1つとその具体例、(4)で2つ目の理由と同じく具体例を述べています。解答例にあるように、理由を述べる際には、First of all, Secondly などを、具体例を述べる際には For example, For instance などを使い、表現が豊富であると試験官に印象付けるようにしましょう。最後に(5)で結論としてもう一度自分の意見を述べます。

　「解答例2」では、この「すべての学生が携帯を持つべきである」という意見に対して反対の意見を(1)で述べています。その後、(2)で理由が2つあるとして、(3)で理由の1つと影響、(4)で2つ目の理由と影響を述べています。理由を述べる際には First, Second を使い、(3)では So 以下で影響、(4)では so ~that 構文を用いて理由と結果、さらに続く影響について論理的に述べています。最後に(5)でもう一度自分の意見を述べて結論としています。

SPEAKING Part 4

TEST 2 SPEAKING REVIEW ▶ 005 **British female / British male**

📖 対話例

Examiner: Now, I'd like to ask you some questions about different topics. Here's the first question. <u>Do you think the Internet will take the place of TV in the future?</u>

You: (1) Yes, I think so. (2) Nowadays, there are many things we can do using the Internet such as watching movies and news and listening to music. Thus, people spend less time watching TV than in the past. (3) Using the Internet is more convenient than watching TV because we can choose what we want to watch according to our own time schedules and preferences. (4) Because it's convenient, the Internet will take the place of TV in the future.

Examiner: Speaking of TV, <u>do you think TV commercials for alcohol should be banned?</u>

You: (1) Yes, I think so. (2) If people watch TV commercials for alcohol such as beer, they are tempted to drink, which may cause some people not to stop drinking. This may make them become alcoholics. (3) In addition, if minors see TV commercials for alcohol, they might be curious about drinking alcohol and may try drinking. (4) So I think TV commercials for alcohol should not be allowed.

Examiner: I see. Let's change topics. <u>Do you think parents today should spend more time with their children?</u>

You: (1) Yes, I think so. (2) I think recently many parents have been busy with their work, but for children to spend time with their parents is precious. They need to talk with their mothers and fathers at home. (3) In addition, after children grow up, they will be busy and not be able to spend time with their parents. Thus, the time parents can spend with their children is limited, so they should treasure the time. (4) So I think they should spend more time with children

Test 2

	even though they might be busy with work.
Examiner:	I see. <u>Should children help their mothers do housework?</u>
You:	(1) Yes, I think so. (2) Because if children can help their mothers do housework, they can reduce the workload of working mothers. (3) In addition, while children do housework together with their mothers, they can have more time to talk. That can be another advantage. (4) Finally, if children can learn how to do housework, such as cooking, from their mothers, it can be helpful when they are independent. (5) That's why I think children should help their mothers do housework.

解答のポイント！

　解答例では、最初の質問「インターネットは将来、テレビに取って代わりますか？」に対し、Yes と肯定で答えています。そのあと「今日、映画やニュースを観たり、音楽を聴いたり、インターネットを使ってできることがあります」と1番目の理由を述べて、さらに Thus 以下で追加説明を加えています。次に「自分のスケジュールや好みに合わせて観たいものを選べるので、インターネットを使うことはテレビを観るより便利です」と2番目の理由を伝えています。最後に Because it's convenient ～以下で結論を述べています。No と答える場合の理由としては、We can watch TV without an Internet connection.（インターネットの接続がなくても、テレビを見ることができる）などが考えられるでしょう。

　2番目の質問は、「アルコールの TV コマーシャルは許可されるべきではないと思いますか？」です。それに対して、まず Yes で肯定しています。そのあと1番目の理由「もし人々がビールなどのアルコールの TV コマーシャルをみると、飲みたい誘惑にかられ、その結果、飲むことを止めることができなくなる可能性があります」を述べています。さらに「alcoholic（アルコール中毒）になるかもしれない」と述べたあと、In addition として、「未成年者がアルコールの TV コマーシャルを見たら、アルコールを飲むこと興味を持って、飲んでみようとするかもしれません」と2つ目の理由を述べています。その後、So 以下で意見をまとめています。No で始まる否定の理由としては I think alcoholic beverage makers should have the right to promote their products on TV.（アルコール飲料メーカーは商品をテレビで推進する権利を持つべきだと思います。）などが考えられるでしょう。

　3番目の質問は「親は子供とより多くの時間を過ごすべきだと思いますか」です。まず、Yes, I think so. と肯定で答えています。次に1つ目の理由を「多くの親は仕事で忙しいと思いますが、子供が親と過ごす時間が貴重なものだと思います」と述べています。そのあと「子供たちが家庭で自分のことを話すことが必要です」と追加

説明しています。続いて、In addition のあとに「子供たちが成長したあとは忙しくなるので、親と過ごせる時間がなるくなる」と 2 つ目の理由を述べて、さらに Thus 以下で、具体例を追加しています。最後に So ～以下で結論を述べています。反対の理由としては、Children should spend time with many other people such as friends, teachers, and grandparents. (子供は友達、先生、祖父母など、ほかの多くの人と時間を過ごすべきです) などが考えられるでしょう。

　4 番目の質問は「子供は母親が家事をするのを手伝うべきですか」です。まずは Yes, I think so. と肯定の答えを述べて、「子供は母親の手伝いができるなら、ワーキングマザーの仕事量を減らすことができるからです」と 1 つ目の理由を述べています。続いて、In addition 以下で「子供が母親と家事を一緒にしている間、話す時間をより多く持てます」と 2 つ目の理由を述べて、さらに Finally 以下に「子供が料理の仕方などを母親から学ぶことができると、彼らが独立した時に役立ちます」と 3 つ目の理由を述べています。最後に、That's why ～として、結論を述べています。反対の理由としては Children should spend more time studying than helping their mothers do housework.(子供は母親の家事を手伝うより、勉強に多くの時間を費やすべきです) などが一例です。

あとがき

　最近はリーディングとリスニングに加えて、ライティングとスピーキングの能力も向上させたいと願う高校生にお会いすることも少なくありません。中には志望校合格のために英検や TEAP を受ける必要があり、その対策をしたいという方の相談もよく受けます。

　そんなこともあって、研究社編集部の金子靖さんから TEAP 対策本の相談を受けた時は、ちょうどいい機会だと思いました。この 4 技能型アカデミック英語能力判定試の効果的な対策本を作ることで、彼らの要求に応えられると思ったからです。

　TEAP の問題は非常によくできていて、さまざまなことを調査したうえで英文や図表を書かねばならず、予想よりも遙かに大変な仕事になりました。しかし、金子さんと優秀な共著者の斎藤裕紀恵さん、そして金子さんとともに一緒に TEAP を受けて適切なアドバイスをいくつもくださった同編集部の高野渉さんほか、多くの頼もしい方たちのおかげで、みなさんにぜひ本番試験対策に役立てていただきたい 1 冊に仕上げることができました。

　本書がみなさんの学習に役立つようなことがあれば、著者としてこれほどうれしいことはありません。

デイビッド・セイン（David A. Thayne）

　急速に進むグローバル化の波を受けて、ますます国際共通語としての英語の必要性が高まっています。それに伴って英語教育改革も進みつつありますが、リーディングとリスニングだけでなく、ライティングとスピーキングの 4 技能を効果的に測定するテストが必要という流れを受けて、TEAP が誕生しました。

　実際にこの試験を受験してみて、ライティングとスピーキング・テストでは客観的かつ論理的に考えて伝える力が必要とされていると感じました。これはまぎれもなく今後のグローバル社会で求められている力です。

　本書ではライティングとスピーキングの練習問題を多く取り入れています。読者のみなさんには、本書を使用して対策をはかりつつ、英語での発信力を高め、グローバル・コミュニケーション・ツールとしてこの言語の運用能力をさらに伸ばしていただくことを願っております。本書を手に取ってくださった読者のみなさんの中から、英語を使って世界で活躍する人たちがたくさん出てくることを祈っております。

斎藤 裕紀恵（Yukie Saito）

著者紹介

▶デイビッド・セイン（David A. Thayne）

1959年アメリカ生まれ。カリフォルニア州Azusa Pacific Universityで、社会学修士号取得。証券会社勤務を経て、来日。日米会話学院、バベル翻訳外語学院などでの豊富な教授経験を活かし、現在までに120冊以上、累計300万部の著作を刊行している。日本で30年近くにおよぶ豊富な英語教授経験を持ち、これまで教えてきた日本人生徒数は数万人におよぶ。著書に『TOEICテスト®完全教本　新形式問題対応』『ネイティブが教える　英語の時制の使い分け』『ネイティブが教える　ほんとうの英語の前置詞の使い方』『ネイティブが教える　英語の句動詞の使い方』『ネイティブが教える　ほんとうの英語の助動詞の使い方』『ネイティブが教える　英語の形容詞の使い分け』『ネイティブが教える　ほんとうの英語の冠詞の使い方』（研究社）ほか多数。

▶斎藤裕紀恵（さいとうゆきえ）

（株）Y&S Visionary代表取締役。幼稚園児から大学生や社会人の英会話指導まで、幅広く英語教育指導を行なう。コロンビア大学大学院日本校にて英語教授法修士を取得後、現在はテンプル大学日本校で応用言語学博士課程に在籍しながら、早稲田大学、明治大学で英語を指導。英検1級、TOEIC Listening and Reading Test 990点、国連英語検定特A級、通訳ガイド英語を取得。著書に『CD付 小学生の英検3級合格トレーニングブック』『CD付 小学生の英検4級合格トレーニングブック』『CD付 小学生の英検5級合格トレーニングブック』（アルク）など、また大学生用ビジネス英語教材『GLOBAL VISION』（桐原書店）監修。

謝辞

本書刊行にあたり、多くの方にご協力いただきました。
記して厚く御礼申し上げます。
デイビッド・セイン／斎藤 裕紀恵

▶英文執筆・校正
【AtoZ】
Alexandria McPherson
Shelley Hastings
Sean McGee
Esther Thirimu

▶英文翻訳
長尾莉紗

▶音声吹込
Emma Howard(British female) / Chris Koprowski(American male)
Jessica Kozuka(American female) / Nadia McKechnie(British female)
Michael Rhys(British male) / Peter Serafin(American Male)
Peter von Gomm(American male)

▶音声録音・編集
佐藤京子（東京録音）

▶音声録音協力
アート・クエスト

▶社内協力
高見沢紀子
市川しのぶ・青木 奈都美

はじめての TEAP　対策問題集
A STRATEGIC GUIDE TO THE TEAP TEST

● 2016 年 11 月 15 日　初版発行 ●

● 著者 ●
デイビッド・セイン（David A. Thayne）　斎藤 裕紀恵

Copyright © 2016 by David A. Thayne and Yukie Saito

発行者　●　関戸雅男
発行所　●　株式会社　研究社
〒 102-8152　東京都千代田区富士見 2-11-3
電話　営業 03-3288-7777（代）　編集 03-3288-7711（代）
振替　00150-9-26710
http://www.kenkyusha.co.jp/

KENKYUSHA

装丁　●　久保和正
組版・レイアウト　●　AtoZ
印刷所　●　研究社印刷株式会社
CD 制作・編集　●　東京録音

ISBN 978-4-327- 76484-5 C7082　Printed in Japan

本書のコピー、スキャン、デジタル化等の無断複製は、著作権法上での例外を除き、禁じられています。
また、私的使用以外のいかなる電子的複製行為も一切認められていません。落丁本、乱丁本はお取り替え致します。
ただし、古書店で購入したものについてはお取り替えできません。

TEST 1

Reading / Listening

リーディング・テスト（60問/70分）…… 2

リスニング・テスト（50問/約50分）…… 30

⬇ TEST 1 LISTENING

⬇ TEST 1 LISTENING PART 1A_1B_1C_2A_2B

⬇ TEST 1 LISTENING REVIEW ▶ 001_050

解答・解説・訳 ▶ 本体 44 ページ、90 ページ

Part 1

There are 20 very short reading texts below, and in each text there is a gap. Choose the best word or phrase from among the four choices to fill the gap. Mark your answer on your answer sheet.

(1) After drinking a smoothie that (   ) raw egg, Professor Morin had a bad case of food poisoning.
  1 contained **2** proposed **3** excluded **4** mixed

(2) When the school bus came to an abrupt stop, a horrible collision was (   ) and many lives were saved.
  1 apprehended **2** produced **3** provoked **4** avoided

(3) While the (   ) location of the new university helped to lower construction costs, most students now find that traveling to and from school is inconvenient.
  1 expedient **2** urban **3** approximate **4** remote

(4) Companies have considered allowing retirees to do volunteer work at summer music festivals. They think that their (   ) would help prevent bad behavior.
  1 presence **2** admission **3** approval **4** excitement

(5) In the first hour of class, the professor gave a (   ) summary of how the country moved from an agriculture economy to an industrialized economy.
  1 suited **2** dear **3** condensed **4** reluctant

(6) A large (   ) of the population is still nervous about flying despite the fact that traveling by air is the safest means of transportation.
  1 opinion **2** exclusion **3** fracture **4** portion

Test 1 ▶▶▶

(7) The students at the local university will be holding a science ( ) that illustrates the effects of eating meat on the environment.
    1 exhibition   **2** discovery   **3** project   **4** conclusion

(8) After all of the student records had been ( ), the Board of Education realized that the overall grade point average was higher than that of the previous year.
    1 rewritten   **2** analyzed   **3** drafted   **4** proposed

(9) While vacationing in France, Ben decided to visit his university of choice to ( ) a relationship.
    1 exceed   **2** oppose   **3** establish   **4** garnish

(10) Many millionaires have a ( ) for spending a lot of money, but Mr. Sanders is a giving man who donates large amounts of money to educational institutions.
    1 reputation   **2** tool   **3** secret   **4** past

(11) The university's international music festival held in the summer has ( ) a large profit for the city.
    1 processed   **2** generated   **3** completed   **4** saved

(12) The basketball tournament is happening in a location with a high ( ), which is a disadvantage for the visiting team.
    1 crime   **2** latitude   **3** altitude   **4** practice

(13) Exchange students are allowed to leave campus during the winter holiday as long as they get ( ) from their supervisor.
    1 excuse   **2** guarantee   **3** permission   **4** release

(14) It's better to take a few cups, plates, bowls, and some silverware with you to university to save money on (   ) supplies and to protect the environment.
    1 disposable   **2** renewable   **3** usable   **4** homemade

(15) Students will not receive their (   ) unless they have paid all of their school fees and sent an online application requesting approval to graduate.
    1 permission   **2** papers   **3** degree   **4** requests

(16) Students should understand that the expertise of the doctors is (   ) from years of study and experience, and make an effort to learn from them.
    1 revised   **2** rewarded   **3** enlarged   **4** derived

(17) Students living in on-campus housing must be willing to (   ) the dormitory rules and treat shared spaces and resources with care and respect.
    1 appeal to   **2** abide by   **3** make up   **4** move in

(18) When (   ) to teaching assistants for help, it's important to speak to them with the same respect you would give to the professor.
    1 speaking out   **2** reaching out   **3** talking down   **4** helping out

(19) Students may decide to exercise more to (   ) the extra weight they may have gained from by the stress of a heavy study schedule.
    1 save up   **2** speak up   **3** look out   **4** work off

(20) It's a good idea for students to (   ) a hobby in order to have the chance to meet new people.
    1 clean up   **2** show up   **3** take up   **4** mark up

Test 1 ▶▶▶

Part 2A

There are five graphs or charts below. Each graph or chart is followed by a question about it. For each question, choose the best answer from among the four choices and mark your answer on your answer sheet.

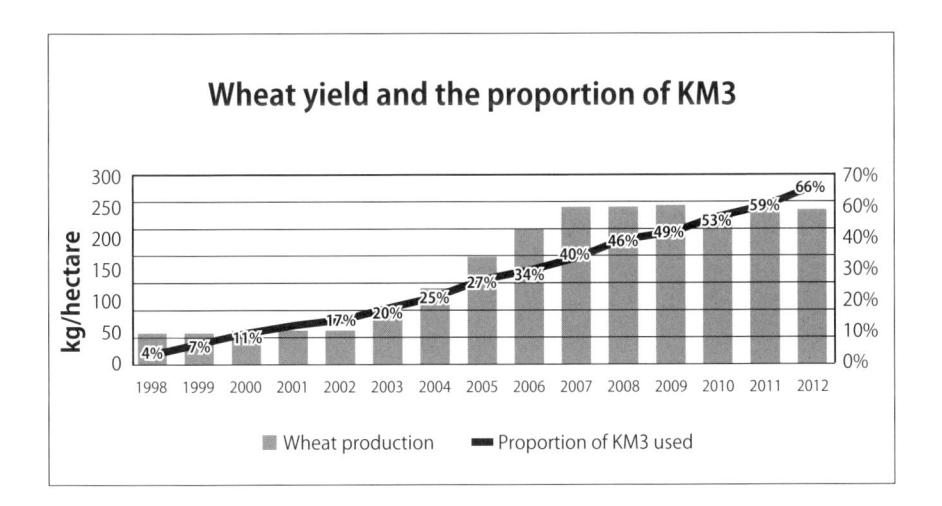

Wheat yield and the proportion of KM3

[Bar chart showing wheat production (kg/hectare) and line graph showing proportion of KM3 used from 1998 to 2012. KM3 proportions: 1998: 4%, 1999: 7%, 2000: 11%, 2001: 17%, 2002: 20%, 2003: 25%, 2004: 27%, 2005: 34%, 2006: 40%, 2007: 46%, 2008: 49%, 2009: 53%, 2010: 59%, 2011: 66%, 2012: (unmarked)]

(21) You are conducting a study into the effect that KM3 agriculture fertilizer, developed in the late 1990s, had on the production of wheat. Which of the following best describes the graph above?

    1 After KM3 reached 5%, wheat yield has risen steadily.
    2 The lower the proportion of KM3, the more wheat cultivation is promoted.
    3 When KM3 exceeds roughly 40%, the contribution to wheat production levels off.
    4 When KM3 exceeds 50%, it has a negative impact on wheat, and production falls dramatically.

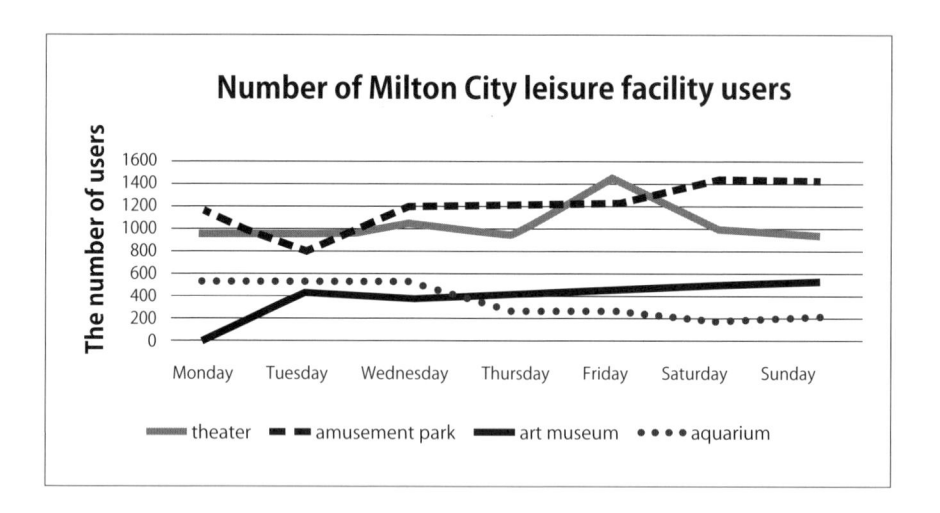

Number of Milton City leisure facility users

(horizontal axis: Monday, Tuesday, Wednesday, Thursday, Friday, Saturday, Sunday; vertical axis: The number of users, 0–1600)

Legend: theater ― ― amusement park ― art museum • • • aquarium

(22) As part of a consumer trend survey, you are conducting research into the number of weekly users of leisure facilities in Milton City. Which of the following best describes the graph above?

    1 At movie theaters, Friday night is referred to as "Happy Friday," and ticket prices are 30% off.

    2 The art museum is closed every Wednesday.

    3 At the amusement park, periodic inspections are carried out on Saturdays, during which over half of the rides are unavailable.

    4 Special shows are held on weekends at the aquarium.

Test 1 ▶▶▶

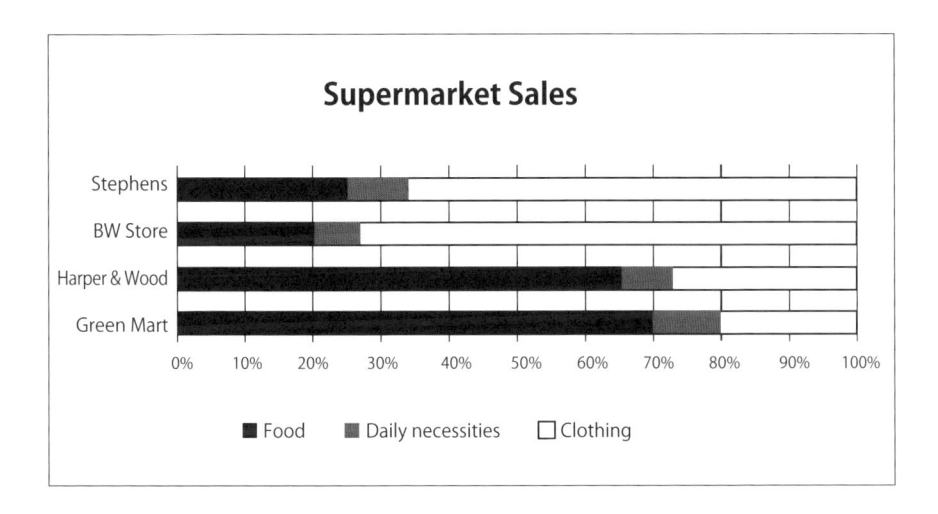

Supermarket Sales

Stephens	
BW Store	
Harper & Wood	
Green Mart	

0% 10% 20% 30% 40% 50% 60% 70% 80% 90% 100%

■ Food   ■ Daily necessities   ☐ Clothing

(23) The above graph is going to be used in a newspaper article. Which of the following titles would be most suitable for the article?

    1 New trend: Daily necessities are main product for supermarkets.
    2 Comparison of clothing prices at supermarkets.
    3 Two supermarket strategies: Focusing on groceries and clothing.
    4 Supermarket operation costs on the rise.

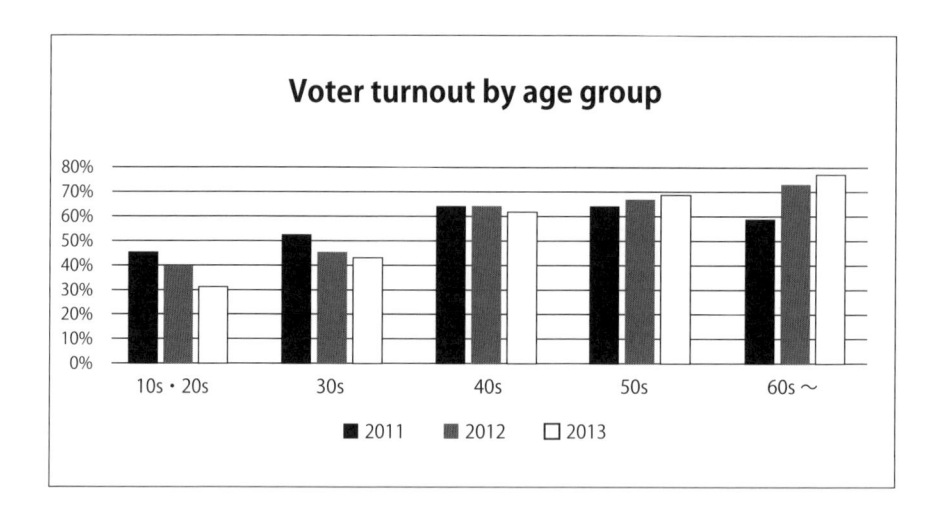

Voter turnout by age group

(A bar chart showing voter turnout percentages by age group for 2011, 2012, and 2013.)

- 10s · 20s: 2011 ≈ 45%, 2012 ≈ 40%, 2013 ≈ 30%
- 30s: 2011 ≈ 50%, 2012 ≈ 45%, 2013 ≈ 42%
- 40s: 2011 ≈ 62%, 2012 ≈ 62%, 2013 ≈ 60%
- 50s: 2011 ≈ 62%, 2012 ≈ 65%, 2013 ≈ 68%
- 60s ~: 2011 ≈ 58%, 2012 ≈ 70%, 2013 ≈ 73%

(24) In reference material obtained from the library, there were four statements concerning the above graph. Which of the statements is NOT a suitable description of the graph?

1 In the last three years, voter turnout of people in their 40s never dropped below 60%.
2 In 2011, the group with the highest voter turnout was the over-60 generation.
3 There is a vast difference between generations in terms of interest in politics.
4 Both younger and older generations are losing interest in politics.

Test 1 ▶▶▶

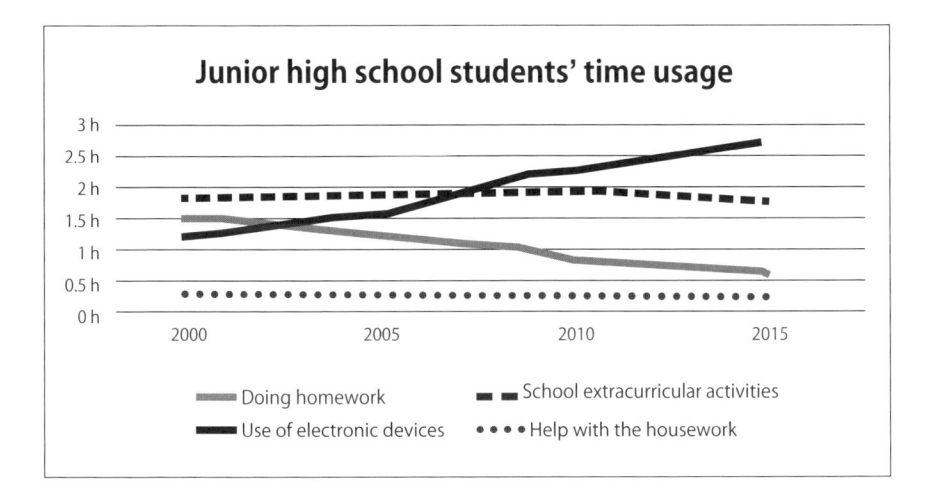

Junior high school students' time usage

(Chart showing from 2000 to 2015:
- Doing homework: declining from ~1.5h to ~0.5h
- School extracurricular activities: steady around ~1.8–2h
- Use of electronic devices: rising from ~1.3h to ~2.7h
- Help with the housework: steady around ~0.5h)

(25) In recent years, the decline in time that students at Northtown Junior High School spend doing homework has become a problem. Based on the graph above, which of the following solutions would be appropriate?

1 Students should go home earlier in order to limit extracurricular activities.

2 Students should be told to do laundry, cleaning, and other chores on their own.

3 Students should be instructed as necessary to avoid use of smartphones and computers.

4 Special after-school training should be conducted to prepare students for regular tests.

Part 2B

There are five short reading texts (notices, advertisements, posters, etc.) below. Each text is followed by a question. For each question, choose the best answer from among the four choices and mark your answer on your answer sheet.

New Shuttle Hours

We would like to inform all teachers and students that the shuttle bus will follow a different schedule next summer. The last shuttle bus will be at 5:30 pm instead of 7:00 pm. The purpose of this is to save money for facilities like the library and gymnasium. The new shuttle bus schedule won't start until May of 2016, so please continue to use the bus from 6:00 am to 7:00 pm until then.

---

(26) The reason for the change in shuttle bus hours is

1 To allow bus service to all of the school's facilities.
2 To save money to use towards other facilities.
3 To cut down on the number of night classes.
4 To close the campus down earlier at night.

Test 1 ▶▶▶

To: All students
From: Sean Clancy <sclancy@phs.edu>
Date: Tuesday, May 30
Subject: A Graduate's Memoir

Dear all,
In order to help promote our school, we at Johnson University have asked one of our top graduates to write an essay about the fond memories they have of their time at our school. The essay will be posted on the school's website, with the hope that it will be read by not only current students like you but also future students and their parents. We will receive the essay from the graduate on January 31st, and are excited to share it with you all then.

Best,
Sean Clancy

(27) Why will the essay be posted on the school's website?
   1 For the entertainment of current students.
   2 To promote the school to future students and their parents.
   3 To get the attention of local newspapers.
   4 To give deserved recognition to the school's top graduates.

Cliffbridge University is looking for students to volunteer at the university's open campus day on February 20th. There will be two shifts from 8:00 am to 10:00 am and 1:00 pm to 3:00 pm. Students who wish to volunteer need to choose a shift and contact the university by February 15th. We expect the second shift will be popular, so be sure to contact us ASAP. Further information can be found on the university's website. http://www.cliffbridge.edu/volunteers

(28) What do the students have to do if they want to volunteer at the university?
   1 They have to be at the university all day.
   2 They have to check the university's website.
   3 They have to contact the university by February 15th.
   4 They have to contact the university by e-mail.

To: Takayuki Ishii
From: University Library
Date: Wednesday, June 29
Subject: Overdue book

Dear Takayuki,
This is Jeff from the university library. I'm e-mailing you about an overdue book, The Great Gatsby, which you checked out on June 10th. It was due on June 24th, but it seems we have not received it yet. If you have not turned it in, please do so by this Friday, July 1st. If you don't return the book by then, you will be unable to borrow books from the library for half a year. Please reply if there are any problems.

Sincerely,
Jeff Anderson

(29) What will happen if the student doesn't return the book to the library?
 1 The student will have to buy the book.
 2 The student won't be able to use the library for six months.
 3 The student will need to send an e-mail to Jeff.
 4 The student will have to extend his rental period.

Students who would like to ask a professor to write a letter of recommendation need to visit them in their office. When you meet, tell the teacher which graduate school you'd like to go to and which subjects you're planning on studying before asking for a recommendation. Please understand that the professor has the right to say no if they have already received too many requests. If they agree to write a recommendation, students should give the professor at least two weeks to write it.

(30) What should the students do if they want a teacher's recommendation?
 1 They need to speak with their teachers at a certain time.
 2 They need to understand that the teacher may be too busy to meet.
 3 They need to tell the teacher about their graduate school plans.
 4 They need to request to get the recommendation in two weeks.

Test 1

Part 2C

There are 10 short reading passages below. Each passage is followed by a question. For each question, choose the best answer from among the four choices and mark your answer on your answer sheet.

Is Chinese the language of the future? Many people say it is. After all, it's true that Mandarin Chinese has the most native speakers in the world. Although Chinese is considered to be very difficult, more students in the US and around the world are studying Chinese than ever before. This may be because modern technology has made it easier to study languages. Also, China may become the world's largest economy, which will make speaking Chinese more necessary for business.

(31) What is one reason why some students may not study Chinese?
    1 Chinese is still considered to be very difficult by many people.
    2 China is quickly becoming the largest economy in the world.
    3 Modern technology makes it easier to learn difficult languages.
    4 Mandarin Chinese has the most native speakers in the world.

Halley's Comet is the most famous comet. It was named after English astronomer Edmond Halley, who concluded that the three comets from 1531, 1607 and 1682 were the same comet. It passes the Earth every 75 years, which means that some people can see it twice in their lifetime. The last time it passed us was in 1986, and it's expected to return in 2061. The first known sighting of Halley's Comet was by Chinese astronomers in 239 B.C.

(32) How did Halley's Comet get its name?
    1 It got its name from an astronomer who studied the comet.
    2 It was named after an astronomer who first saw the comet.
    3 Its name refers to how often it passes by the Earth.
    4 The name has no particular meaning.

The guitar industry was in bad condition in the late 1970s, but one company continued to push forward. Gibson USA was established in 1974 in Nashville, Tennessee. Their main product was the Gibson Les Paul, which has been played by many well-known blues, jazz and rock guitarists. Their reputation and success were completely restored in 1986 when new owners took over the company. For many years, Gibson USA has continued to be one of the best guitar manufacturing companies.

(33) According to the passage, the guitar industry in the late 1970s
1 became stronger when Gibson USA was formed.
2 was in decline.
3 was mainly located in Nashville.
4 had been booming for years.

We are now accepting applications from foreign students who wish to study at Stark University next year. In order to apply, students must submit a 100-word essay, their grades from high school and a letter of recommendation from a teacher. We will also be rewarding a limited number of students with a full scholarship. Applications are due on May 12th of this year. More information is available on the school's website.

(34) What must foreign students do to apply to Stark University?
1 Complete an online application form.
2 Have an interview with a teacher.
3 Send an essay along with their school records.
4 Visit the university before May 12th.

Test 1 ▶▶▶

Star Wars fans everywhere waited patiently for the sequel to *Star Wars: Episode VI - Return of the Jedi*. That movie, *Star Wars: The Force Awakens*, finally came. There was a lot of debate about the quality of the last Star Wars trilogy (Episode *I, II, III*), so fans were both worried and excited. *The Force Awakens* broke many box office records. In the end, fans seemed to be very happy with the new film.

(35) What is the main theme of the passage?
   1 Star Wars has lost many fans.
   2 The new movie was the most popular in the world.
   3 The new Star Wars film was highly anticipated.
   4 Most fans were happier with the previous three movies.

Australian experts have several recommendations for using diet to obtain and maintain a healthy weight: eat a variety of food from the five main food groups every day, including meat, fruit, and vegetables; keep well-hydrated with water; limit consumption of fatty, salty, and sugary foods and avoid overly-restrictive diets and dangerous practices such as excessive fasting. They also recommend losing weight in a sustainable, gradual way, rather than rapidly, except in cases of obesity-related health conditions.

(36) What is one way to obtain a healthy weight according to the passage?
   1 By losing weight slowly, instead of quickly.
   2 By eating only fruit, vegetables and meat.
   3 By not eating any foods containing fat, salt or sugar.
   4 By dieting consistently.

Please be advised that six new computers will be installed in the second floor IT lab of the Central Library on Marketon Campus. These computers are the newest models on the market and are equipped with the latest professional word processing, graphics and editing software available. After installation, students will be able to access the computers with their regular log-in information, however a time limit may be imposed by library staff depending on popularity.

(37) What do we learn about the new computers?
    1 Students will need to create a new account to be able to use them.
    2 The computers can only be used by IT students.
    3 Students may not be able to use them for long periods of time.
    4 The computers are not brand new, but they have expensive software.

Ansel Adams was a well-known and influential 20th century American photographer. His work primarily focused on the environment of the American West, in particular the many National Parks in the region. Adams is also famous for developing a photography technique called the Zone System with fellow photographer Fred Archer. His work continues to be popular and his black and white landscape photographs regularly appear in various media such as calendars and posters.

(38) What is true about Ansel Adams, according to the passage?
    1 His work is no longer popular.
    2 He is most famous for taking black and white photographs of people.
    3 He collaborated with another photographer to create a new photography technique.
    4 He founded several National Parks in the American West.

Test 1 ▶▶▶

Trace fossils are fossils that were formed by prehistoric vertebrates, such as dinosaurs. Remains such as footprints or tracks left by the vertebrates in soft mud or silt would then fill with sand and over time turn to stone, leaving fossils. Trace fossils are of interest to scientists because they can provide various types of information about the animals. For example, clusters of footprints can tell us about feeding and social habits and the location of the fossils can provide insight into environmental conditions of the past.

(39) What is one thing we can learn from trace fossils, according to the passage?
    1 How many offspring an animal produced.
    2 What the environment used to look like.
    3 How big the animal was.
    4 That prehistoric animals only lived in areas with mud and sand.

Weston University looks forward to welcoming Mr. Patrick Law as a guest speaker at this year's upcoming commencement ceremony. Mr. Law is the founder of Law Technologies, a major player in the IT world for the past two decades. Mr. Law has long been involved with Weston, both as an alumnus and as an occasional guest lecturer. This will be Mr. Law's first time speaking at a commencement, and we have been advised that he is to talk about the importance of IT in today's world.

(40) Which of the following is true according to the passage?
    1 Patrick Law is a professor at Weston University.
    2 This is the first time that Weston University will hold a commencement ceremony.
    3 Law Technologies is not a very important company.
    4 Patrick Law graduated from Weston University.

Part 3A

There are two reading passages below. In each passage, there are four gaps. Choose the best word or phrase from among the four choices to fill each gap. Mark your answer on your answer sheet.

The Reason I Jump

David Mitchell is one of the leading novelists in contemporary British literature. Two of his novels, *number9dream* (2001) and *Cloud Atlas* (2004), were shortlisted for the Man Booker Prize. *Cloud Atlas* was made into a film in 2012.

Mitchell lived in Hiroshima, Japan for eight years while working as an English instructor. (41), his works are influenced by life in Japan, with the country's culture and history appearing as important motifs, such as in his first novel *Ghostwritten* (1999), as well as *The Thousand Autumns of Jacob de Zoet* (2010).

Mitchell currently lives with his Japanese wife Keiko Yoshida and their two children in County Cork, Ireland. One of his children has *autism. (42) Mitchell was struggling to understand the mind of his eldest son, he incidentally found the book *The Reason I Jump*, written by Naoki Higashida from Kimitsu, Chiba. Although this book was written when Higashida was just 13 years old, it shows an inside view of an autistic child written in his own words. This is (43) for someone with autism to do. Mitchell, moved by the book, translated it into English together with his wife Keiko. When the book was published in England in 2013, it instantly became a bestseller.

Mitchell wrote the following sentence in the introduction of the English translation: "It is no exaggeration to say that *The Reason I Jump* allowed me to round a corner in our relationship with our son."

Mitchell visited Japan in 2014 and met with Higashida. Their meeting was shown in a TV documentary on NHK in Japan. As it stands now, *The Reason I Jump* is an important book for (44) autism and is widely read all over the world.

*autism = a mental condition in which a person is unable to communicate or form relationships with others

(41) 1 However 2 As a result
3 In recent years 4 Despite this

(42) 1 After 2 During
3 While 4 Since

(43) 1 an easy task 2 an exciting project
3 an unusual thing 4 a regular occurrence

(44) 1 young children with 2 scientific researchers of
3 parents with 4 people interested in

Fireworks Basics

The fact that almost everyone loves fireworks has been proven by over two thousand years of history and some rather complicated chemistry.

(45) the most prevalent origin stories, a Chinese cook invented gunpowder when he happened to mix the common kitchen items of saltpeter, sulfur, and charcoal in a bamboo tube, making gunpowder. This technology eventually evolved into the widely popular firecrackers we know today.

The exploding sound was believed to ward off ghosts and evil spirits, and even today in China, firecrackers are set off at births, weddings, funerals and on other special occasions. Gunpowder was among the many oddities Marco Polo introduced to the West from the East in the 13th century. There, it was soon put to military use in rockets, cannons and guns. The Italians were the first to make fireworks, and from there (46) the rest of Europe. Fireworks became especially popular in England during the days of Shakespeare, becoming even larger and more colorful when the royal family paid for lavish display.

But perhaps even more complicated than the history is the chemistry behind fireworks. Two (47) the colorful display, incandescence and luminescence. When an object is heated to a high temperature, it releases a light, and this is known as incandescence. The color of the light depends on the heat, with hotter temperatures creating the brighter orange, yellow, and white colors.

(48), by mixing a variety of ingredients, such as magnesium, aluminum, and other chemicals, a variety of colors can be created. Another factor is luminescence, also sometimes referred to as cold light. Luminescence is a chemical reaction that generates light, but doesn't require or create heat. The blue in fireworks, for example, is a result of luminescence using a copper compound.

(45) 1 In contrast to 2 According to
3 Inspired by 4 Taken from

(46) 1 it went out of 2 it passed over
3 it spread to 4 it came from

(47) 1 fireworks demonstrate   2 fireworks experts cause
     3 chemical reactions go into   4 chemicals are used for

(48) 1 So   2 Because
     3 Furthermore   4 Nevertheless

| Part 3B | There are two long reading passages below. Each passage is followed by six questions. For each question, choose the best answer from among the four choices and mark your answer on your answer sheet. |

History of Agriculture

All living organisms share something in common—they have to eat to survive. What they eat has changed over time due to evolution. This seems to be especially true for Homo sapiens, who have become more adaptable through the ages. Although modern humans first appeared around 200,000 years ago, human culture and technology has grown explosively in the last few thousand years.

Our early ancestors were mostly hunters and gatherers, and they ate just about whatever they could find growing or crawling on the land. The acquired taste for specific types of food often resulted in that food running out. While other species would die off when faced with such a sudden change, Homo sapiens picked up their belongings and moved on. But traveling about was a risky business. If a group entered another group's territory, there might be costly fighting. There was also the risk of moving into an area that looked safe but had hidden dangers, such as sudden floods or freezing winters.

However, then sometime in the distant past, someone got the idea that it might be good to put seeds in storage instead of just eating them. The stored seeds could be planted and cared for, and with some luck and a little knowhow, the seed would become a food source that didn't require constant travel. The seeds grew into plants to eat, and they also made it possible to keep cattle, chickens, pigs and other animals, leading to a more diverse diet.

In addition to the intended benefits, there were also unintended benefits. Agriculture allowed small groups of people to stay in one place and build stone structures needed for protection from invaders and the weather. Supported by stable and immobile houses, individual family units grew into small clans of people that banded together.

While the offspring of the traveling groups were likely to be born of parents from the same family, more diverse communities made it possible for children to have parents from a wider gene pool, leading to a healthier and more intelligent generation of offspring. Given greater intelligence, and more leisure time due to improved farming practices, activities not directly related to survival evolved. These became the foundations of culture.

The earliest groups of humans were only concerned with finding food, but agriculture meant that those in power could force others to do the hard labor, while they focused on using their minds. To maintain control over the laborers those in power required special techniques. This often took the form of religion that made the people believe that the rulers had a special relationship with gods and spirits. But with religious power came the responsibility to keep peace and order to avoid chaos, and thus, governments were formed. In the distant past, naturally smart people could rule over others. However, the growing complexity of society required passing-down of intelligence, resulting in the need for formalized teaching.

To a person living in modern society, the seed may seem like a relic of the distant past, but it continues to serve human beings as the core of our entire society and way of living.

(49) What is true about human technology?
  1 It began to be developed 200,000 years ago.
  2 It is not very adaptable to new situations.
  3 It has progressed rapidly in the last few thousand years.
  4 It hasn't affected the diet of human beings.

(50) Why did early human beings need to move around so much?
  1 To protect their livestock from other clans.
  2 To sustain life with food found in nature.
  3 To invade other clans and take their food.
  4 To protect their farms and territory from invaders.

(51) According to the passage, what did seeds make it possible to do?
    1 Create a religion based on nature spirits.
    2 Bake bread and eat it.
    3 Survive difficult weather conditions.
    4 Raise animals for their meat.

(52) According to the passage, what enabled small groups of people to form larger groups?
    1 Strong and permanent houses for people to live in.
    2 An acquired taste for certain kinds of food.
    3 The inheritance of intelligence from parents.
    4 The development of religious beliefs and culture.

(53) According to the passage, what led to the development of culture?
    1 Traveling around in search of food.
    2 Destruction from natural disasters.
    3 Improved intelligence and more free time.
    4 Raising animals like pigs and chickens.

(54) According to the 6th paragraph, how did those in power maintain their position?
    1 Through focusing on building strong family farms.
    2 Through the use of religious belief.
    3 By supplying everyone with enough food to live.
    4 Through more people in society becoming literate.

Canadian English

The culture of a country is determined by its unique history, and this also appears to be the case with language. While in some countries the linguistic history is relatively simple, the story is rather complicated in Canada. Canadian English has some unique characteristics stemming from its complicated origin.

The earliest settlers of Canada were mostly from France. Far from their mother country in the primitive wilderness, they survived by building close-knit communities with a culture and legal system that differed from the English-speaking communities. In the 18th century, the powerful British started to dominate North America, and in 1763, the Treaty of Paris was signed between England and France, giving control of Canada to Britain. Although English was made the official language, the French-speaking population continued to grow, and after failing to make the French population speak English, the country was divided into Upper Canada, which became Ontario, and Lower Canada, which became the mostly French-speaking Quebec.

Around 19 million Canadians, or 65 percent of the total population, say they speak English at home, based on the 2011 census. About 21 percent say that they speak French with their family, and the rest say that the language spoken in their home is neither English nor French. However, the census also revealed that 28 million Canadians used English as their dominant language. Figure 1 shows that in Ontario, 79% of the population speak English at home, while only 10% of Quebec residents say this, with the majority speaking French.

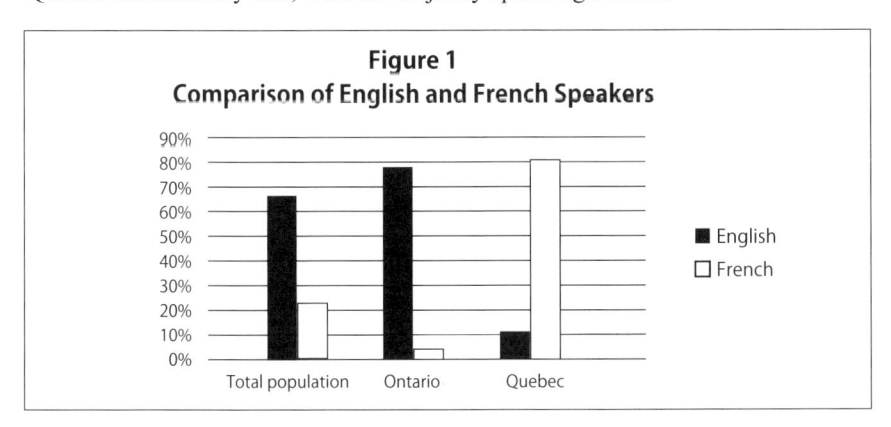

**Figure 1
Comparison of English and French Speakers**

During the American Revolutionary War, some Americans stood with Britain. They left the US and went to Canada after Britain lost the war in 1783. The speech these Americans brought to Canada formed the foundation of what is currently known as Canadian English, and over the years, the language, especially the vocabulary and pronunciation, has continued to be influenced by American English.

To the untrained ear, the differences between the two languages often go unrecognized. To the average Canadian who is exposed to the American variation of English through the media, the differences are especially distinctive, but for most Americans not regularly exposed to Canadian culture and language, the differences go unrecognized. In terms of pronunciation, the biggest difference is heard in the "ou" sound. Most Canadians pronounce "about" like "aboat." One study revealed that when pronouncing the letter "z", about 75 percent of the Canadian population used the more British-sounding "zed" instead of the American "zee." While Canadians have added a few words to the English used in America such as "caribou," "parka" and "kayak," the influence from below the border is glaring.

Probably the single most distinguishing feature of Canadian English is a two-letter word. As a tag question at the end of a sentence, instead of saying, "don't you?" or "isn't it?", Canadians will often simply say, "Eh?" So you might hear a Canadian say, "This is really good, eh?" or "You're busy today, eh?" It can also be used as a filler word when you're not sure what to say, for example, "We have to, eh, find a place to stay tonight."

One thing we have learned from studying history is that nothing stays the same, and language is no exception. Canada's language will continue to change as history unfolds, and with the increasing influence of the media-powerful United States, the English used in Canada will become less and less distinguishable.

(55) Why were the first settlers in Canada able to continue to survive?
    1 They formed strong communities and helped each other.
    2 They imitated the English-speaking communities.
    3 They had a unique way of communicating with each other.
    4 They were far from their country of origin.

(56) What does Figure 1 show?
    1 The ratios of languages used in the workplace in different regions.
    2 The ratios of languages used in official documents in different regions.
    3 The ratios of languages used in commerce in different regions.
    4 The ratios of languages used in the home in different regions.

(57) According to the passage, which statement is true?
    1 French is not widely spoken in most parts of lower Canada.
    2 The prevalent language in Quebec is French.
    3 Quebec is not the area where most French speakers live.
    4 English is understood by no more than half of Canadians.

(58) Why did some Americans go to Canada after the American Revolutionary War in 1783?
    1 They wanted to become independent from England.
    2 They didn't have the right to stay.
    3 The side they wanted to win lost.
    4 They wanted to live where they could speak French.

(59) According to the passage, what is one of the differences between Canadian and American English?
    1 Canadian English has many French words.
    2 The pronunciation of certain letters.
    3 American English is considered superior.
    4 Canadians use words like "caribou" and Americans don't.

(60) What do most Americans think when they hear Canadian English?
    1 They easily recognize that the speaker is not from the US.
    2 They recognize that Canadian pronunciation is quite unique.
    3 They realize that their own language is unique.
    4 They probably won't realize they're talking with a Canadian.

STOP

This is the end of the reading section.
Do not turn this page before
the listening test begins.
You will be told when to turn the page
and start the listening test.

There are five parts to this listening test.

Part 1A	Short Conversations:	1 question each	Multiple-choice
Part 1B	Short Passages:	1 question each	Multiple-choice
Part 1C	Short Passages:	1 question each	Multiple-choice (Graphs)
Part 2A	Long Conversations:	3 questions each	Multiple-choice
Part 2B	Short Conversations:	4 question each	Multiple-choice

※ Listen carefully to the instructions.

Part 1A DOWNLOAD TEST 1 REVIEW ▶ 001

No. 1
1 Think about what to give importance to in her life.
2 Reduce the amount of homework.
3 Focus on creating a fair situation.
4 Set aside more time for her part-time job.

No. 2
1 The cafeteria isn't large enough.
2 The Language Lab needs to be shut down.
3 The closure of the Language Lab should be reconsidered.
4 The university doesn't need a cafeteria.

No. 3
1 Her father recently sold his company.
2 Tuition at the university has gone up in recent months.
3 Her father won't be able to continue to provide financial support.
4 Her mother was forced to change careers.

No. 4
1 Today at 11:00 a.m. in the cafeteria.
2 Tomorrow at 11:30 a.m. at the library.
3 On Friday at 3:00 p.m. in the library.
4 On Monday afternoon in the library.

Test 1 ▶▶▶

No. 5	1	It needs to be at least 15 pages long.
	2	It needs to have more specific examples.
	3	It doesn't include the four required elements.
	4	It has too many typing mistakes in it.

No. 6	1	She feels quite tense about the interview.
	2	She doesn't know when the interview will be.
	3	She won't have enough time to watch the videos.
	4	She doesn't think the interviews are important.

No. 7	1	He didn't attend the class.
	2	He only had time to write down a few of the items.
	3	He didn't have enough time to get ready.
	4	He wasn't awake during the lecture.

No. 8	1	It wasn't long enough.
	2	It wasn't written before the deadline.
	3	The student was in the hospital on the due date.
	4	The student failed to submit it on time.

No. 9	1	Studying for an essay test.
	2	Getting ready for a multiple choice test.
	3	Spending the weekend preparing a test.
	4	Getting ready to take any kind of test.

No. 10	1	He was told to keep the student out.
	2	The student has misplaced his temporary ID card.
	3	Students need to have an ID card when entering the library.
	4	Entrance to the dorm requires an identification card.

Part 1B DOWNLOAD TEST 1 REVIEW ▶ 005

No. 11
1 Make a strong effort to speak with their professors.
2 Have a large influence on the business world.
3 Start their own businesses.
4 Visit the university when they have time.

No. 12
1 Communities don't place enough value on plant life.
2 There is not enough water entering the ground.
3 The daily activities of people are benign.
4 The pavement in cities is being used incorrectly.

No. 13
1 The number of international students has grown at a constant pace.
2 International students make up four percent of students in higher education.
3 The number of international students has stagnated since 2000.
4 A large percent of international students are focused on their studies.

No. 14
1 Any student that submits an application on time.
2 All students who have ever taken a Spanish class.
3 A student with a degree in Spanish.
4 A student majoring or minoring in Spanish.

No. 15
1 To submit assignments after the deadline.
2 To visit the professor in his office.
3 To be on time for class.
4 To turn in assignments late if they have an excuse.

No. 16
1 It's held twice a year.
2 It tests how fast the vehicles can travel.
3 It helps students to expand their talents.
4 It's open to those with advanced engineering skills.

Test 1 ▶▶▶

No. 17
1. Because he knew an autistic firefighter.
2. Because he had two autistic children.
3. Because his wife encouraged him to.
4. Because he was a volunteer with Angels for Autism.

No. 18
1. They were only able to find jobs as teachers.
2. They likely chose education because it is familiar to them.
3. They are all satisfied with their jobs.
4. They want to do post-graduate study to get better jobs.

No. 19
1. They'll probably be arrested.
2. They might not be allowed to continue their studies.
3. They may be forced to change their password.
4. They may have to apologize to the affected student.

No. 20
1. More pandas live in zoos than in the wild.
2. Their natural domain is being destroyed.
3. They are unable to live close to other species.
4. Pandas rarely have babies.

Part 1C DOWNLOAD TEST 1 REVIEW ▶ 005

No. 21

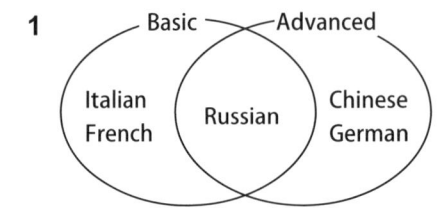

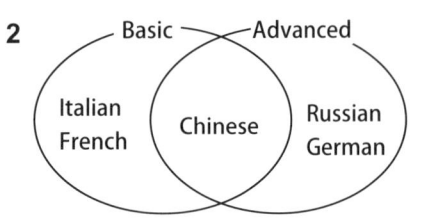

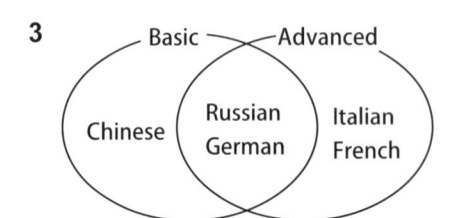

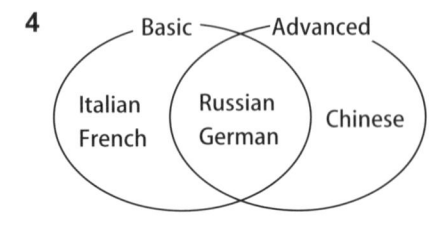

1 Basic: Italian, French | Russian | Advanced: Chinese, German

2 Basic: Italian, French | Chinese | Advanced: Russian, German

3 Basic: Chinese | Russian, German | Advanced: Italian, French

4 Basic: Italian, French | Russian, German | Advanced: Chinese

No. 22

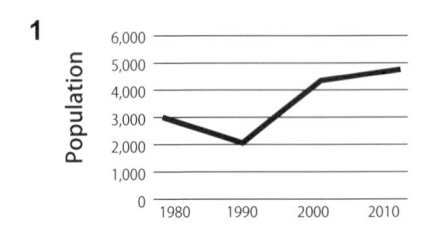

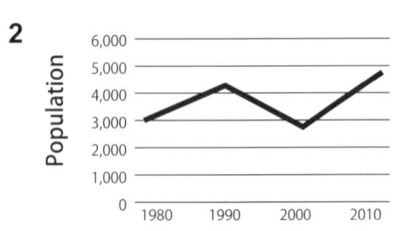

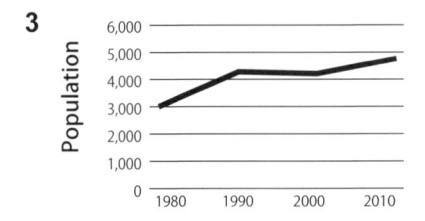

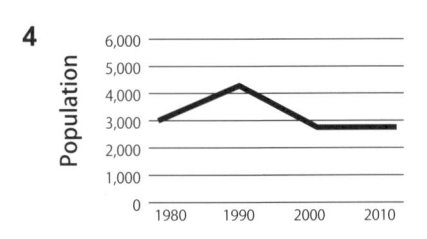

1 Population line graph 1980–2010: starts 3,000, dips to ~2,200 in 1990, rises to ~4,500 in 2000, ~4,800 in 2010

2 Population line graph 1980–2010: ~3,000, rises to ~4,300 in 1990, dips to ~2,800 in 2000, rises to ~4,700 in 2010

3 Population line graph 1980–2010: ~3,000, rises to ~4,300 in 1990, ~4,200 in 2000, ~4,800 in 2010

4 Population line graph 1980–2010: ~3,000, rises to ~4,300 in 1990, drops to ~2,800 in 2000, ~2,800 in 2010

Test 1

No. 23

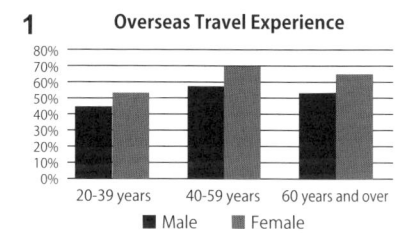

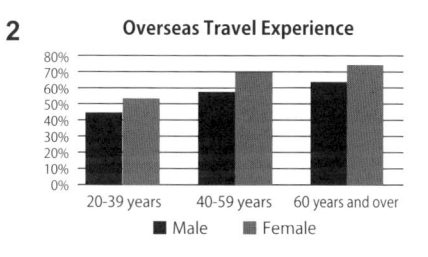

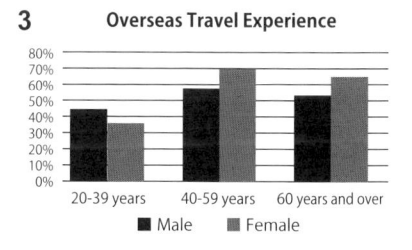

1 Overseas Travel Experience

	20-39 years	40-59 years	60 years and over
Male	~45%	~55%	~50%
Female	~55%	~70%	~65%

■ Male ■ Female

2 Overseas Travel Experience

	20-39 years	40-59 years	60 years and over
Male	~45%	~55%	~65%
Female	~55%	~70%	~75%

■ Male ■ Female

3 Overseas Travel Experience

	20-39 years	40-59 years	60 years and over
Male	~45%	~55%	~50%
Female	~35%	~70%	~65%

■ Male ■ Female

4 Overseas Travel Experience

	20-39 years	40-59 years	60 years and over
Male	~45%	~55%	~50%
Female	~55%	~70%	~50%

■ Male ■ Female

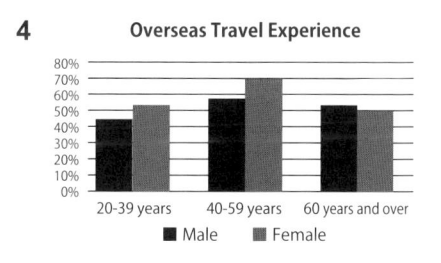

No. 24

1
- Quiz 5 minutes
- Checking homework 5 minutes
- Discussion 20 minutes
- Lecture 60 minutes

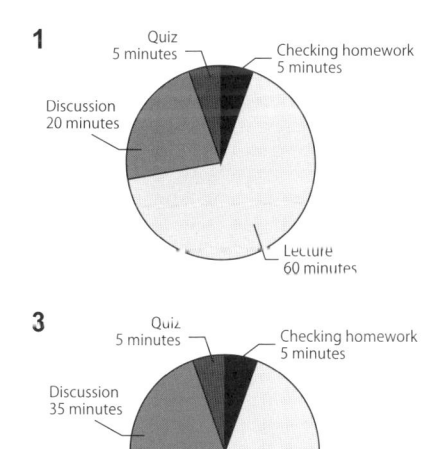

2
- Quiz 10 minutes
- Checking homework 10 minutes
- Discussion 10 minutes
- Lecture 60 minutes

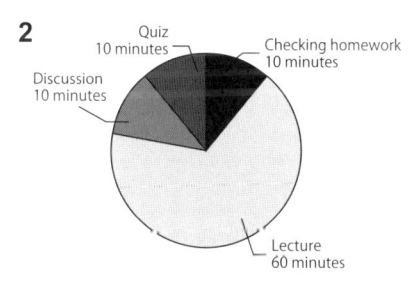

3
- Quiz 5 minutes
- Checking homework 5 minutes
- Discussion 35 minutes
- Lecture 45 minutes

4
- Quiz 10 minutes
- Checking homework 10 minutes
- Discussion 25 minutes
- Lecture 45 minutes

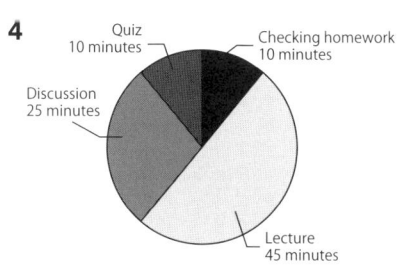

No. 25

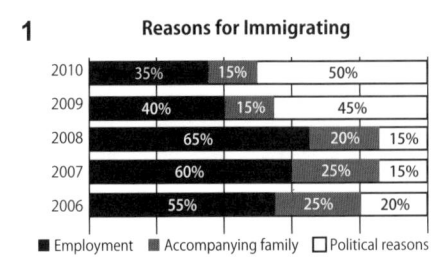

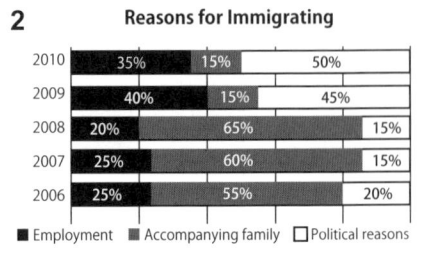

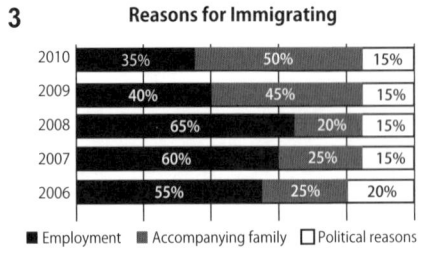

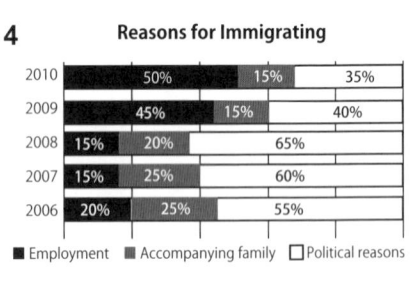

1 Reasons for Immigrating

Year	Employment	Accompanying family	Political reasons
2010	35%	15%	50%
2009	40%	15%	45%
2008	65%	20%	15%
2007	60%	25%	15%
2006	55%	25%	20%

■ Employment ■ Accompanying family ☐ Political reasons

2 Reasons for Immigrating

Year	Employment	Accompanying family	Political reasons
2010	35%	15%	50%
2009	40%	15%	45%
2008	20%	65%	15%
2007	25%	60%	15%
2006	25%	55%	20%

■ Employment ■ Accompanying family ☐ Political reasons

3 Reasons for Immigrating

Year	Employment	Accompanying family	Political reasons
2010	35%	50%	15%
2009	40%	45%	15%
2008	65%	20%	15%
2007	60%	25%	15%
2006	55%	25%	20%

■ Employment ■ Accompanying family ☐ Political reasons

4 Reasons for Immigrating

Year	Employment	Accompanying family	Political reasons
2010	50%	15%	35%
2009	45%	15%	40%
2008	15%	20%	65%
2007	15%	25%	60%
2006	20%	25%	55%

■ Employment ■ Accompanying family ☐ Political reasons

Part 2A

A

Situation: A student is meeting with a tutor at the university's study-support center.

No. 26 Why does the student want to put off career counseling?
  1 So that she can take a biology class.
  2 So that she can help to clean the field.
  3 So that she can visit the ocean with her class.
  4 So that she can write her report.

No. 27 What does the tutor recommend that Saori do?
  1 Go on the field trip another month.
  2 Use the extra time to study.
  3 Go to the lake instead of the ocean.
  4 Ask her professor to delay the trip to the ocean.

No. 28 What does the policy manual say about delaying counseling?
  1 A decision needs to be made by the end of the day.
  2 It requires the written permission of the professor.
  3 A delay can be granted only for less than a week.
  4 The policy manual stipulates that delays are inexcusable.

B

Situation: A student is talking to a professor in her office.

No. 29 How does the professor respond when the student asks her for some time?
    1 She says she doesn't have a class.
    2 She says she has a little time before her class.
    3 She says he can participate in her next class.
    4 She says he needs to study harder.

No. 30 What was the student planning on doing before talking to the professor?
    1 Going to the professor's next class.
    2 Studying English to maintain his level.
    3 Withdrawing from the professor's class.
    4 Starting his next assignment.

No. 31 What does the professor encourage the student to do?
    1 Go over the lecture summaries before class.
    2 Make a summary of each lecture.
    3 Make a complete record of each lecture.
    4 Drop the class before the final deadline.

Test 1

C

Situation: Two students are talking to their professor about writing a research paper.

No. 32 What do the students say about their progress on the research paper?
1 They have already started writing it.
2 They don't intend to write it.
3 They aren't sure what the assignment is about.
4 They're worried about missing the deadline.

No. 33 What are the students relieved to hear?
1 There have been other students in their situation.
2 They're the only students in the class having trouble.
3 This isn't their first assignment.
4 The due date for the assignment has been revised.

No. 34 What does the professor offer to do for the students?
1 Let the students hand in the paper a week late.
2 Make revisions to the assignment.
3 Let them write about anything they want to.
4 Check early drafts of their assignments.

Part 2B

D

Situation: You will listen to a university president welcoming freshmen to the university.

No. 35 What does the university president say the main role of the staff is?
  1 Helping students get used to the environment.
  2 Making contributions to society.
  3 Making sure the students study hard.
  4 Helping the students prepare for successful careers.

No. 36 Who does the university president express interest in becoming acquainted with?
  1 Leaders in the community.
  2 The very best educators in the engineering field.
  3 All the students in attendance.
  4 The entire staff of the university.

No. 37 Why does the university president encourage students to take part in school activities?
  1 He wants them to form lifelong relationships.
  2 He thinks they need to relieve stress.
  3 He doesn't want them to waste time.
  4 He wants them to be physically fit.

No. 38 What is the university president's main concern?
  1 Students might be bored at the university.
  2 The university might not be able to meet expectations.
  3 Students might get into dangerous situations.
  4 Students might not take advantage of their time at the university.

Test 1

E

Situation: You will hear a professor talking about Maori people.

No. 39 What is true concerning the Maori population in New Zealand?
1 They are considered a minority group.
2 They play a big role in the nation's politics.
3 It's undeniable that they come from Polynesia.
4 Their culture is ignored in New Zealand.

No. 40 How was Maori culture formed?
1 It was based on New Zealand nature.
2 It was influenced by European culture.
3 It evolved after being brought to New Zealand.
4 It was borrowed from Polynesian immigrants.

No. 41 What has had a large influence on Maori tattoo designs?
1 The European traditions of the past.
2 The strong interest in physical exercise.
3 The Polynesian roots of the Maori.
4 Their consideration of the natural environment.

No. 42 Why was Maori culture and tradition repressed?
1 Europeans thought they were superior.
2 Maori were ashamed of their culture.
3 It had only recently been uncovered.
4 They were bad for the environment.

F

Situation: A professor is addressing his students on the first day of class.

No. 43 What does the professor think about the students?
 1 He thinks they're incapable of learning math.
 2 He thinks they're advanced math students.
 3 He thinks they're uninterested in learning math.
 4 He's glad that they enjoy studying math.

No. 44 What is the goal of this class?
 1 For students to understand and have fun with math.
 2 To help students get prestigious jobs.
 3 To teach advanced math involving the natural world.
 4 To train new math professors.

No. 45 What promise does the professor make to the students?
 1 They won't regret studying math.
 2 They won't have to do very much homework.
 3 They will fall in love with math.
 4 They won't have to become mathematicians.

No. 46 How does the professor say the students will change after studying math?
 1 They will have more career choices.
 2 They won't have to avoid math problems.
 3 They'll have a clearer understanding of the world.
 4 They'll be more interested in education.

Test 1

G

Situation: You will hear part of a lecture on marketing strategy.

Types of Advertising in *Smartlife Monthly*

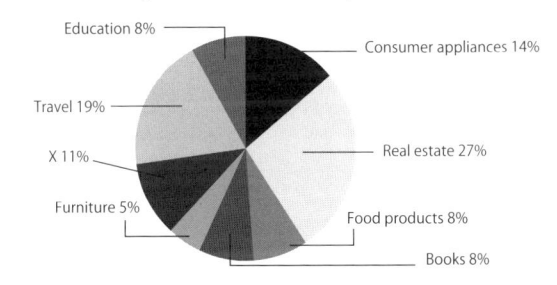

- Education 8%
- Consumer appliances 14%
- Travel 19%
- Real estate 27%
- X 11%
- Furniture 5%
- Food products 8%
- Books 8%

No. 47 What is the genre of the magazine that is being discussed?
1 Computing. **2** Finance. **3** Natural science. **4** Lifestyle.

No. 48 What is the speaker saying about real estate advertisements?
1 There are a lot of advertisements for apartments.
2 There are a lot of advertisements aimed at high income earners.
3 There are a lot of advertisements for cheap houses.
4 There are a lot of advertisements for land.

No. 49 Please look at the chart. Which of the following is represented by the letter X?
1 Clothing. **2** Medicine. **3** Volunteer events. **4** Computers.

No. 50 Why does the speaker guess that there are a lot of advertisements for travel packages involving volunteering?
1 Because volunteering at a travel destination is currently a worldwide trend.
2 Because the travel packages are popular with people of all ages.
3 Because the travel packages are related to the content of the magazine's special edition.
4 Because the travel packages are cheap, so anyone can go.

43

NO TEST MATERIAL ON THIS PAGE

TEST 1

Writing

ライティング・テスト（70分）

TASK A（1問） ………… 46

TASK B（1問） ………… 47

タスクごとの時間設定はありません。

模範解答・解説・訳 ▶ 本体 146 ページ

Task A

Your teacher has asked you to read the following passage and summarize what the writer says about Chief Happiness Officers. Your summary should be one paragraph of about 70 words.

Happiness is believed to be one of life's main goals. To some people, happiness is marriage and family, and to others it's a cup of coffee after a meal. Recently, some companies have created a role for dealing with happiness. The role of the Chief Happiness Officer, or CHO, is to raise the employees' happiness, and the idea is spreading, particularly among IT companies.

Edward Wright was one of the first to introduce a CHO to his company. He says that profits have risen by approximately 30% because of it. Employees who feel happy can work with passion. If you create more enthusiastic employees, profits will also rise. Charles Young, a worker in the IT industry, was able to recover after a difficult time thanks to advice from the CHO. He stated that if the CHO hadn't been there, that period would probably have negatively affected his work. CHOs are useful for preventing employees from becoming depressed or developing mental illnesses.

Of course, there are people who don't support the introduction of CHOs. CHOs send out regular surveys and ask people questions, so that they can know every employee's situation. Some people feel the CHO's activities are a privacy violation. There are also people who don't want to talk about their personal life at work, or think that happiness varies from person to person and that companies shouldn't try to manage it in a standardized way. People have different preferences, so some may be forced into things they dislike after the introduction of a CHO.

There are pros and cons to the new role of CHO. Every company should listen to its employees' opinions when it considers introducing the new role.

Task B

Your teacher has asked you to write an essay for class using the information below. Describe the situation concerning the university in Greenhill and summarize the main points of the solutions that have been suggested. In your conclusion, say which of the solutions you think would work the best based on the reasons given. You should write about 200 words.

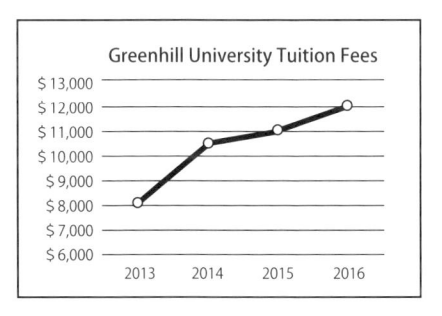

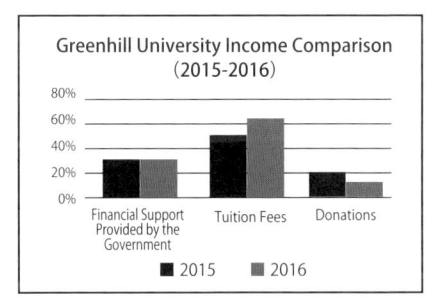

Greenhill University Tuition Fees

(Line graph showing tuition fees from 2013 to 2016, rising from around $8,000 in 2013 to about $12,000 in 2016. Y-axis: $6,000 to $13,000.)

Greenhill University Income Comparison (2015-2016)

(Bar graph comparing 2015 and 2016 across three categories: Financial Support Provided by the Government, Tuition Fees, and Donations. Y-axis: 0% to 80%.)

Greenhill Times

Yesterday on a local television show, there was a debate over the problem that Greenhill University is currently facing. Edward Smith, the head of Greenhill University and a guest on the show, explained that rising university fees are extremely important to students, and that the university is internally debating how to solve the problem.

Smith emphasized that the university is reducing unnecessary expenditures as much as possible. The university has an outdoor pool, but it can only be used in summer and there are few students who use it. "If we cooperate with the city sports center, we won't need to maintain these facilities," Smith explained. He said that fixing these pressures on the university's budget is important.

Smith also said that currently, it is difficult to attract exceptional students, and that the university should start offering substantial scholarships. Under the current scholarship system, only a handful of students are granted scholarships. Therefore, many students must bear significant financial burdens, making it difficult to focus on study. He wishes to allocate more scholarships to lessen the burden on students and make it possible for more students to benefit from them.

Many opinions were expressed about the head of the university's assertions on the show.

Letter to the editor

Hello, I'm Ann Rothwell and I run an NPO that supports students attending college. I would like to express some opinions on the current problems at Greenhill University. What caught my attention is that Greenhill has many exceptional graduates. From business-people to athletes, there are many who have been successful in society. I think that not enough has been done to collect donations from them. Therefore, action should be taken. I'm sure they have affection for their former university and would be glad to donate.

Of course, that alone is insufficient. I think that there is a need to expand the scholarship system at the same time. There are currently many exceptional students who can't attend the university for financial reasons. At my NPO, there are also many students whose choices are restricted for financial reasons. If the university establishes a variety of scholarships based on things like entrance exam scores and good grades while studying at the university, more exceptional students will attend.

I want to contribute to the development of Greenhill University in any way I can.

Ann Rothwell

TEST 1

Speaking

スピーキング・テスト（約 10 分）

- Part 1（1 問）
- Part 2（1 問）
- Part 3（1 問）
- Part 4（1 問）

⬇ TEST 1 SPEAKING

⬇ TEST 1 SPEAKING PART 1_2_3_4

⬇ TEST 1 SPEAKING REVIEW ▶ 001_005

模範解答・解説・訳 ▶ 本体 154 ページ

Part 1

Questions:
- Do you often read books?
- Have you ever been abroad?
- What is your favorite subject?

Part 2

> Begin your interview with this sentence: "Hello, may I ask you some questions?"
> Ask questions about
> - The reason why you became a doctor
> - The number of patients you see each day
> - The happiest moment about being a doctor
> - The most challenging thing as a doctor
> - (*If you have time, you may ask more questions.*)

Part 3

> **TOPIC**
> "Every university student should work part-time."
> Do you agree with the statement? Why or why not?

Part 4

Questions:
- Should everyone bring a water bottle to school for environmental reasons?
- Should we stop using air conditioners at school?
- Do you think there are any advantages to studying abroad?
- Should children learn how to use a computer from elementary school age?

TEST 2

Reading / Listening

リーディング・テスト（60問/70分）……52

リスニング・テスト（50問/約50分）……82

　⬇　TEST 2 LISTENING

　⬇　TEST 2 LISTENING PART 1A_1B_1C_2A_2B

　⬇　TEST 2 LISTENING REVIEW ▶ 001_050

解答・解説・訳 ▶ 本体 164 ページ、212 ページ

Part 1

There are 20 very short reading texts below, and in each text there is a gap. Choose the best word or phrase from among the four choices to fill the gap. Mark your answer on your answer sheet.

(1) Scholarship (　　) are required to maintain at least a B grade average and an 80 percent attendance rate.

  1 recipients **2** carriers **3** academics **4** participants

(2) Professor Burns warned his students that he would not (　　) sleeping or eating during his lectures.

  1 forget **2** remember **3** tolerate **4** choose

(3) Students who wish to change their major must (　　) an application form available from the administration office.

  1 finish **2** complete **3** receive **4** borrow

(4) Smoking and the use of other flammable items such as candles or incense, are absolutely (　　) in student dormitories.

  1 permitted **2** persecuted **3** prohibited **4** preferred

(5) All of this material will be (　　) in the end-of-semester exam, so make sure to complete all of the relevant readings in the textbook.

  1 covered **2** opened **3** related **4** answered

(6) According to Eastern University's updated plagiarism policy, students caught copying material without (　　) the source will receive an automatic zero for the class.

  1 refining **2** recovering **3** resuming **4** referencing

Test 2

(7) The new campus-wide recycling ( ) means that students and staff are required to separate paper, plastics, aluminum, and glass before disposal.
    1 information   **2** initiative   **3** ideology   **4** incentive

(8) Southend is known as a student town, so the percentage of ( ) under the age of 25 is much higher than any other age group.
    1 owners   **2** relatives   **3** residents   **4** applicants

(9) It's recommended that first-year students live in on-campus ( ) while they get accustomed to college life.
    1 indoors   **2** dorms   **3** boxes   **4** inside out

(10) On the first day, the professor told the class that anyone who was not serious about engineering should ( ) the class immediately.
    1 turn   **2** fold   **3** move   **4** drop

(11) The anthropology professor's ( ) stories about her fieldwork in Egypt made her class a very popular one.
    1 boring   **2** fascinating   **3** troubling   **4** tiring

(12) Consistently high grades and a good attendance rate are ( ) for first-year biology majors to enter the second-year course.
    1 required   **2** respected   **3** repeated   **4** realized

(13) According to Westend College's data, the number of students dropping out before graduation has ( ); however, the overall number of students enrolling in the school has also dropped.
    1 increased   **2** widened   **3** declined   **4** weakened

(14) Students need to be careful to back up their files, since a broken computer is not considered a good ( ) for late assignments.
    1 issue   **2** excuse   **3** problem   **4** solution

(15) When writing essays or reports, it is ( ) to always correctly cite information sources.
 1 realistic   **2** sensitive   **3** crucial   **4** apprehensive

(16) The university was very fortunate to receive a large ( ) which allowed a new scholarship fund for deserving students to be created.
 1 invoice   **2** donation   **3** staff   **4** salary

(17) Students taking exams are required to ( ) with their student ID card and have their name marked off the list before the exam commences.
 1 pass out   **2** check off   **3** check in   **4** pass up

(18) We recommend that third year students make the most of the opportunity to gain credit by ( ) an internship during this semester.
 1 putting off   **2** taking on   **3** putting on   **4** taking off

(19) A group of students at the local college ( ) a charity event to contribute to the care of homeless people in the community.
 1 showed up   **2** set up   **3** ruled out   **4** reached out

(20) Many students make promises to keep in touch after graduating, but this psychological study aims to see how many ( ) on their promises.
 1 follow through   **2** get across   **3** take after   **4** carry on

Test 2

Part 2A

There are five graphs or charts below. Each graph or chart is followed by a question about it. For each question, choose the best answer from among the four choices and mark your answer on your answer sheet.

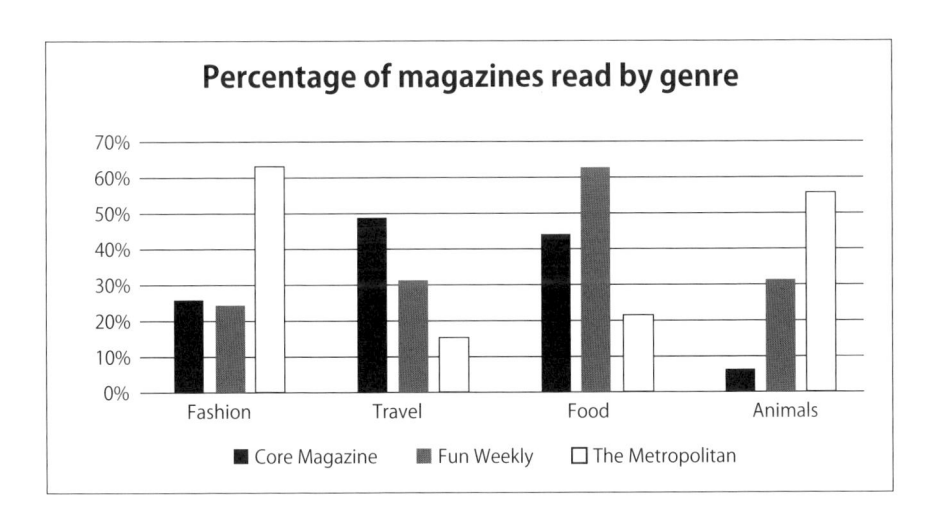

Percentage of magazines read by genre

[Bar chart showing percentages across Fashion, Travel, Food, and Animals categories for Core Magazine, Fun Weekly, and The Metropolitan]

(21) You are conducting an investigation into the percentage of magazines read by genre focusing on three different publications. Based on the graph above, if you wanted to write a feature article that attracted the interest of the readers of the "Fun Weekly" magazine, which of the following topics would be the best choice?

　1　The first-time pet owner: the good and the bad.
　2　Five things you need to know when traveling overseas.
　3　Enjoy each day, choosing comfortable clothes.
　4　Easy and delicious cuisine you can make in 30 minutes.

55

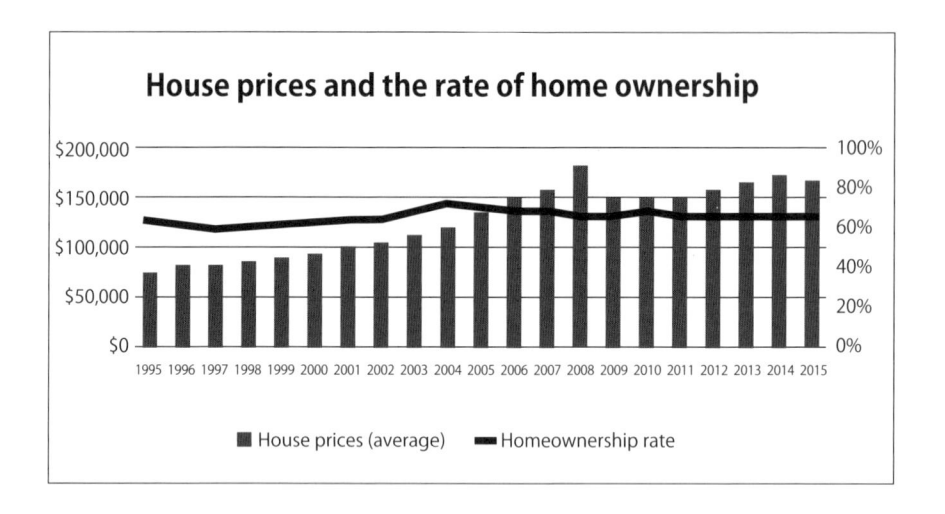

House prices and the rate of home ownership

■ House prices (average) ━ Homeownership rate

(22) You are doing a study of the trends in house prices and the rate of home ownership in Northpark City. Which of the following sentences best matches the meaning of the above graph?

1 As house prices increase, home ownership declines gradually.
2 The jump in house prices reached a peak in 2007, and has declined ever since.
3 The rate of home ownership has been rising for homes in the $100,000 range.
4 Home ownership has remained stable at 60% to 80% and is not heavily affected by house prices.

Test 2

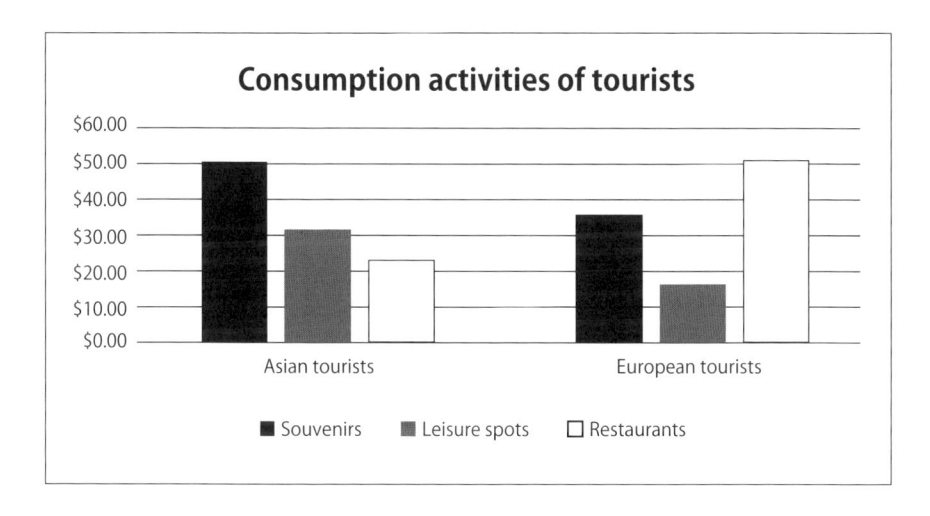

Consumption activities of tourists

(23) As a case study for a business marketing course, you have conducted a study of the consumption activities of tourists. Which sentence below best describes the graph above?

1 Tourists from Asia are one-time visitors, and they often use multiple dinning and drinking establishments.
2 Tourists from Europe use more money at leisure spots than tourists from Asia.
3 Tourists from Asia spend more than twice as much money on souvenirs than at dining and drinking establishments.
4 Spending at leisure spots by tourists from Europe is less than a fifth of their spending on dinning and drinking.

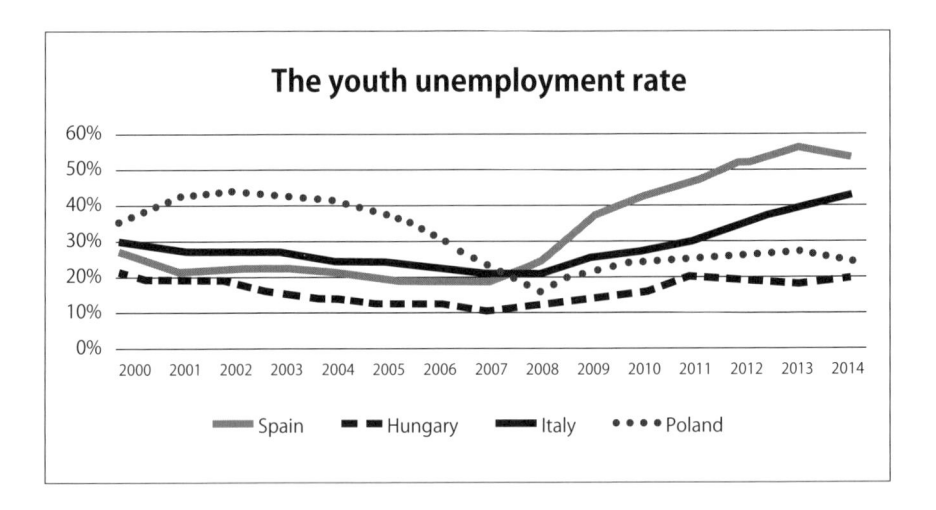

The youth unemployment rate

(24) You studied the unemployment rate in Europe. Which sentence below best describes the graph above?

    1 In 2010, the youth unemployment role exceeded 50% in Spain.

    2 Starting from around Poland's entry into the EU in 2004, youth unemployment dropped for several years.

    3 Since the passage of a finance law in 2009, the youth unemployment rate in Italy has gradually declined.

    4 Since Hungary joined the EU in 2004, their youth unemployment rate has constantly increased.

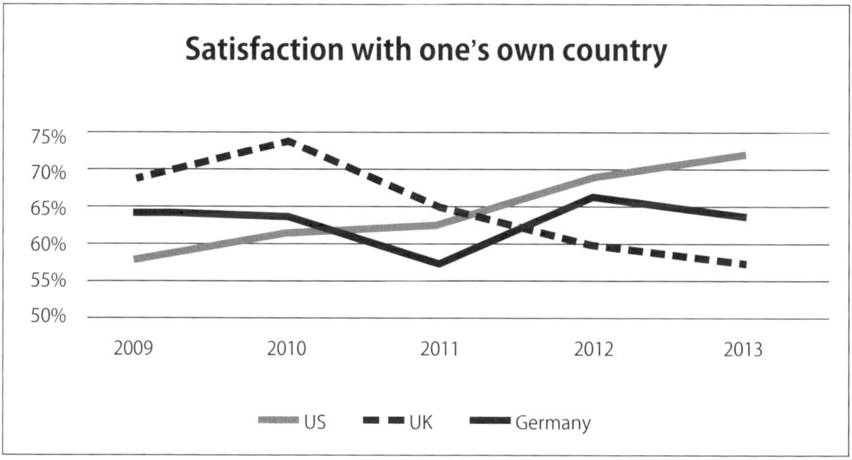

(25) As part of your international society course, you are conducting a survey of favorable feelings towards one's own country. Which sentence below best describes the graph above?

1 In 2012 and 2013, the favorability rating of all the countries dropped.

2 As of 2009 in America, the favorability rating was low due to the recession, but it improved thereafter.

3 In Germany in 2010, the immigration problem surfaced, and the favorability rating was the lowest of the three countries.

4 The favorability rating for the United Kingdom has increased since 2011 along with an improvement in international relations.

Part 2B

There are five short reading texts (notices, advertisements, posters, etc.) below. Each text is followed by a question. For each question, choose the best answer from among the four choices and mark your answer on your answer sheet.

Westcastle University is proud to be welcoming Dave Johnson, the CEO of Tommi, the international footwear brand, to campus for a highly-anticipated lecture on business management. As this event is open to the public, we are expecting a number of local business leaders to attend. Therefore, we would like several student volunteers to assist with guiding guests to their seats and providing refreshments to all attendees. Volunteers will need to be available for the duration of the event and will receive a small allowance as thanks for their contribution. Interested students should apply by February 1.

---

(26) How long will students need to work at the event?

1 For the whole time.
2 For half the time.
3 Just the beginning.
4 Just the end.

Test 2

> **Notice for Intro to Anthropology (ANTH 101) students**
>
> Students who are interested in joining the field work research project during the mid-semester break must:
> 1) E-mail me your name, and student number.
> 2) Fill in the attached form with an outline of your research proposal and a short paragraph stating why you wish to participate in the project.
> 3) Make sure I receive both items by February 17.
> I will select eight participants and inform you all of my choice two weeks before the project starts.
>
> Professor S. Martin

(27) To apply for the project, students should

   1 send Professor Martin their personal information and research proposal by e-mail two weeks before the project starts.

   2 talk to Professor Martin about their research projects during the mid-semester break.

   3 choose eight other students they want to work with and e-mail their names, student numbers and contact phone numbers to Professor Martin.

   4 submit their personal information and the application form to Professor Martin no later than February 17.

> Central State College is excited to announce the first annual Essay Scholarship Writing Contest! This is a new event sponsored by the International Studies department. First, second and third place winners will receive a scholarship covering one semester's worth of tuition fees. Your essay must be based on the theme of 'How can we solve a serious problem currently facing the world?' Essays should be 1000 to 3000 words in length, and they must be received no later than the end of March.

(28) When must essays be submitted?

   1 After March 31.

   2 During March.

   3 March 31 or earlier.

   4 Any time.

61

> **Notice from the *Central College Campus Collective***
>
> We are a new monthly campus newspaper run by members of the student council. We cover a wide variety of topics from campus news and events to opinion pieces by students for students. We're almost ready to go to the presses with our first issue, but we still have space for bulletins. If your school club is looking for new members, or if you have any events or performances that you want to tell your fellow students about, please get in touch via the address below. Spaces are filling up fast, so don't wait!
>
> Contact: advertising@cccc.edu

(29) What does the *Central College Campus Collective* do for the students?

    1 Organize club activities.
    2 Write about world news and politics.
    3 Provide a page for publicity.
    4 Raise money for students.

> To: Economics (ECON 101) Students
> From: Eric Simpson <e.simpson@mcphu.edu>
> Date: Friday, February 5
> Subject: Mid-term Assignment
>
> Dear all,
> This is some further information regarding the upcoming mid-term assignment that I mentioned in class today. You are required to write a report of no less than 2,500 words on a subject of your choosing. However, it must be related to one of the topics we have covered thus far in class. I have attached a sample report to this e-mail which you should read first for further understanding of what is expected.
> Feel free to email me with any questions.
>
> Regards,
> E. Simpson

(30) Students should write their reports on:

    1 any topic.
    2 any topic they have already studied in ECON 101.
    3 the same topic as the sample report.
    4 any economics topic.

Part 2C

There are 10 short reading passages below. Each passage is followed by a question. For each question, choose the best answer from among the four choices and mark your answer on your answer sheet.

The School of Commerce at Pacific University is accepting applications for its exchange program with a university in South Korea. Students in good academic standing have the opportunity to spend a semester studying abroad in Seoul! While in Korea, students will be able to take language, history, international studies, cultural studies, art studies and sociology classes. The university has a special area of dorms for foreign students, with multi-lingual staff available during school hours

(31) According to the passage, which of the following is true?
 1 Students can choose between many different languages to study.
 2 Students can extend their stay in South Korea.
 3 Students can study at various universities in South Korea.
 4 Students will be living and studying with other international students.

Researchers of the flu virus know that the two flu strands that affect humans, H1N1 and H3N2, come from the tropics. While there are so-called "flu seasons" in non-tropical regions, the flu virus is always present in tropical regions. Furthermore, there are years when H1N1 is more common than H3N2, and vice versa. Researchers think this is because the two strands compete with each other. The surviving strand then spreads outward, being carried by travelers and some migrating birds.

(32) In the passage, "flu seasons" refers to
 1 a time when the flu is present in tropical areas.
 2 a time when the flu is common in non-tropical areas.
 3 the time when two flu viruses compete for survival.
 4 the time when a new flu virus is spread.

The Campus Glee Club is a student-led group that meets once a month in the drama building. The club hosts two performances a year, and club meetings mainly involve practicing for these performances. Students who join the club have to audition for the roles they prefer, but everybody is guaranteed a responsibility of some kind. Club members also like to take breaks from practice and watch movies, or go on optional trips together on the weekends.

(33) According to the passage, students who join
 1 have to try out for any specific acting parts they want.
 2 will only be accepted if they are good at acting.
 3 have to be available on some weekends.
 4 will practice two times a year for a performance.

Sociology is a field of study that began in the late 19th century. Since scientists found it to be complicated, and couldn't agree on how to study it, two philosophies were created: positivism and anti-positivism. Positivists believe that society is a product of evolution, therefore it can be studied and understood with science. Anti-positivists believe that society is separate from science, because it is made up of culture and tradition, which are not found in the natural world.

(34) What do we learn about sociology?
 1 It was abandoned because it was too difficult.
 2 It began in the 1900s.
 3 It was divided into two schools of thought.
 4 Anti-positivists believe that sociology and society are unrelated.

José Rizal is a national hero of the Philippines. He was a writer and a member of the Filipino Propaganda Movement during the time when the Philippines were a Spanish colony. A revolution eventually ended Spain's rule and gained the Philippines their independence. It is said that this revolution was influenced by José Rizal's writings and opinions about political reform. Because of this, the Spanish colonial government blamed him for the revolution and executed him.

(35) According to the passage, the Spanish colonial government
 1 considered José Rizal a national hero.
 2 worked with José Rizal to create political propaganda.
 3 gained independence in the Philippines with a revolution.
 4 believed José Rizal tried to actively end their rule.

Many businesses use loyalty programs to provide their customers with benefits such as discounts or points to use later. Supermarkets, hotels, and airlines commonly offer loyalty programs. Upon joining, customers usually receive a paper or plastic card with a barcode or a unique customer number, similar to a credit card, which they can use for future transactions at the business. Many businesses also use these programs to gather data about users' shopping habits which they can then use to more effectively market their products.

(36) What can we say about loyalty programs?
1 Customers also receive a credit card when they sign up.
2 Many businesses ask program members to answer marketing surveys about what they buy.
3 Program members can usually buy items at a cheaper price than normal.
4 People who use supermarkets, hotels and airlines should join a loyalty program.

The Sorrow of War is the debut novel of Vietnamese author Bao Ninh. It is a fictional account of Ninh's experiences as a soldier in the North Vietnamese Army during the Vietnam War. It was first published domestically in 1990 and subsequently released in English in 1994. Later the same year, it was awarded the Independent Award for Foreign Fiction and Ninh shared the prize money between his two translators and himself. It has also been translated into many languages besides English.

(37) When was the novel first published in Vietnam?
1 In early 1994.
2 In late 1994.
3 In 1990.
4 It is not mentioned in the text.

Affirmative action refers to policies in the United States which aim to combat discrimination in areas such as education and employment. Affirmative action generally targets disadvantaged groups such as women and minorities with the aim of increasing their representation in the above fields. This can take the form of things such as scholarships for underrepresented groups or gender quotas in the workplace. Recently, many people have been saying that such policies are no longer necessary because of the diversity which can be seen in American society.

(38) Based on the passage, which of the following is true?
  1 Affirmative action policies help increase the number of women in the workplace.
  2 Affirmative action policies mean that everyone can study at university.
  3 Affirmative action policies only benefit one group of people.
  4 Affirmative action policies should be continued to further benefit American society.

Alberto Giacometti was a multi-talented Swiss-born, Paris-trained artist who was well-known for both his paintings and sculptures. Prior to World War II, his work was described as surrealist. However, he came to identify more with existentialism in the post-war period. He is most famous for his tall and slim human sculptures which are said to represent the alienation and loneliness that many people feel, something that particularly resonated with post-war society.

(39) What do we learn about Alberto Giacometti?
  1 He is most famous for making sculptures of aliens.
  2 He was born in Paris, but he later moved to Switzerland.
  3 His style of art changed after World War II.
  4 He is primarily known for his surrealistic paintings.

Meat Free Monday is a British non-profit organization launched in 2009 by musician Paul McCartney and two of his daughters. The organization aims to increase public awareness about the various benefits of consuming less meat. These benefits include a reduction in greenhouse gases which affect climate change, lessening the likelihood of death due to heart disease, cancer or stroke, redistributing basic food sources such as grain to populations suffering from hunger instead of animals raised for food, and prevention of cruel procedures involved in meat production.

(40) According to the passage, what is one of the effects of eating less meat?

1 Climate change will worsen due to an increased amount of greenhouse gases.
2 There will be more basic food sources such as grain available for animals to eat.
3 People suffering from hunger will be able to eat more meat.
4 You will be less likely to die from cancer, heart disease, and other illness.

Test 2

Part 3A

There are two reading passages below. In each passage, there are four gaps. Choose the best word or phrase from among the four choices to fill each gap. Mark your answer on your answer sheet.

Atopic *Dermatitis

Atopic dermatitis most frequently occurs in children, but recently there are also many adults suffering from it. The typical symptoms of atopic dermatitis are skin that gets dry and itches constantly, the same rash appearing in the same place, and the symptoms going away, then coming back. (41), the cause is unknown, and the condition varies from mild to severe depending on the person. Dermatologists consider the following three treatments effective for atopic dermatitis. First, the inflammation must be reduced. The patient needs to get medicine from a doctor and rub it on the area regularly. The medicines used are generally steroids. However, some patients believe steroids are harmful to the human body, so some doctors instruct their patients to first use a steroid to control the symptoms, and then switch to a non-steroid after the symptoms are under control. Next, the itching must be reduced. In the case of atopic dermatitis, scratching prevents recovery, so it is important (42) the itching. Therefore an antihistamine pill is recommended. However, this medication makes some patients sleepy, so caution is needed. The third treatment involves keeping the skin clean in everyday life. The skin must be kept clean by showering daily. However, it is better to avoid harsh soaps and shampoos.

Dust and mites can also cause atopic dermatitis, (43) living spaces must be clean. Fingernails should be cut short to prevent inflammation from scratching. To avoid irritating the skin, it is best to avoid wearing metal jewelry, and also to keep the hair away from the skin.

Stress can also cause the condition. These days there are many people who feel stressed by their work or personal relationships. Atopic dermatitis is called a modern illness because it is caused by (44). In any case, people with atopic dermatitis should go to the doctor and get appropriate treatment as soon as

69

possible.

*dermatitis = a skin condition in which the skin becomes red, swollen and sore

(41) **1** However   **2** Because   **3** For example   **4** Rather

(42) **1** to give   **2** to care   **3** to stop   **4** to raise

(43) **1** because   **2** so   **3** next   **4** except

(44) **1** the use of steroid medication   **2** the irritation from scratching
      3 the mites that live in dust   **4** the stress of modern life

Test 2

Love & Mercy

Brian Wilson formed The Beach Boys with his younger brothers Dennis and Carl Wilson, cousin Mike Love and classmate Al Jardine in 1961. Their first song, "Surfin'" was released with a local record label, but then the Wilson brothers' father and manager Murry Wilson (45) a contract with Capitol Records. Their songs "Surfin' Safari", "Surfin' USA", and "Surfer Girl" became hits, and The Beach Boys became the founders of "surf music".

Brian wrote most of the group's songs, but (46) pressure to compete with The Beatles, he had a nervous breakdown in 1965. He stopped participating in the band's tours, only working in the studio. Inspired by The Beatles' 1965 album "Rubber Soul", he released "Pet Sounds" in 1966, which was even more experimental in its sounds and themes. However, it was not a success. Brian then began the even more ambitious "Smile", but after setbacks caused by depression and drugs, it became remembered as the greatest incomplete album in rock history.

(47) Brian shut himself in his house and sank into alcohol and drug abuse. He became overweight and barely participated in band activities, and his music career slumped. After the deaths of Dennis in 1983 and Carl in 1998, his mental health worsened.

However, with the support of his family and friends, he recovered, and in 1998 he released a solo album, "Imagination" and began touring. The album "Pet Sounds" was now (48) comparable to The Beatles "Sgt. Pepper's Lonely Hearts Club Band" (1967), and a tour for the album's 50th anniversary was held in 2015. He completed the album "Smile" in 2004, and participated in The Beach Boys' 50th anniversary tour in 2011. The 2015 film "Love & Mercy" about Brian was highly praised. People reacted with sympathy to Brian's story of overcoming serious mental illness to continue creating music.

(45) **1** took   **2** ended   **3** bought   **4** signed

(46) **1** instead of **2** because of **3** despite   **4** although

71

(47) **1** Then again   **2** Otherwise   **3** After that   **4** Not only

(48) **1** forgotten by the media   **2** considered a masterpiece
     3 sold in record stores   **4** completed by Brian

Test 2

Part 3B

There are two long reading passages below. Each passage is followed by six questions. For each question, choose the best answer from among the four choices and mark your answer on your answer sheet.

Rescue Robots and Powered *Exoskeletons

Rescue robots are robots designed to save people and remove dangerous objects after a large disaster. Now that the risk of terror attacks and large scale disasters has risen, people around the world are hoping for robots that can navigate dangerous rubble and buildings, and find hidden survivors with special sensors.

The Center for Robot-Assisted Search and Rescue (CRASAR) is part of Texas A&M University, and the team of researchers led by Dr. Robin Murphy are developing unmanned robots to deal with dangers from disasters around the world. It was originally established under the National Institute for Urban Search and Rescue, and participated in rescue work after the terror attacks in New York on September 11th 2001.

CRASAR's robots were used extensively following the unprecedented disaster of the East Japan Great Earthquake in 2011. Dr. Robin Murphy was contacted by a Japanese researcher, and after confirming the information reported, determined that rescue operations could be carried out swiftly and effectively with unmanned robots. She also decided to provide the robots free of charge to support Japan, and paid the transportation fees with CRASAR's donation funds and research budget. Dr. Murphy and the CRASAR team entered the disaster area, and along with the International Rescue System Institute (IRS), they used unmanned robots such as Remotely Operated Vehicles (ROV). With the cooperation of the Japan Coast Guard, they removed dangerous wreckage floating in the ocean, and endeavored to assist with the recovery of the Tohoku area.

As well as being able to operate in the ocean, rescue robots can also travel inside buildings and over rubble, and gather information from above. A robot that

73

can navigate indoors and gather information from the air played an important role in working on the severely damaged Fukushima No.1 reactor. It removed radioactive rubble, performing work that is difficult for humans because of the danger involved. Since the disaster, in addition to Japanese unmanned robots, the military-use "PackBot" by iRobot, the miniature unmanned helicopter "RQ-16 T-Hawk" by Honeywell, the "TALON" provided by the United States Department of Energy, and the Swedish made "Brokk 90" and "Brokk 330"s that were also used at Chernobyl, have been used to clean up the nuclear accident.

But when it comes to detailed work, a human touch is still required. Wearable powered exoskeletons which give the human body robotic strength are being developed. For example, medical and nursing devices which will give even a weak person the ability to carry someone in need of care are currently being developed. At the same time, they are also being developed for military use. The US military is also aiming for a system called "TALOS" to be used by the United States Special Operations Command. These powered exoskeletons are being used for decommissioning work at the site of the nuclear accident in Fukushima, where radiation levels are high. HAL, a robot exoskeleton made by Cyberdyne, a robotics startup in Tsukuba City, and developed by Tsukuba University, captures electrical signals in the human brain via a network of sensors, and the motors move along with the operator's arms and legs, allowing them to move quickly. A new model was announced in October 2012. It is hoped that it can help with the recovery from the Fukushima No. 1 reactor nuclear accident, which is predicted to take several decades.

Everyone hopes that rescue robots and powered exoskeletons will make life easier and safer in the future. In the near future, robots like R2-D2 from *Star Wars*, and people wearing powered exoskeletons like Iron Man might be used for the benefit of humanity.

*exoskeletons = an external supporting structure

(49)　According to paragraph 1, what can rescue robots do that humans can't?
  1　Give medical treatment after disasters.
  2　Predict attacks by terrorists.

3 Go inside dangerous buildings.
4 Collect information about disasters.

(50) What is the purpose of CRASAR?
1 To help victims of the September 11 attacks.
2 To create robots that can work by themselves.
3 To provide aid to disaster victims.
4 To do research on new kinds of robots.

(51) What did Dr. Robin Murphy do after the East Japan Great Earthquake?
1 Researched how robots were used in the disaster.
2 Contacted a Japanese researcher about robots.
3 Traveled to Japan with her team and her robots.
4 Provided information to Japanese researchers.

(52) According to paragraph 4, what kind of work is too dangerous for humans to do in Fukushima?
1 Collecting data from the air.
2 Disposing of contaminated rubble.
3 Studying wildlife in the exclusion zone.
4 Taking photos of the disaster area.

(53) How does HAL, the powered exoskeleton, work?
1 It is remotely controlled.
2 It responds to the person's upper body movements.
3 It is programmed to move in a certain way.
4 It reads the user's brain activity.

(54) What is expected in the near future?
1 Most of the research has already been done.
2 Everyone will own a robot or powered exoskeleton.
3 People will use robots for transportation.
4 Robots will make the world safer for people.

Popular Majors for US Students

What should you study at university? Of course, you should major in a topic that interests you. However, there are naturally also many students who choose their majors based on what job they want after graduation, and how high their salary will be. Recently a list of the "Top 10 College Majors That Earn the Highest Salaries" was posted on the US News & World Report website (2016/5/17).

According to this list, the most valuable field to study is petroleum engineering. According to their survey, the median annual wages of college-educated workers aged 25-59 was $136,000. The second most valuable field was pharmacy, pharmaceutical sciences and pharmaceutical administration, with $113,000. The third was metallurgical engineering with $98,000, fourth was mining and mineral engineering ($97,000) and fifth was chemical engineering ($96,000).

Succeeding in these fields is definitely an achievement, and one that deserves high compensation. Pharmaceutical researchers can develop new medication that saves lives. Chemical engineers make a variety of substances that are used everywhere in the world around us. Our society still relies on mining and petroleum workers for most of our energy needs. Therefore, these majors are always in high demand. However, these highly-paid careers generally involve exceptional skills in math and science. In the case of mining and petroleum engineering, workers may have to live near the mines or on oil drilling platforms in the ocean. In those cases, there is danger and inconvenience to go along with the high salary. And many STEM (Science, Technology, Engineering and Mathematics) students fail to complete their degrees. Not everyone can succeed in science and technology, and not everyone would want to.

As a counterpoint, influential US business magazine *Forbes* also published "The 10 Worst College Majors". according to this, the five worst majors (ages 22 to 26) are, in order, 1. anthropology and archeology (10.5% unemployment rate, $28,000 average salary), 2. film, video and photographic arts (12.9% unemployment rate, $30,000 average salary) 3. fine arts (12.6% unemployment rate, $30,000 average salary), 4. philosophy and religious studies (10.8% unemployment rate, $30,000 average salary) and 5. liberal arts (9.4% unemployment rate, $30,000 average salary).

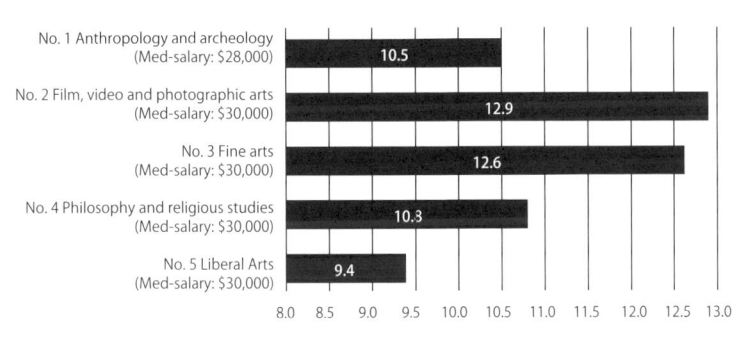

Figure 1
Unemployment Rates of the Worst College Majors (age 22 to 26)

Major	Rate
No. 1 Anthropology and archeology (Med-salary: $28,000)	10.5
No. 2 Film, video and photographic arts (Med-salary: $30,000)	12.9
No. 3 Fine arts (Med-salary: $30,000)	12.6
No. 4 Philosophy and religious studies (Med-salary: $30,000)	10.3
No. 5 Liberal Arts (Med-salary: $30,000)	9.4

However, some people have struck back at the stereotype of useless liberal arts degrees. Magazines such as *Time* have published lists of successful people with "soft" majors. Among them are Howard Schultz, the CEO of Starbucks, Michael Eisner, the former CEO of Disney, Susan Wojcicki, the CEO of YouTube, and Jack Ma, the chairman and one of the founders of the wildly successful online marketplace Alibaba. Many of these people argue that their "bad" majors actually helped them. Carly Fiorina, former CEO of Hewlett-Packard, says that her Medieval History degree didn't prepare her for the job market, but it "did prepare me for life." Jack Ma has told his employees not to focus too much on high-level academic success. He said in a speech, "Being in the middle is fine, as long as your grades aren't too bad. Only this kind of person has enough free time to learn other skills."

In the end, success may not depend on the major, but on the person. Even among those with highly paid jobs, there are people who feel stressed and dissatisfied with their career, or even become unemployed. And some people who are indecisive about their major or career eventually gain many skills from trying different things. With a touch of creativity, these versatile skills can be used to create an exciting career path. Perhaps the most important thing is to approach your subject with passion and energy, no matter what you choose.

(55) According to paragraph one, how do many students choose their fields of study?
  1 Based on their likes and dislikes.
  2 Based on the school's reputation.
  3 Based on future career prospects.
  4 Based on business magazines.

(56) What is the median salary that people who studied the fourth most valuable major would get?
  1 $96,000.
  2 $97,000.
  3 $98,000.
  4 $113,000.

(57) Why should some people avoid studying the most valuable majors?
  1 Because there are not enough places for students.
  2 Because the job market may change in the future.
  3 Because not everyone is good at math and science.
  4 Because there are high unemployment rates.

(58) Judging from Figure 1, which graduates with the "worst majors" are most likely to be employed?
  1 Fine arts graduates.
  2 Anthropology graduates.
  3 Photography graduates.
  4 Liberal arts graduates.

(59) According to paragraph five, which best describes Jack Ma's ideas?
　　1 No matter what your major is, you should work hard to get good grades.
　　2 A degree in science is not strictly necessary to become a scientist.
　　3 Liberal arts majors are more creative thinkers than science majors.
　　4 Rather than focus on academic results, you should learn a range of skills.

(60) According to paragraph six, what might happen if you major in one of the "most valuable" majors?
　　1 You might not enjoy your career.
　　2 You might become very rich.
　　3 You might end up working in a different job.
　　4 You might gain versatile skills.

STOP

This is the end of the reading section.
Do not turn this page before
the listening test begins.
You will be told when to turn the page
and start the listening test.

NO TEST MATERIAL ON THIS PAGE

There are five parts to this listening test.

Part 1A	Short Conversations:	1 question each	Multiple-choice
Part 1B	Short Passages:	1 question each	Multiple-choice
Part 1C	Short Passages:	1 question each	Multiple-choice (Graphs)
Part 2A	Long Conversations:	3 questions each	Multiple-choice
Part 2B	Short Conversations:	4 questions each	Multiple-choice

※ Listen carefully to the instructions.

Part 1A   DOWNLOAD 1 00-00

No. 1
1. To get permission for them to live in the dormitory during summer.
2. To come with them to speak with the dorm staff.
3. To ask other professors for help.
4. To go with them to make a bigger impact.

No. 2
1. He doesn't want to do two volunteer projects.
2. He isn't sure when the conference will be held.
3. He wants to go to the conference, but he doesn't have enough money.
4. He's worried about canceling a volunteer job to go to the conference.

No. 3
1. He studies too much information at once.
2. He writes during class and doesn't listen to the teacher.
3. He reads the book without taking notes.
4. He doesn't study enough.

No. 4
1. It helped his business to grow.
2. It kept his business from getting bigger.
3. It allowed him to access the Internet.
4. It brought in a competitor and hurt his sales.

Test 2

No. 5
1. It's best not to ignore the influence of China on Vietnam.
2. Vietnamese and Chinese literature should be compared.
3. Looking at distant history is the wisest approach.
4. Only recent history needs to be considered.

No. 6
1. Submit an application and talk to their advisor.
2. Wait for a vacancy and be at least a second year student.
3. Submit their contact information and complete two courses.
4. Complete the required courses and get a recommendation.

No. 7
1. Because she really likes the food they serve.
2. Because the other nearby cafes are too expensive.
3. Because she works there.
4. Because lots of students regularly use it.

No. 8
1. Write a draft research proposal for him.
2. Help him improve his research proposal.
3. Give him advice for studying abroad.
4. Help him change his major to political science.

No. 9
1. It's not very popular with students.
2. The editor has suddenly quit.
3. There isn't enough money to keep printing the paper.
4. Too many local businesses want to advertise in the paper.

No. 10
1. Write a short story for him.
2. Submit his short story to *Creative Writing Monthly*.
3. Read his story and tell him what she thinks.
4. Help him with a creative writing assignment.

Part 1B ⬇ DOWNLOAD 1 00-00

No. 11   **1** To provide free books to students with little money.
              2 To provide a quiet place to study for students who work night jobs.
              3 To celebrate the 100th anniversary of the university's founding.
              4 To display the founder's most famous writings and poems.

No. 12   **1** Less toxic nuclear waste is safe to touch.
              2 Nuclear energy has more disadvantages than advantages.
              3 Many countries stopped using oil in the 1970s.
              4 Nuclear reactors are usually near water.

No. 13   **1** Many Westerners move to the island to find a job.
              2 There is a popular travel destination for Japanese athletes.
              3 One area of the island recently became a World Heritage Site.
              4 Penang Island gets cold during the winter.

No. 14   **1** Wait until 6:00 PM on May 2 to submit their resumes.
              2 Send their resumes to ABC Tech.
              3 Write a letter to ABC Tech.
              4 Take their resumes to ABC Tech directly.

No. 15   **1** We should drink tea frequently.
              2 Teas with added chemicals fight more diseases.
              3 It's okay to put a lot of sugar in our tea.
              4 Decaffeinated tea doesn't have any health benefits.

No. 16   **1** Adults who live with their parents act the same as when they were young.
              2 People's personalities are influenced by things other than upbringing.
              3 Describing someone by their personality is meaningless.
              4 People never have similar personalities to their parents.

Test 2 ▶▶▶

No. 17
1 Write an e-mail to their university English teacher.
2 Choose which native checker they prefer.
3 Send their writing to a checker by e-mail.
4 E-mail Marcel Morita.

No. 18
1 Take a lot of notes.
2 Ask questions after class.
3 Go buy a book in a local bookstore.
4 Do the assigned readings for homework.

No. 19
1 It is a cloud of cool air.
2 It is a very powerful storm.
3 It is the reason Jupiter rotates very quickly.
4 It is the oldest place on Jupiter.

No. 20
1 There was an older museum that was torn down.
2 It is the first museum the campus has ever had.
3 The museum has been given a new name.
4 The museum is only open to current students.

Part 1C

No. 21

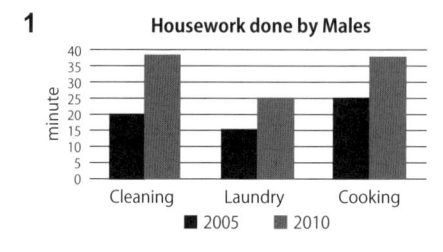

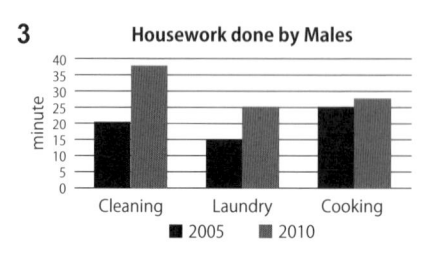

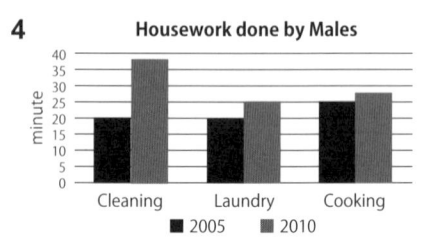

1 Housework done by Males

2 Housework done by Males

3 Housework done by Males

4 Housework done by Males

No. 22

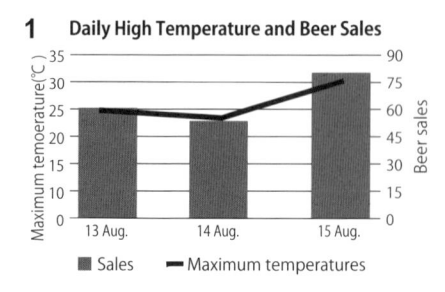

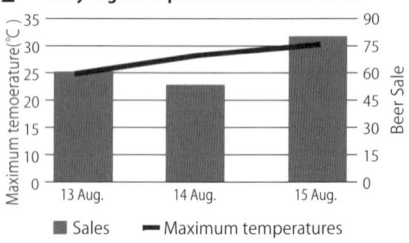

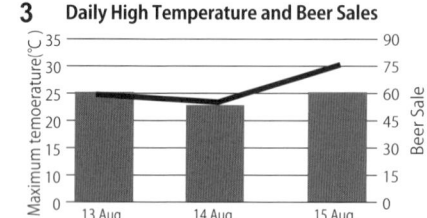

1 Daily High Temperature and Beer Sales

2 Daily High Temperature and Beer Sales

3 Daily High Temperature and Beer Sales

4 Daily High Temperature and Beer Sales

Test 2

No. 23

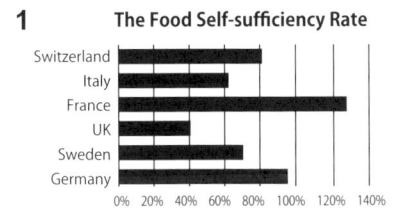

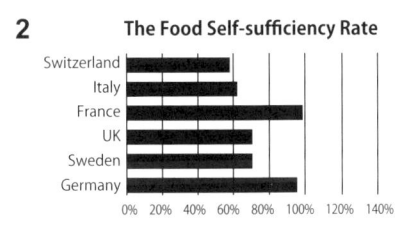

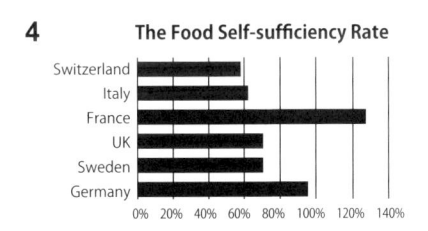

1 The Food Self-sufficiency Rate

- Switzerland
- Italy
- France
- UK
- Sweden
- Germany

0% 20% 40% 60% 80% 100% 120% 140%

2 The Food Self-sufficiency Rate

- Switzerland
- Italy
- France
- UK
- Sweden
- Germany

0% 20% 40% 60% 80% 100% 120% 140%

3 The Food Self-sufficiency Rate

- Switzerland
- Italy
- France
- UK
- Sweden
- Germany

0% 20% 40% 60% 80% 100% 120% 140%

4 The Food Self-sufficiency Rate

- Switzerland
- Italy
- France
- UK
- Sweden
- Germany

0% 20% 40% 60% 80% 100% 120% 140%

No. 24

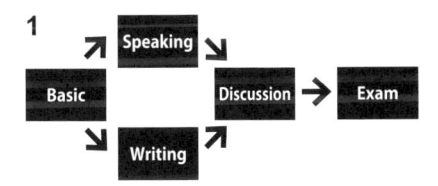

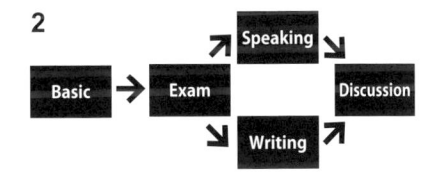

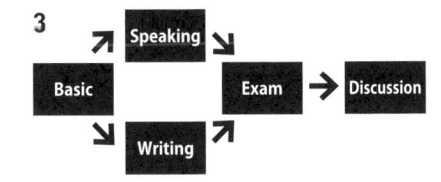

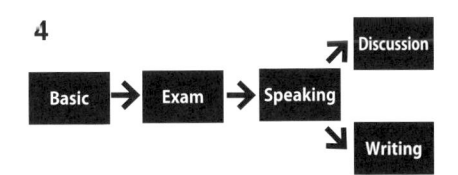

1 Basic → Speaking → Discussion → Exam; Basic → Writing → Discussion → Exam

2 Basic → Exam → Speaking → Discussion; Basic → Exam → Writing → Discussion

3 Basic → Speaking → Exam → Discussion; Basic → Writing → Exam → Discussion

4 Basic → Exam → Speaking → Discussion; Basic → Exam → Speaking → Writing

No. 25

1 Students by Department
- Educational administration 17%
- Educational philosophy 5%
- Educational sociology 23%
- Educational psychology 55%

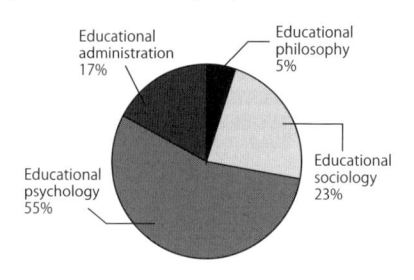

2 Students by Department
- Educational administration 7%
- Educational philosophy 15%
- Educational sociology 23%
- Educational psychology 55%

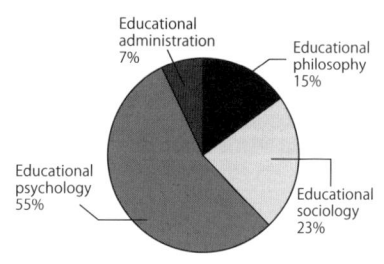

3 Students by Department
- Educational administration 19%
- Educational philosophy 23%
- Educational sociology 15%
- Educational psychology 43%

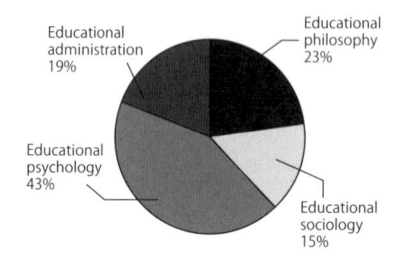

4 Students by Department
- Educational administration 19%
- Educational philosophy 15%
- Educational sociology 23%
- Educational psychology 43%

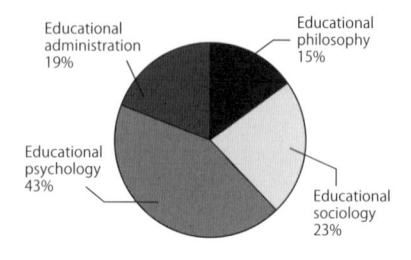

Part 2A

A

Situation: A student is talking with a tutor at the Student Support Center.

No. 26 Why is the student writing an essay?
1 In order to get a scholarship.
2 To join a Chinese course.
3 To participate in a Chinese festival.
4 To apply for a study abroad course in China.

No. 27 What does the tutor say about the student's essay?
1 The content should be more specific.
2 It should be made shorter.
3 It should be written more formally.
4 The opening sentence should be more creative.

No. 28 What does the student want to do in the future?
1 Teach Japanese at a Chinese university.
2 Work at a company in China.
3 Research Chinese handicrafts.
4 Introduce Chinese culture to Japan.

B

Situation: A student is talking with an advisor about her major.

No. 29 What does the student find attractive about environmental studies?
1 There are lots of exceptional researchers.
2 There is a lot of future potential.
3 It has an established history.
4 There are facilities for research.

No. 30 What will take place at the School Department Fair?
1 Graduating students will make speeches.
2 There will be a lecture on writing theses.
3 Students will talk about their departments.
4 There will be academic aptitude tests.

No. 31 What does a student need to do to observe a class?
1 Get permission from the head of the department.
2 Submit an application.
3 Provide last year's results.
4 Get a recommendation from the teacher.

C

Situation: Two students are talking with a professor in the university hallway about an event.

No. 32 What will the professor do at the event?
1 Introduce the department.
2 Work as the emcee for the event.
3 Speak in a language other than English.
4 Talk about the research he's doing.

No. 33 What did the professor suggest the students do to improve their plan?
1 Make time for chatting while having a light meal together.
2 Set aside time for the students to introduce themselves.
3 Take time to give a tour of the university facilities.
4 Respond to questions about problems in the day-to-day lives of the students.

No. 34 What will the students most likely do this week?
1 Ask other professors to join the event.
2 Reserve a location for the event.
3 Make a leaflet to inform people about the event.
4 Inform people about the event by e-mail.

Part 2B

D

Situation: You will listen to a professor introducing a class on economics.

No. 35 What will be the main theme of this class?
  1 The pros and cons of economic growth.
  2 Measures to increase a country's economic growth.
  3 How to correctly read economic growth indicators.
  4 An alternative sign of economic growth.

No. 36 What is the speaker saying about the next class?
  1 There will be a pop quiz.
  2 The students' homework will be checked.
  3 The location will change.
  4 A guest speaker has been invited.

No. 37 Why is the use of electronic devices banned during class?
  1 To prevent the recording of videos.
  2 Because the radio waves emitted by the devices are harmful.
  3 Because the light they give off makes it difficult to see the screen.
  4 Because they make it difficult to hear the professor.

No. 38 What did the professor say about the study materials?
  1 The professor will distribute copies of the textbook each class.
  2 The professor wrote the textbook, so the students must buy it.
  3 The textbook will be posted on the website.
  4 Study materials will be placed at the front of the laboratory.

Test 2

E

Situation: You will hear part of a lecture from an art class.

No. 39 What is the main topic of this passage?
  1 The characteristics of Gauguin's artwork.
  2 The life of the artist Gauguin.
  3 The influence of the artist Gauguin.
  4 The most famous painting by Gauguin.

No. 40 What is the speaker saying about Gauguin?
  1 He threw away his stable life and became an artist.
  2 Even though he earned a lot of money, he was single.
  3 He moved to Tahiti with his wife.
  4 He continued to work as a business man even after succeeding as an artist.

No. 41 What feature of Gauguin's art does the speaker say is popular?
  1 His characteristic use of color.
  2 His bold compositions.
  3 The fact that he painted scenes of everyday life.
  4 The mystical themes of his work.

No. 42 What does the speaker want the students to do?
  1 Investigate the life of Cezanne.
  2 Research Gauguin's friendships.
  3 Research Van Gogh's influence on contemporary art.
  4 See Gauguin's paintings at a museum.

F

Situation: You will listen to an instructor discuss visual effects in movies.

No. 43 What did the speaker mention is unique about visual effects?
  1 They are made with the assistance of computers.
  2 They are used in Hollywood movies.
  3 They have become commonly used in recent movies.
  4 They are implemented after the movie is shot.

No. 44 What did the speaker say is the biggest appeal of visual effects?
  1 You can film efficiently without constructing sets.
  2 You can easily fix mistakes that were made during filming.
  3 You can create imagery that doesn't exist in real life.
  4 Lots of professional technicians who process images exist.

No. 45 What did the speaker say will happen if film makers rely too much on special effects?
  1 The creator's individuality will be lost.
  2 The images will become unrealistic.
  3 The story will become weak.
  4 People will not be as careful during filming.

No. 46 What did the speaker say the discussion theme is?
  1 The future role of visual effects.
  2 How to use visual effects effectively.
  3 Making movies without visual effects.
  4 The history of visual effects.

Test 2

G

Situation: You will hear a news report about the main causes of car accidents.

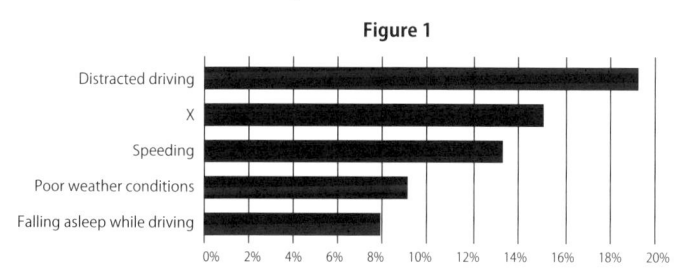

Figure 1

- Distracted driving
- X
- Speeding
- Poor weather conditions
- Falling asleep while driving

(0% – 20%)

No. 47 Which organization published these statistics?
1 The Bureau of Statistics.
2 An automotive insurance company.
3 The Road Safety Bureau.
4 The police.

No. 48 What is the speaker saying about distracted driving?
1 It mostly involves drivers who are confident in their driving ability.
2 It mostly involves drivers who are young.
3 It mostly involves elderly drivers over the age of 60.
4 It mostly involves drivers who are traveling long distances.

No. 49 Please look at the graph. Which of the following is represented by the letter X?
1 Teenage drivers.
2 Drunk driving.
3 Use of mobile phones.
4 Ignoring the red lights.

No. 50 What is going to be conducted during Road Safety Week?
1 Traffic accident prevention commercials will be broadcast on TV.
2 A website will be created with the aim of improving driver's manners.
3 Special events will be held across the country.
4 Advertisements will be published in newspapers to raise awareness of road safety.

NO TEST MATERIAL ON THIS PAGE

TEST 2

Writing

ライティング・テスト（70分）
TASK A（1問）............ **98**
TASK B（1問）............ **99**
タスクごとの時間設定はありません。

模範解答・解説・訳 ▶ 本体 265 ページ

Task A

Your teacher has asked you to read the following passage and summarize what the writer says about home births. Your summary should be one paragraph of about 70 words.

For women, giving birth to a child is one of the biggest events that can happen in life. It's a unique and emotional experience. Most people think of childbirth as something that happens in a hospital with a doctor. However, in recent years, more and more women are choosing to give birth at home.

Mary Brown is a woman who recently gave birth at home. According to her, the advantage of a home birth is that you can give birth in a relaxed environment. Unlike a hospital, it's a comfortable place where the patient can choose who he or she wants to let in. Childbirth at home also tends to be more economical. The longer you stay in the hospital, the more you pay.

On the other hand, some people have negative feelings about giving birth at home. If something goes wrong, it might be hard to respond to the situation. Of course, most home births are attended by a nurse or doctor, so the mother and baby are rarely at risk. However, if, for example, the mother experiences heavy bleeding or other severe difficulties, it is definitely safer to be in a hospital with all kinds of medical equipment. Furthermore, it is difficult to provide thorough care at home. At hospitals, labor pains can be reduced, and the newborn baby can get the professional treatment which is usually not available at home.

There are both pros and cons to childbirth at home. It will be interesting to see what happens in the future.

Task B

Your teacher has asked you to write an essay for class using the information below. Describe the situation concerning White River University and summarize the main points of the solutions that have been suggested. In your conclusion, say which of the solutions you think would work the best based on the reasons given. You should write about 200 words.

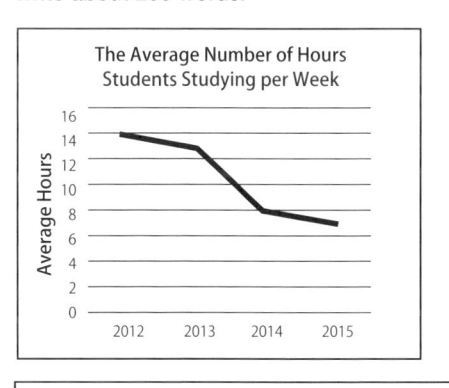

The Average Number of Hours Students Studying per Week

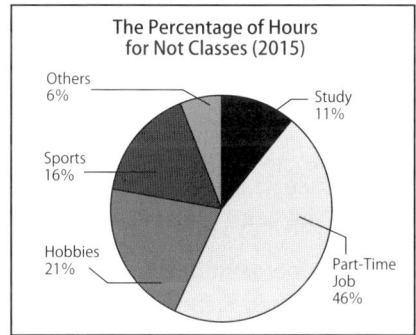

The Percentage of Hours for Not Classes (2015)
- Others 6%
- Study 11%
- Sports 16%
- Hobbies 21%
- Part-Time Job 46%

Educational News

Solutions are being considered for the problems at White River University. University president Chris Jones spoke at a meeting yesterday. First, he said that the curriculum needs to be improved. Based on the students, class evaluations, he promised to create more classes that would interest students, even if they were unconventional. He said "Students aren't very interested in the classes, which might decrease their desire to study." The new curriculum would also increase the number of classes students have to take each year. The school is planning to hold a series of meetings with teachers and students about the curriculum.

Jones is also considering another approach. Now that more students are working part-time, he states that the school needs to establish a system to provide financial support. For example, they could partially refund tuition to students who achieve excellent results. This system can help students who need to work to pay tuition focus on study instead. "Recently the number of students in financial need has increased," said Jones. "We have to give them a helping hand." He said that the school would look at tuition exemption programs at other universities and work on creating such a system.

Letter to the editor

Dear Editor,

    I run a small business in White River, and I hire some of your graduates every year. I'm writing to suggest some solutions to the current problem. I feel that there is a need to help support students cover their living expenses. Of course, college students are old enough to take care of themselves, but the school can and should help them in some ways. So I think that you should hire staff to listen to students and give them advice on the issues they face in their daily lives. In that way, they can focus more on studies without financial worries.

    Furthermore, I've heard that students spend time doing part-time jobs because they are in financial need. We should provide more scholarships to support them. I, along with other local business people, am thinking about the possibility of giving financial support to students. Asking graduates of White River University for donations is another possibility. If there is no such program, students will have to spend more time working and less time studying.

    Finally, I'd like to express my appreciation to White River University for providing a great education to your students.

Sincerely,
Rachael Diaz

TEST 2

Speaking

スピーキング・テスト（約 10 分）

Part 1（1 問）

Part 2（1 問）

Part 3（1 問）

Part 4（1 問）

⬇ TEST 2 SPEAKING

⬇ TEST 2 SPEAKING PART 1_2_3_4

⬇ TEST 2 SPEAKING REVIEW ▶ 001_005

模範解答・解説・訳 ▶ 本体 273 ページ

Part 1

Questions:
- What do you usually do in your free time?
- What do you want to do in the future?
- What is your best memory from junior high school?

Part 2

> Begin your interview with this sentence: "Hello, may I ask you some questions?"
>
> Ask questions about
> - The grade he / she teaches
> - The subject(s) he / she teaches
> - The reason why he / she became a teacher of the subject
> - The best memory as a teacher
> - (*If you have time, you may ask more questions.*)

Part 3

> ### TOPIC
> "Every student should have a cellphone."
> Do you agree with the statement? Why or why not?

Part 4

Questions:
- Do you think the Internet will take the place of TV in the future?
- Do you think TV commercials for alcohol should be banned?
- Do you think parents today should spend more time with their children?
- Should children help their mothers do housework?

Additional Practice Test for Writing and Speaking

ライティング／スピーキング 追加テスト

スピーキングとライティングのテスト問題をもう1セットずつ用意しました。TEST 1 と TEST 2 の問題を終えたあと、ぜひ挑戦してみてください。

ライティング・テスト（70分）
TASK A（1問）
TASK B（1問）

スピーキング・テスト（10分）
Part 1（1問）
Part 2（1問）
Part 3（1問）
Part 4（1問）

⬇ ADDITIONAL SPEAKING TEST
⬇ ADDITIONAL SPEAKING TEST PART 1_2_3_4
⬇ ADDITIONAL SPEAKING TEST REVIEW ▶ 001_005

模範解答・解説・訳 ▶ 108 ページ、112 ページ

Writing Test

Task A

Your teacher has asked you to read the following passage and summarize what the writer says about car sharing. Your summary should be one paragraph of about 70 words.

    Cars are convenient as a mode of transportation. Although trains, buses, and other public transportation are useful, a car can take you directly to your destination. Now it's possible to use a car without owning one. Recently, more people have begun to use car sharing services. Through these services, you can register online and find others who want to share cars.

    Some people, however, don't feel they can support this car sharing system. Former user Robert Coleman has criticized the system for the inconvenience when renting out his car. Sometimes when he needed his car to go shopping, he wasn't able to go because it was being used by someone else. When there's a popular local event, it can be difficult to find a car to rent. Others find that users don't always maintain the mechanical condition of the vehicles. And there have been complaints about rotting food, pet hair and other unpleasant items being left in shared cars.

    On the other hand, supporters of car sharing assert that it has economical and environmental benefits. Long-time car sharing user Sara Thompson says the system is economical for those who don't drive cars frequently. Paying for fuel, maintenance, parking and taxes can get expensive, so for those car owners who use their cars just a few hours a month, this service is very convenient. In addition, car sharing is good for the environment. Kevin Goldberg expects that as the culture of car sharing expands, there will be fewer cars parked around cities, improving the overall atmosphere. The culture of car sharing may also help reduce carbon emissions since fewer people will need to buy their own cars.

    Car sharing is not a perfect system quite yet, but there is always room in the future to improve.

Additional Practice Test for Writing and Speaking ▶▶▶

Task B

Your teacher has asked you to write an essay for class using the information below. Describe the situation concerning the high school in Southern North and summarize the main points of the solutions that have been suggested. In your conclusion, say which of the solutions you think would work the best based on the reasons given. You should write about 200 words.

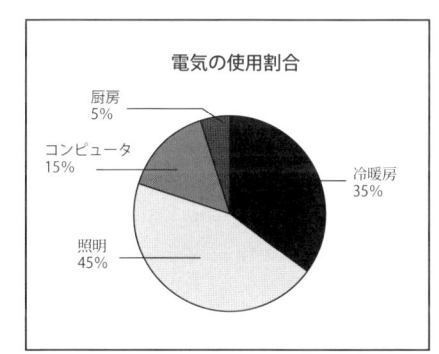

Southern North 高校の1年間の電気料金

年	料金
2012	~$50,000
2013	~$55,000
2014	~$65,000
2015	~$70,000

電気の使用割合
- 厨房 5%
- コンピュータ 15%
- 冷暖房 35%
- 照明 45%

Southern North Daily News

Olivia Williams, the Chief Director of Southern North High, identified several problems at her school in a board meeting yesterday. As chairperson, Williams insisted that the school must proactively reduce its energy consumption.

Williams suggested that one of the easiest ways to reduce energy consumption is to restrict the use of air conditioners. She proposed that the first step to saving energy could be to moderate the temperature settings during summer and winter. "Setting the temperature too low in the summer or too high in the winter consumes excessive amounts of electricity," she said. Maintaining the school at one temperature throughout the season would eliminate unnecessary use of the heating and cooling system. She added that the school will consider delaying the starting date for using air conditioners each season.

PTA representative Paul Miller participated in the board meeting and insisted that Southern North High encourage its teachers and students

105

to also be conscious of their own energy consumption. He thinks that everyone can contribute to being more energy efficient by turning off lights or unplugging computers when not in use. "It's especially important to teach our students about saving energy for their own futures," said Miller. He plans to consult with the school about integrating efficient energy use into the classroom and curriculum.

Letter to the editor

Dear Editor,

I own a home appliance retail shop in Southern North. I'd like to make a few suggestions based on what I've learned over the years. First, I believe one of the best ways to reduce electricity usage is to use energy-efficient electrical appliances. Lights tend to be the largest energy drain in the household, so just replacing your lights with fluorescent bulbs can significantly reduce the electricity bill. Fluorescent lights consume just 25% to 35% of the energy required by older incandescent lights and can last up to ten times longer. In addition, students may even be able to study better under brighter lights!

I also suggest installing solar panels. Most schools have flat, spacious roofs, so it may be best to use this space to set up solar panels to generate electricity. Although the installation may seem costly, the electricity generated by the photovoltaic solar panels will soon make them pay for themselves! Not to mention, they are extremely environmentally friendly. I strongly recommend that your school consider investing in generating its own clean energy.

Best wishes for the future of Southern North High,
Ann Rothwell

Speaking Test

∎ Part 1

Questions:
- Have you ever done any volunteer work?
- Which season do you like better, spring or winter?
- What was your favorite subject in junior high school?

∎ Part 2

Begin your interview with this sentence: "Hello, may I ask you some questions?"

Ask questions about
- The reason you became an elementary school teacher
- The number of students in one class
- A subject you like to teach
- Difficulties in teaching children
- (*If you have time, you may ask more questions.*)

∎ Part 3

TOPIC
"Every student should wear a school uniform."
Do you agree with the statement? Why or why not?

∎ Part 4

Questions:
- Should people stop using cellphones while walking?
- Do you think all elementary schools should provide children with school lunches?
- Do you think Japanese people eat less healthy food than in the past?
- Is reading news online better than reading a newspaper?

ライティング 追加テスト 模範解答

Task A

あなたは教師に以下の文を読み、car sharing について著者が言いたいことを要約するように言われました。要約文は1段落で構成し、70語程度で作成しなさい。

問題文の訳

　自動車は、移動するための便利な道具である。電車やバスなどの公共交通機関も便利だが、自動車があれば、目的地に直接移動することができる。しかし、自動車を利用するためには、必ずしも車を所有しなくてもよい。近年は、より多くの人々がカー・シェアリングというサービスを利用している。このサービスを使えば、オンラインで登録することで、車を共同利用したい人を他に見つけることができる。

　しかし、全ての人々がこのサービスに賛同しているわけではない。例えば、カー・シェアリングを利用したことのある Robert Coleman は、このシステムでは車を借りる際に不便な点があると述べる。買い物に行こうと思って車を使おうとしても、それが別の人に使われていて利用できなかったことがあったと彼は言う。また、地域で人気のイベントが開催されたときは、車を借りるのが難しくなるという。車の性能を維持できない利用者もいる、という指摘もされている。また、共有している車に腐りかけの食べ物やペットの毛、その他好ましくないものが残されているという不満の声も聞かれる。

　一方、カー・シェアリングの支持者たちは、経済的にも環境的にもメリットがあると言う。Sara Thompson は、サービスの数年来の利用者だが、車の利用時間が比較的少ない人にとっては、経済的に便利なサービスだと言う。自家用車を持つ場合、ガソリン代や、メンテナンス費、駐車代、諸々の税金などの費用がかかる。だから、1ヵ月に数時間しか車を使わないという人にとっては、このサービスは非常に便利である。さらに、カー・シェアリングは環境にも優しい。Kevin Goldberg は、このサービスがさらに広がれば、街に駐車されている車の総数が減り、全体的な雰囲気がよくなるだろうと予想する。また、カー・シェアリングの文化によって、自家用車を持つ必要のある人が減るので、CO_2 の排出量も減少するかもしれない。

　カー・シェアリングはまだ完璧なシステムではないが、将来には常に成長可能性がある。

Additional Practice Test for Writing and Speaking ▶▶▶

解答例1

  Car sharing has gained popularity because it allows registered users to lend and rent cars from other nearby users. Some people criticize the system for the inconvenience and for the poor maintenance and condition of the shared cars. But others praise the system for being cost-effective and environmentally friendly. They also think it will reduce the number of cars on the road, making it easier to move around. (68 words)

解答例2

  More and more people use car sharing because it allows registered users to lend and rent cars from one another. Some criticize the system since it may limit the available hours of one's own car and because some of the shared cars are kept in poor condition. Others praise the system for easing the costs of fuel, maintenance, and parking for car owners and for being environmentally friendly. (68 words)

注

☐ convenient 便利な　☐ transportation 交通　☐ destination 目的地　☐ register 登録する　☐ former 以前の　☐ criticize 批判する　☐ inconvenience 不便さ　☐ maintain 〜を維持する　☐ condition 状態　☐ vehicle 乗り物　☐ complaint 不満　☐ rot 腐る　☐ unpleasant 不快な　☐ assert 〜を主張する　☐ frequently 頻繁に　☐ fuel 燃料　☐ overall 全体の　☐ atmosphere 雰囲気　☐ emission 排出

Task B

  あなたは教師に授業のために以下の情報を使ってエッセイを書くように言われました。サザンノース高校に関する状況を説明し、提案されている解決策の要点をまとめなさい。結論では、どの解決策がもっとも有効だと思うかを示し、理由を述べなさい。およそ200語で作成すること。

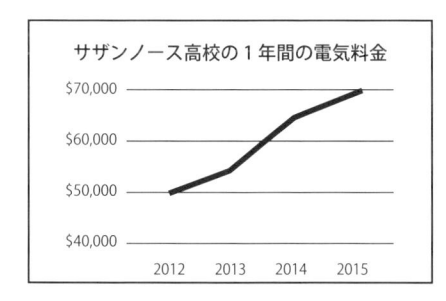

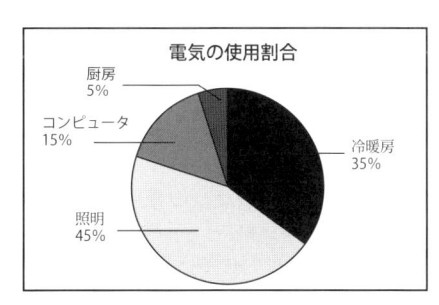

サザンノース高校の1年間の電気料金

電気の使用割合
- 厨房 5%
- コンピュータ 15%
- 冷暖房 35%
- 照明 45%

📖 **問題文の訳**

サザンノース・デイリー・ニュース

　昨日開かれた学校の理事会で、サザンノース高校のオリヴィア・ウィリアムズ理事長は、最近の高校の問題についていくつか言及した。会議の議長を務めた彼女は、エネルギー消費量の削減に積極的に取り組む必要があると述べた。

　ウィリアムズは、電気代削減のためにもっとも取り組みやすい解決手段として、冷暖房の使用を控えることを提案した。例えば、夏と冬に温度設定を調整することが第一のステップだと言う。「夏に温度を下げすぎたり、冬に温度を上げすぎたりして、余計な電力を消費しています」と彼女は説明した。校内で温度設定を統一すれば、そのような余計な冷暖房使用は減ると思われる。各季節で冷暖房の使用時期を繰り下げることも検討していくという。

　理事会の参加者で、PTAの代表であるポール・ミラー氏は、教職員や生徒に対して、自らのエネルギー消費についても意識するよう促していく必要があると述べる。使われていない教室の電気を消したり、利用されていないコンピュータの電源を抜くなどすることで、誰もがエネルギー節約に貢献できると彼は考えている。「特に、生徒に自分たちの未来のためのエネルギー節約について教えることは重要です」と彼は言う。ミラー氏はさらに、教室での活動と学習カリキュラムを通して効率的なエネルギー利用ができないか、学校と相談する予定だという。

編集者への手紙
編集長殿
　私は、サザンノースで家電量販店を経営している者です。私は、長年の経験から、いくつかのアドバイスを提供したいと思っています。まず、最も効果的だと思われるのは、エネルギー効率のよい電化製品を使うようにすることだと思います。電気の利用割合の中で、最も多いのは照明だと思うのですが、照明設備を蛍光灯に変えることで電気代を大幅に削減できるでしょう。蛍光灯のエネルギー消費量は従来の白熱灯の25%から35%である上、10倍長くもちます。それに、明るい光のもとなら生徒たちはもっと勉強しやすくなるのではないでしょうか！

　また、私は、太陽光発電の設備を導入することも有効だと思います。学校の建物の屋根はたいてい平らで広いので、ソーラーパネルを設置して電気を自家発電するのに最適です。太陽光発電は導入に多額のコストがかかりますが、ソーラーパネルが生み出す電力がすぐに賄ってくれます！　極めて環境に優しいことは言うまでもありません。学校が自らクリーンエネルギーを生み出すために投資を検討するべきだと、強く思っています。

　サザンノース高の今後の発展を祈ります。
アン・ロスウェル

Additional Practice Test for Writing and Speaking ▶▶▶

解答例

  According to the local newspaper, Southern North High is looking to make a few changes to reduce its energy consumption. The Chief Director proposed new regulations that would restrict the frequency and intensity of the usage of air conditioners at the school. Another proposal from a PTA representative was also mentioned in the article. He proposed that teachers and students make an effort to turn off lights and unplug computers when not in use. As a response to the original article, a concerned local citizen suggested that the school replace the old lights with new fluorescent lights and install solar panels on the rooftops.

  I think the best solution involves everyone in the community. It is great that they already started the discussion publicly via the newspaper—the school's administration, the PTA, a local business owner, and even the journalist have already contributed to the cause. I think the most effective solution would be to install solar panels at the school. However, since this requires a sizable amount of time and money, I think it would be best to implement the other solutions until the school is able to generate its own energy with the photovoltaic solar panels. (198 words)

注

［サザンノース・デイリー・ニュース］　□ identify　特定する　　□ board meeting　役員会議、理事会　□ chairperson　議長　□ proactively　積極的に　　□ consumption　消費　　□ restrict　制限する　　□ moderate　抑える、穏やかにする　　□ temperature　温度　　□ excessive　極めて多い　　□ eliminate　排除する　　□ delay　遅らせる　　□ representative　代表　□ participate　参加する　　□ encourage　奨励する　　□ be conscious of~　~を意識する　□ contribute　貢献する　　□ efficient　効率的な　　□ unplug　電源を抜く　　□ consult with~　~と相談する　　□ integrate　統合する　　□ curriculum　カリキュラム　［編集者への手紙］　□ home appliance retail shop　家電量販店　　□ energy drain　エネルギーの消耗先　　□ replace　取り替える　　□ fluorescent　蛍光の　　□ significantly　大いに　　□ bill　料金　　□ incandescent　白熱の　　□ install　導入する　　□ spacious　広い　　□ generate　生み出す　　□ costly　高額な　　□ photovoltaic　太陽光発電の　　□ not to mention　~は言うまでもなく　　□ extremely　極めて　　□ invest　投資する

スピーキング追加テスト 模範解答

Part 1　ADDITIONAL SPEAKING TEST REVIEW 001　British male / American female

対話例

Examiner: First, I'd like to know a little bit about you. Have you ever done any volunteer work?
You: Yes, I have. Every year, I take part in a volunteer activity and clean my town.
Examiner: I see. Which season do you like better, spring or winter?
You: I like spring better because I can enjoy beautiful cherry blossoms.
Examiner: What was your favorite subject in junior high school?
You: My favorite subject was P.E.
Examiner: I see. Why did you like P.E.?
You: I liked P.E. because I was able to play a lot of sports with my classmates.
Examiner: Thank you.

注

☐ P.E. 体育 (physical education)

Part 2　ADDITIONAL SPEAKING TEST REVIEW 002　American male / British female

トピックカードの訳

インタビューアーは、「こんにちは、いくつか質問をしてもよろしいですか？」という文で始めてください。
以下について質問してください。
・小学校の先生になった理由
・担当するクラスの児童の数
・教えるのが好きな科目
・子供を教えることのむずかしさ
・(時間があれば、ほかに質問をしてかまいません。)

Additional Practice Test for Writing and Speaking ▶▶▶

Examiner:	You should ask me questions about the topics on this card. You have thirty seconds to read the card and think about what to say. Here is the card. （ここで30秒の準備時間があります）
Examiner:	OK. Please begin the interview.

解答例

You:	Hello, may I ask you some questions?
Examiner:	Yes, please.
You:	Please tell me why you became an elementary school teacher.
Examiner:	I really like children because they are pure and creative and also have a lot of potential.
You:	I think so, too. Could you tell me how many students there are in one class?
Examiner:	There are 30 students and 16 of them are boys and 14 of them are girls.
You:	I see. Could you tell me what subject you like to teach?
Examiner:	I like to teach music because I have played the piano since I was five years old.
You:	I see. Do you have any difficulties in teaching children?
Examiner:	Yes, sometimes my students can become so excited that I can't control them. But aside from that, I really enjoy teaching children.
You:	That is great. Can I ask you one more question?
Examiner:	Sure, go ahead.
You:	Could you give some advice to students who want to be elementary school teachers in the future?
Examiner:	I recommend that they should try to learn as much as possible because all of the knowledge they gain as students will be useful for teaching children in the future.
You:	Thank you very much for the advice.

注

☐ potential 可能性

113

Part 3

トピックカードの訳

「すべての学生は制服を着るべきである」。あなたはこの意見に賛成ですか？ なぜですか？

Examiner:	Now I'd like you to talk for about one minute about the topic on this card. You have thirty seconds to read the card and think about what to say. Here is the card. Please begin preparing now. （ここで30秒の準備時間があります）
Examiner:	OK. Please begin speaking.

解答例1　ADDITIONAL SPEAKING TEST REVIEW 003　British male / American male

I agree with the statement. I think every student should wear a school uniform. I have two reasons to support this. First, if they wear a school uniform every day, they don't have to waste time choosing clothes in the morning. They can spend the time doing other things. The second reason is that they don't have to pay a lot of attention to fashion if they wear a school uniform. As a result, students can spend more time on studying. Because of the reasons I mentioned, I think every student should wear a school uniform.

解答例2　ADDITIONAL SPEAKING TEST REVIEW 004　American female

I disagree with the statement. I don't think every student should wear a school uniform. There are two reasons to support this. First of all, if all students wear school uniforms, it is difficult to show their individuality. Wearing clothes of their choice is one of the ways they can express their individuality. Secondly, if they have to wear school uniforms all the time, they cannot have them dry-cleaned very often. On the contrary, if they choose what to wear every day, they can wash their clothes more often. Because of the reasons I mentioned, I don't think students should wear school uniforms and I think they should wear their own clothes instead.

注

☐ individuality　個性

Additional Practice Test for Writing and Speaking ▶▶▶

Part 4 　ADDITIONAL SPEAKING TEST REVIEW 005　British male / American female

🔖 解答例

Examiner:	Now, I'd like to ask you some questions about different topics. First, let's talk about cellphones. <u>Should people stop using cellphones while walking?</u>
You:	Yes, I think so. I heard that there are a lot of accidents because people use their cellphones while walking. For example, a person using a cellphone fell off a platform and was nearly killed by an approaching train. Even on streets, people who are absorbed in using cellphones may be involved in car accidents. So I think people should not be allowed to use cellphones while walking.
Examiner:	<u>Do you think all elementary schools should provide children with school lunches?</u>
You:	Yes, I think they should. There are many parents who don't have enough time to prepare lunch boxes for their children. In addition, in general, school lunches include a lot of nutritious ingredients and are well balanced because the menus are usually decided by a dietician. That's why I think school lunches should be provided at all elementary schools.
Examiner:	Speaking of diets, <u>do you think Japanese people eat less healthy food than in the past?</u>
You:	Yes, I think so. I think many people eat a lot of fast foods such as hamburgers and french-fries that are high in calories and fat. Furthermore, we eat less Japanese foods such as tofu and natto which are good for our health. That's why I think Japanese people eat less healthy food than in the past.
Examiner:	I see. <u>Is reading news online better than reading a newspaper?</u>
You:	Yes, I think so. This is because we can read news online with a cellphone when we are on trains in the morning. However, opening a newspaper on a train can be bothersome for other people. In addition, by reading news online and not reading a newspaper, we can reduce the amount of paper. This will be beneficial to the

115

> environment. So I think we should read news online rather than reading a newspaper.

注

☐ nutritious 栄養豊富な ☐ fat 脂肪 ☐ beneficial 有益な